RACISMO
E
LIBERDADE

Rogério da Palma

RACISMO E LIBERDADE

Relações inter-raciais e a construção da (sub)cidadania negra

alameda

Grafia atualizada segundo o Acordo Ortográfico da Língua Portuguesa de 1990, que entrou em vigor no Brasil em 2009.

Edição: Haroldo Ceravolo Sereza & Joana Monteleone
Editora assistente: Danielly de Jesus Teles
Projeto gráfico, diagramação e capa: Danielly de Jesus Teles
Assistente acadêmica: Tamara Santos
Revisão: Paulo Frederico Telles Ferreira Guilbaud
Imagem de capa: Pixabay

CIP-BRASIL. CATALOGAÇÃO NA PUBLICAÇÃO
SINDICATO NACIONAL DOS EDITORES DE LIVROS, RJ

P196R

Palma, Rogério da
Racismo e liberdade : relações inter-raciais e a construção da (sub)cidadania negra / Rogério da Palma. - 1. ed. - São Paulo : Alameda, 2021.
330 p. ; 21 cm.

Inclui bibliografia e índice
ISBN 978-65-5966-033-9

1. Sociologia histórica. 2. Miscigenação. 3. Relações humanas. 4. Escravidão - Brasil. 5. Brasil - História - Abolição da escravidão, 1888. 6. Negros - Brasil - Condições sociais. I. Título.

21-73956 CDD: 305.80981
CDU: 316.482.5(81)

ALAMEDA CASA EDITORIAL
Rua 13 de Maio, 353 – Bela Vista
CEP 01327-000 – São Paulo, SP
Tel. (11) 3012-2403
www.alamedaeditorial.com.br

À memória de Olívio Campos da Palma

No meu país o preconceito é eficaz
Te cumprimentam na frente
E te dão um tiro por trás
Racionais MC's

A liberdade é uma luta constante
Angela Davis

SUMÁRIO

INTRODUÇÃO

> Na ternura, na mímica excessiva, no catolicismo em que se deliciam nossos sentidos, na música, no andar, na fala, no canto de ninar menino pequeno, em tudo que é expressão sincera de vida, trazemos quase todos a marca da influência negra. Da escrava ou sinhama que nos embalou. Que nos deu de mamar. Que nos deu de comer, ela própria amolengado na mão o bolão de comida. Da negra velha que nos contou as primeiras histórias de bicho e de mal-assombrado. Da mulata que nos tirou os primeiros bichos-de-pé de uma coceira tão boa. Da que nos iniciou no amor físico e nos transmitiu, ao ranger da cama-de-vento, a primeira sensação completa de homem. Do moleque que foi nosso primeiro companheiro de brinquedo.
>
> (Gilberto Freyre, *Casa-Grande & Senzala*)

A ideia segundo a qual o Brasil seria uma espécie de "paraíso racial" não teve sua origem na obra na Gilberto Freyre. Ela foi desenvolvida já nas primeiras décadas do século XIX por abolicionistas situados nos dois lados do Atlântico, como parte de um largo esforço comparativo visando à compreensão das diversas sociedades escravistas e dos rumos políticos e sociais da luta pela abolição. Muito antes de Freyre, abolicionistas norte-americanos, com o intuito de enfatizar o racismo opressor presente na escravidão de seu país, recorriam à comparação com o Brasil, uma sociedade supostamente imune à violência racial, desde o início da década de 1830.

O movimento abolicionista transatlântico, sobretudo o britânico, relegava aos Estados Unidos o rótulo de pior regime escravagista do mundo. Assim começava-se a construir a memória do Brasil como país de relações raciais harmoniosas (AZEVEDO, 1996).

A contribuição, se assim podemos dizer, trazida por Freyre para essa concepção reside no seu foco sobre as relações interpessoais e sexuais. A valorização da miscigenação racial e cultural foi, sem dúvida, uma das principais inovações intelectuais elaboradas pelo sociólogo pernambucano em *Casa-Grande & Senzala*. Ao apontar a combinação das heranças europeias, africanas e indígenas como um atributo positivo da nação, Freyre rompeu com as ideias hegemônicas que vigoravam no país durante a virada do século XIX para o século XX, as quais tinham como pressuposto fundamental a inferioridade das raças não brancas. A miscigenação, para Freyre, estava materializada nos filhos surgidos de relações sexuais inter-raciais, mas também se processava através dos contatos culturais estabelecidos entre brancos e negros. Tais contatos, por sua vez, somente tornaram-se possíveis graças à dinâmica de sociabilidade firmada entre senhores e escravos, a qual facilitava a construção de vínculos sociais entre eles.

> Sem deixarem de ser relações – as dos brancos com as mulheres de cor – de 'superiores' com 'inferiores' e, no maior número de casos, de senhores desabusados e sádicos com escravas passivas, adoçaram-se, entretanto, com a necessidade experimentada por muitos colonos de constituírem família dentro dessas circunstâncias e sobre essa base. A miscigenação que largamente se praticou aqui corrigiu a distância social que de outro modo se teria conservado enorme entre a casa-grande e mata tropical; entre a casa-grande e a senzala. O que a monocultura latifundiária e escravocrata realizou no sen-

> tido de aristocratização, extremando a sociedade brasileira em senhores e escravos, com uma rala e insignificante lambujem de gente livre sanduichada entre os extremos antagônicos, foi em grande parte contrariado pelos efeitos sociais da miscigenação. A índia e a negra-mina a princípio, depois a mulata, a cabrocha, a quadrarona, a oitavona, tornando-se caseiras, concubinas e até esposas legítimas dos senhores brancos, agiram poderosamente no sentido de democratização social no Brasil. Entre os filhos mestiços, legítimos e mesmo ilegítimos, havidos delas pelos senhores brancos, subdividiu-se parte considerável das grandes propriedades, quebrando-se assim a força das sesmarias feudais e dos latifúndios do tamanho de reinos (FREYRE, 2006, p. 33).

Embora relegue bastante destaque para as relações sexuais e extraconjugais firmadas entre senhores brancos e escravas negras, Freyre também aborda uma série de outras tramas sociais tecidas entre esses agentes. Ele faz menção para a relação de intimidade das mucamas para com as filhas dos senhores; do senhor que convivia mais tempo com o seu escravo de confiança do que com a própria esposa; das cozinheiras e sinhás que trocavam segredos; dos filhos de escravos e de senhores que brincavam conjuntamente na casa-grande. Esse conjunto de relações teria contribuído para, usando das palavras do próprio Freyre, diminuir a distância social entre os grupos raciais.

Segundo essa visão, mesmo concentrando o poder nas mãos do senhor de terras e de gente, o escravismo brasileiro, ao possibilitar a formação de laços sociais entre superiores e subordinados, dificultou a formação de rígidas hierarquias sócio-raciais.

Ao longo das décadas de 1980 e 1990, surgiram várias pesquisas historiográficas (SLENES, 1997, 1999; CHALHOUB, 1990,

1999, 2010; CASTRO, 1995) contestando essa premissa freyriana.[1] De acordo com elas, a perspectiva adotada por Freyre é míope, pois enxerga as relações interpessoais como uma relação necessariamente entre (quase) iguais. Ao centrar suas análises na escravidão brasileira no século XIX, essa corrente de estudos concluirá que a relação senhor-escravo é realmente construída a partir de uma lógica patriarcal, assim como descrito por Freyre. No entanto, o patriarcalismo, ao invés de diminuir as distâncias sociais, gera, na verdade, uma relação de dependência que acaba por aprofundar ainda mais a sujeição dos subordinados. Além disso, esses historiadores ressaltarão a atuação dos escravos na constituição da política de domínio senhorial. Em outras palavras, eles destacam o papel ativo dos cativos nos jogos de poder que perpassavam as interações entre senhores e escravos.

Levando-se em consideração esse debate, a intenção deste livro é, tomando como foco de análise o município paulista de São Carlos, um dos principais centros da economia cafeeira da virada do século XIX para o século XX, pensar como as relações interpessoais firmaram-se como uma dimensão privilegiada para o surgimento das tensões sociais características do período pós-abolição. Tratado aqui como um momento de redefinição de determinados lugares e hierarquias sociais cristalizados durante séculos, o pós-abolição é quando surgem novos projetos e estratégias de (in)subordinação racial. Se as relações interpessoais entre brancos e negros foram fundamentais, durante a escravidão, no que diz respeito à constituição de uma política de dominação, como elas foram redimensionadas em um período no qual a afirmação da liberdade

1 A obra de Freyre vem passando por um profundo questionamento desde a década de 1950. Nosso objetivo aqui não é, contudo, fazer uma revisão das principais críticas sobre o trabalho do autor. Concentraremos nossa análise na forma como Freyre lida com a questão das relações interpessoais entre senhores e escravos.

era o principal objetivo dos ex-escravos? Através da leitura de diversas fontes documentais do período, argumentar-se-á que as relações interpessoais tecidas por negros(as) constituíam interações sociais nas quais a liberdade e a cidadania dessa população estavam em disputa. Antes de me aprofundar em nossos objetivos, contudo, gostaria de discorrer sobre os referenciais teóricos que norteiam a análise realizada ao longo do livro.

Sociologia histórica e racismo estrutural: uma abordagem processual da construção da (sub)cidadania negra

A sociologia histórica (também chamada, em alguns casos, de sociologia processual) tem se firmado, em âmbito mundial, como um subcampo fértil para se pesquisar a complexidade dos processos sociais. Sem se definir através de um objeto específico, mas sim por uma perspectiva segundo a qual a temporalidade é fundamental para se entender as relações humanas, ela vem produzindo uma variedade de estudos teóricos, metodológicos e empíricos. Em suma, pode-se afirmar que a sociologia histórica nasce já com os autores clássicos, uma vez que tanto Karl Marx quanto Émile Durkheim e Max Weber estavam afinados na compreensão de um processo específico de transformação social: as consequências societárias, presenciadas ao longo do século XIX, que estavam enraizadas na modernização vivenciada por alguns países da Europa.[2] Pelo menos no que diz respeito à sociologia alemã, as abordagens

---

2 O mesmo acontece em relação ao surgimento do pensamento sociológico no Brasil. Aqueles que produziram trabalhos sobre o processo de modernização do país, e que constituem uma referência até os dias atuais, sempre levaram em conta a dimensão histórica na explicação sociológica. Estamos falando de Gilberto Freyre, Sérgio Buarque de Holanda, Caio Prado Jr., Florestan Fernandes, Fernando Henrique Cardoso, entre outros.

históricas permaneceram fortes durante o período entre guerras. Nesse período, destacam-se os nomes de Alfred Weber (irmão de Max Weber), Werner Sombart, Karl Mannhein e Norbert Elias.

Será na segunda metade do século XX, todavia, que se consolida um movimento para a institucionalização da sociologia histórica enquanto um subcampo específico do conhecimento sociológico. Tal movimento toma forma sobretudo nos Estados Unidos, a partir das décadas de 1960 e 1970, por meio das pesquisas realizadas por Barrington Moore Jr. No entanto, a sociologia histórica ganhará mais força e visibilidade nos trabalhos de dois dos alunos mais conhecidos deste último: Theda Skocpol e Charles Tilly Jr. Realizando um contraponto a duas vertentes bastante conhecidas na sociologia norte-americana – o funcionalismo parsoniano e a pesquisa positivista e empirista –, os trabalhos de Skocpol e Tilly Jr. trarão uma série de discussões teórico-metodológicas para a sociologia histórica, assim como alargarão a agenda da pesquisa desse subcampo através de uma multiplicidade de investigações empíricas. No fim do século XX, as abordagens se fragmentam ainda mais, em diálogo direto com o surgimento de novas teorias sociais.

> Com a participação desses pesquisadores (Skocpol e Tilly Jr.), de seus alunos e de outros por eles influenciados, o subcampo da sociologia histórica cresceu e se institucionalizou na América do Norte ao longo das décadas de 1970 e 1980. A ênfase central dessa primeira onda da nova sociologia histórica era estrutural e materialista, focada em um conjunto de questões centrais derivadas, direta ou indiretamente, do trabalho de Marx ou de Weber: as origens do capitalismo, consciência e conflitos de classe, revoluções sociais, a formação do Estado.
>
> A partir da década de 1980, a área dialoga com abordagens enfatizando a construção social das identidades, as subjetividades e as representações coleti-

> vas, como a história oral, o feminismo ou os estudos pós-coloniais. Atualmente, este subcampo resiste ao reducionismo e prioriza a análise processual de atores e eventos, além das interações de processos sociais distintas. Novas fronteiras na área incluem relações entre reprodução e mudança social, relações entre processos individuais e institucionais e o papel da narrativa na representação e interpretação da realidade social desde múltiplos pontos de vista (MONSMA, SALLA, TEIXEIRA, 2018, p. 65).

Atualmente, pode-se afirmar que é vasto o campo de investigação da sociologia histórica, mas seu foco continua sendo a temporalidade dos fenômenos sociais. "Historical sociology is the study of changes in societies over time, the historical events and contingencies that allowed for those changes, and the trajectories for further societal development that those changes create. [...] It's a way of doing sociology that recognizes change as the true subject of the discipline"[3] (LACHMANN, 2015, p. 140). Alguns autores, entretanto, costumam afirmar que, além das mudanças sociais e seus fundamentos, a sociologia histórica também deve prestar atenção às continuidades, ou seja, aos processos de reprodução social.

> A sociologia histórica tem sido fundamental para a compreensão de processos de mudança social, especialmente em longa duração. Também há vários outros motivos para pesquisas históricas na sociologia. Um dos mais importantes é compreender a

---

3 "A sociologia histórica é o estudo das mudanças nas sociedades ao longo do tempo, dos eventos e contingências históricas que permitiram essas mudanças e das trajetórias para o desenvolvimento social posterior que essas mudanças criam. [...] É uma maneira de fazer sociologia que reconhece a mudança como o verdadeiro objeto da disciplina." Tradução livre.

> continuidade social. Andrew Abbott enfatiza que o mundo social está em movimento constante. Nada do social simplesmente continua por sua própria inércia. Isso implica que sempre há o risco de mudança, e exige a explicação da reprodução social, na vida cotidiana e de geração à geração.
> Craig Calhoun identifica ainda outras justificativas para a sociologia histórica. Uma é o papel dos estudos históricos em desmentir noções falsas de necessidade social. Pesquisas sobre o presente muitas vezes buscam as "funções" de fenômenos sociais ou motivos racionais pela sua existência, assim subestimando a arbitrariedade dos arranjos existentes. Pesquisas históricas mostram que boa parte do mundo social atual se originou de contingências ou das imposições dos poderosos, não das necessidades da vida em sociedade ou do planejamento racional. Depois de emergir, e mesmo quando são arbitrários, os arranjos sociais geralmente criam uma constelação de grupos interessados na sua reprodução e a tendência de os seres humanos naturalizarem o que já existe também contribui para a continuidade. Um problema teórico parecido surge do olhar retrospectivo dos sociólogos que buscam as "origens" de alguma instituição ou estrutura social do presente, desconsiderando todas as alternativas que realmente existiam ou eram possíveis no passado, o que, novamente, leva a tendências de exagerar a inevitabilidade dos arranjos sociais do presente (MONSMA, SALLA, TEIXEIRA, 2018, p. 66).

Em suma, "A sociologia histórica aborda processos de mudança e continuidade sociais e revela a arbitrariedade de muitos arranjos sociais" (MONSMA, SALLA, TEIXEIRA, 2018, p. 65). Os movimentos abolicionistas no continente americano constituem, nesse sentido, um interessante exemplo de processo social que encadeia múltiplas e heterogêneas mudanças e continuidades, em especial no que diz respeito às práticas de subalternização contra as populações afro--descendentes.[4] Para tanto, é necessário, primeiramente, discorrer acerca de como o racismo, e os demais conceitos que derivam desta categoria, estão sendo empregados no âmbito das Ciências Sociais.

Na segunda metade século XX, estudos nas áreas da genética e da biomedicina demonstraram que a ideia de "raça" não deveria ser aplicada aos seres humanos. Dito em outras palavras, o conhecimento biológico institucionalizado reconheceu que a humanidade não poderia, do ponto de visto fisiológico, ser dividida em subespécies. Geneticamente falando, todos os seres humanos fazem, portanto, parte do mesmo grupo biológico. Sendo assim, diferenças psicológicas, morais e intelectuais, e até mesmo físicas, não podem derivar, de forma alguma, de diferenças propriamente raciais. Tais considerações, como era de se esperar, repercutiram nas Ciências Sociais, principalmente entre os estudiosos das formas de racismo. Enquanto alguns preferiram eliminar de vez o termo "raça" do vocabulário de suas análises sociais, outros optaram por manter a sua utilização, com a ressalva de estarem tratando, sempre, de uma "construção social".[5]

> Podemos dizer que as 'raças' são efeitos de discursos; fazem parte desses discursos sobre origem. As sociedades humanas constroem discursos sobre suas origens e sobre sua transmissão de essências entre gerações. Esse é o terreno próprio às identidades sociais e o seu estudo trata desses discursos sobre origem. Usando essa idéia, podemos dizer o seguinte: só nesse campo a idéia de raça faz sentido. O que

---

4 Mais adiante, abordaremos em detalhes os processos de emancipação dos escravos na América Latina, com enfoque no caso brasileiro.

5 Para um exame mais detalhado acerca da polêmica em torno do emprego do termo "raça" dentro dos estudos sociológicos, ler Antonio Sérgio Guimarães (2003).

> são raças para a sociologia, portanto? São discursos sobre as origens de um grupo, que usam termos que remetem à transmissão de traços fisionômicos, qualidades morais, intelectuais, psicológicas etc. [...] (GUIMARÃES, 2003, p. 97).
>
> Se as raças não existem para a Biologia, ela existe e existiu no imaginário e na representação coletivos de diversas populações. Raça seria, cientificamente falando, uma construção social, carregada de ideologia e, por causa disso, um termo que oculta algo não proclamado: relações de poder. A raça, sempre apresentada como categoria biológica, isto é, natural, é de fato uma categoria etno-semântica. De outro modo, o campo semântico do conceito de raça é determinado pela estrutura global da sociedade e pelas relações de poder que a governam (MUNANGA, 2005).

Se as raças não existem no plano objetivo, elas são, contudo, uma construção histórica que cria diferenças hierarquizantes.[6] Sua construção e reprodução remetem a uma luta simbólica e política

6 "Racialização é o nome dado a este processo de construção social de raças. O conceito de racialização rompe com os padrões estabelecidos e legitimados que concebem raça como sendo uma simples característica determinada pela biologia dos corpos ao mesmo tempo em que rompe com a visão de que raça teria alguma essência, enfatizando o caráter histórico, político, cultural, econômico e social na construção de sujeitos racializados. Portanto, o conceito de racialização declara que raça não é determinada pela biologia, apesar de se apoiar nela para justificar as relações de poder estabelecidas neste processo, intentando com isso camuflar todo o seu conteúdo político. [...] Portanto, racialização é o 'termo usado para descrever processos sociais, culturais, econômicos e psicológicos que fazem raça importante e as formas que raça é usada como uma base para desigualdade e discriminação', sendo que o principal produto do processo de racialização é a classificação de pessoas em categorias raciais e a criação de hierarquias entre estas categorias" (SOUZA, 2017, p. 23).

pela classificação hierárquica dos grupos sociais. Pode-se afirmar, a partir disso, que o conceito de raça, ao se referir a relações de poder e à formatação de uma forma específica de desigualdade, ganha sentido, para os cientistas sociais, como estratégia para se pensar um fenômeno específico de subalternização social: o racismo.[7]

Atualmente, são diversas as pesquisas sobre as relações raciais nas Ciências Humanas.[8] Todas elas, em certo sentido, partem do mesmo princípio: adotam uma perspectiva que desnaturaliza completamente a ideia de raça. "Raça é uma construção discursiva, um conceito classificatório importante na produção da diferença, um significante flutuante, deslizante, que significa diferentes coisas em diferentes épocas e lugares" (HALL, 2015, p. 1). Sendo assim, se, de acordo com a Biologia, a noção de raça não pode ser aplicada para se entender as diferenças físicas entre os seres humanos, o conceito biológico de raça continua fazendo parte das representações sociais de algumas culturas e, assim, informando o processo de constituição das identidades dos sujeitos que delas fazem parte. Ao se historicizar a ideia de raça, permite-se compreendê-la como um fenômeno que apresenta diferentes significados em diferentes contextos sociais. Sendo assim, o próprio racismo precisa ser con-

---

7 Alguns autores são categóricos em afirmar que o racismo é o fenômeno responsável pela criação das "raças sociais" e não o contrário. "O ponto central de (Robert) Miles é de que a crença na existência de 'raças' é uma consequência do racismo; o racismo não é consequência de diferentes raças preexistentes. Portanto, é o racismo e os processos de racialização que devem ocupar o centro da análise, não as 'relações raciais', termo que substancializa as 'raças" (MONSMA, 2016, p. 53).

8 Atualmente, os estudos sobre o racismo perpassam por uma gama diversificada de perspectivas teóricas e metodológicas, que vai desde concepções materialistas até os chamados estudos pós-coloniais e decoloniais. Não cabe aqui fazer uma descrição desse campo tão amplo, complexo e heterogêneo.

jugado no plural, pois adquire formas específicas, particulares e únicas, dependendo de como as representações acerca da ideia de raça são operacionalizadas. Apesar de mundial em suas manifestações, o racismo precisa, desse modo, ser visto de acordo com as especificidades históricas de cada sociedade.

Para tanto, antes é necessário esclarecer que o termo "raça" assumiu significados variados em diferentes contextos históricos. Sua origem remonta à Idade Média, quando foi utilizado como sinônimo de casta, sendo aplicado a plantas e animais. No final do período medieval, foi empregado para fazer referência às linhagens nobres na Itália e na França. Quando da contenda entre cristãos e muçulmanos na península ibérica, o termo assumiu outra conotação, sendo associado à ideia de impureza de sangue, especialmente no que diz respeito aos judeus e muçulmanos. Posteriormente, durante a expansão ultramarina, a expressão foi utilizada para fazer referência aos nativos africanos e americanos. Na Europa do século XVIII, o termo raça passou a ser utilizado para indicar as variedades do gênero humano e, no século XIX, com as teorias das raças e racialismo científico, tornou-se critério de catalogação das supostas espécies humanas. No final do século XIX e início do século XX, com a emergência do nacionalismo, passou a ser equiparado à ideia de nação.

Apesar dos diferentes significados assumidos em cada contexto histórico, é possível identificar uma constante na noção de raça: é associada à ideia de que a humanidade pode ser subdividida em diferentes grupos, que mantêm entre si uma relação de superioridade/inferioridade, sendo que cada um deles se distingue dos demais em razão de características inatas, compartilhadas entre seus membros. Trata-se de uma concepção que, em sua essência, diz respeito às rela-

> ções de poder e necessidade de controle, sendo constantemente invocada para justificar práticas de dominação de um grupo sobre outro (LIMA, 2019, p. 12).

Atualmente, um conceito bastante em voga é o de racismo estrutural. Esse termo surgiu para definir o racismo não como um comportamento individual, mas sim como um processo político que estrutura posições sociais. Dito de outra maneira, o racismo se configura, sempre, como uma relação social de poder que cria vantagens e desvantagens (não circunstanciais) no processo de competição pelos bens materiais e simbólicos de uma determinada sociedade. Ele só existe se há uma estrutura social capaz de criar grupos, sujeitos e subjetividades e organizá-los a partir de determinadas relações de poder. Nas palavras de Silvio Almeida, autor do livro acerca do conceito:

> A tese central é a de que o racismo é sempre estrutural, ou seja, de que ele é um elemento que integra a organização econômica e política da sociedade. Em suma, o que queremos explicitar é que o racismo é a manifestação normal de uma sociedade, e não um fenômeno patológico que expressa algum tipo de anormalidade. O racismo fornece o sentido, a lógica e a tecnologia para a reprodução das formas de desigualdade e violência que moldam a vida social contemporânea. De tal sorte, todas as outras classificações são apenas modos parciais – e, portanto, incompletos – de conceber o racismo. Em suma, procuramos demonstrar neste livro que as expressões do racismo no cotidiano, seja nas relações interpessoais, seja na dinâmica das instituições, são manifestações de algo mais profundo, que se desenvolve nas entranhas políticas e econômicas da sociedade (ALMEIDA, 2019, p. 20-21).

Diferentemente da discriminação racial (a qual pode ser definida como qualquer tratamento desigual a membros de um grupo racialmente identificado) e do preconceito racial (juízo baseado em estereótipos, que pode resultar em discriminação, contra membros de um grupo racialmente identificado), o racismo tem um caráter sistêmico.

> Podemos dizer que o racismo é uma forma sistemática de discriminação que tem a raça como fundamento, e que se manifesta por meio de práticas conscientes ou inconscientes que culminam em desvantagens ou privilégios para indivíduos, a depender do grupo racial ao qual pertencem (ALMEIDA, 2019, p. 32).

Tal definição privilegia dois aspectos na análise do racismo: destaca a dimensão do poder presente nesse fenômeno (o racismo estrutural pode ser conceituado como uma tecnologia de exercício de poder), bem como o compreende para além das suas manifestações propriamente individuais. Dito em outras palavras, não é no nível individual que conseguimos compreender o racismo. Mais do que produzido pelos indivíduos, suas relações de poder produzem indivíduos, constituem sujeitos. Os indivíduos precisam aprender a se comportar de maneira racista em instituições racistas. Estas últimas, por sua vez, só existem em sociedades racialmente estruturadas.[9]

---

9 Aqui reside a diferença entre *racismo estrutural* e *racismo institucional*. Instituições racistas só existem de maneira articulada em uma sociedade estruturalmente racista. "As instituições são apenas a materialização de uma estrutura social ou de um modo de socialização que tem o racismo como um de seus componentes orgânicos. Dito de modo mais direto: as instituições são racistas porque a sociedade é racista. (...) O racismo é parte da ordem social. Não é algo criado pela instituição, mas é por ela reproduzido" (ALMEIDA, 2019, p. 47). Tanto os comportamentos individuais como os processos institucionais são derivados de uma sociedade cujo racismo é regra e não exceção.

Karl Monsma (2016), inspirado na teoria social de Pierre Bourdieu, apresenta uma ideia parecida. Pautando-se no conceito de "*habitus* racial", ele reflete sobre como os indivíduos internalizam e reproduzem o racismo das estruturas sociais.

> Uma teoria do racismo não deve focar somente os sistemas ideológicos mais ou menos elaborados por intelectuais, como o racismo científico do final do século XIX e início do XX. Também precisa abordar a racialização das instituições sociais, por um lado, e a internalização do racismo com um aspecto do habitus, por outro. As instituições, como o Estado, a escola, a polícia, a igreja e a família, incorporam categorias raciais e tratam os integrantes dessas categorias de maneira diferenciada. O habitus racial consiste em: 1) categorias raciais de percepção e classificação dos outros e de si mesmo; 2) percepções, associadas às categorias raciais, de capacidades, tendências comportamentais e qualidades morais; 3) disposições corporais e emoções – de atração ou repulsão, confiança ou suspeita, segurança ou medo – a respeito das pessoas racialmente categorizadas; 4) esquemas de ação diferentes a respeito das pessoas de categorias 'raciais' distintas. Internaliza-se o habitus racial pela experiência em um mundo social racializado. Como o habitus em geral, o habitus racial pode ser complexo e contraditório, sustentando ideias e esquemas de percepção muitas vezes incoerentes e fragmentários, que podem se influenciar pelas ideologias mais explícitas dos intelectuais, mas não são totalmente determinadas por elas (MONSMA, 2016, p. 52).

De acordo com Monsma (2016), o racismo é reproduzido a partir de toda uma complexa engrenagem social que o torna um elemento sistemático em determinadas sociedades, passando das instituições para o habitus dos indivíduos. Segundo ele, são cinco as principais dimensões de reprodução do racismo: instituições racializadas; redes sociais racializadas;[10] representações e ideologias racializadas; rotinas de interação racializadas; e o habitus racial.

Também é correto afirmar que o racismo estrutural não pode ser considerado um fenômeno estático. Para perceber a sua temporalidade, é preciso recorrer a uma noção que leve em conta o caráter dinâmico e fragmentado das estruturas sociais. Portanto, a fim de se abordar os (des)caminhos da construção da liberdade negra como um fenômeno político, é preciso entendê-los como parte de um *processo social.* De forma sintética, pode-se definir um processo social como um conjunto contínuo de mudanças em direção a determinados sentidos. Tais mudanças, contudo, não precisam, necessariamente, serem lineares e unilaterais. Conflitos fazem parte de qualquer processo social, especialmente em relação à direção de seus sentidos. Em suma, sempre ocorre uma disputa, quase sempre desigual, pelo controle das direções a serem adquiridas pelas mudanças sociais. Os processos sociais jamais podem ser encarados sob uma ótica "evolucionista", "teleológica" ou meramente "racional". Eles não são irreversíveis, mas sim fruto de uma constante disputa de forças políticas. Norbert Elias (2006) assim escreve sobre a relativa arbitrariedade dos processos sociais.

> A questão da relação entre processos sociais e *ações* individuais está frequentemente em primeiro plano. Processos sociais e seres humanos singulares, logo também suas ações, são absolutamente inseparáveis. Mas nenhum ser humano é o começo. Assim como o falar individual provém de uma língua já dada e específica de uma sociedade, assim também todas as outras ações individuais brotam de processos sociais

10 Ao final do livro, voltaremos a analisar a forma como esse autor pensa o papel das redes sociais na reprodução do racismo no oeste paulista pós-abolição.

> já em andamento. Os próprios processos sociais possuem sem dúvida maior autonomia relativa frente a determinadas ações de seres humanos singulares, seus planos e ações (por exemplo, o surto atual de integração da humanidade). Mas não são absolutamente independentes dos seres humanos e das ações humanas. Se os seres humanos parassem de planejar e agir, então não haveria mais nenhum processo social. Afinal de contas, essa autonomia relativa dos processos baseia-se na vida em comum de uma pluralidade de seres humanos mais ou menos dependentes uns dos outros e que agem uns com os outros ou uns contra os outros – de seres humanos que estão imersos em uma natureza não humana. A autonomia relativa dos processos sociais baseia-se, em outras palavras, no contínuo entrelaçamento de sensações, pensamentos e ações de diversos seres humanos singulares e de grupos humanos, assim como no caso da natureza não humana. Dessa interdependência contínua resultam permanentemente transformações de longa duração na convivência social, que nenhum ser humano planejou e que de certo também ninguém antes previu (ELIAS, 2006, p. 31).

Não há como pensar a construção e a contestação da liberdade negra sem levar em conta a remodelação do racismo estrutural após o fim da escravidão. A subalternização da cidadania negra passa pela subalternização social da população negra. Resumindo, somente é possível entender o processo de construção da (sub)cidadania negra se constatando que ele se estabelece por meio de uma disputa (desigual, tensa e difusa), na qual há, por uma lado, a tentativa de manutenção das hierarquias raciais como elemento estruturante da sociedade (o racismo) e, por outro lado, as lutas por afirmação da liberdade negra – liberdade encarada aqui não como abstração, mas como elemento chave na experiência histónca de populações que foram escravizadas.[11] É importante também frisar que múltiplos processos sociais podem coexistir. E estarem interligados, inclusive. É o caso do tema deste livro. Mais ainda, pode-se afirmar que a reprodução das hierarquias raciais faz parte dos múltiplos processos de modernização de diversos países.[12] Desde meados do século XX, sociólogos vêm enfatizando o caráter autoritário e excludente das histórias de modernização, porém sem deixar de considerar o seu caráter difuso e multifacetado. Um dos aspectos que tem sido ressaltado, todavia, é o fato dos padrões sociais modernos não conseguirem eliminar o racismo e a lógica colonialista. Ao contrário, esse modelo de sociedade se apoiou e se reproduziu sob tais assimetrias.

Paul Gilroy (2001), através do conceito de Atlântico negro, resolveu dar ênfase à experiência transnacional negra. Para ele, a experiência comum de subalternização da população negra, que tem

---

11 Conforme tentaremos demonstrar no primeiro capítulo, as lutas pela afirmação da liberdade e da cidadania, entre as populações egressas da escravidão, não são uma simple consequência do surgimento das ideias liberais. Na verdade, as ações anticoloniais e antiescravidão ajudaram a modelar o próprio ideal moderno de liberdade.

12 Ao invés de modernidade, preferimos aqui utilizar o termo modernização. Modernidade, conforme definição de Anthony Giddens e Philip W. Sutton (2016, p. 22), é um modelo de sociedade (ou estilo de vida) "que se estende do Iluminismo europeu de meados do século XVIII a, pelo menos, meados dos anos 1980, caracterizado pela secularização, racionalização, democratização, individualização e ascensão da ciência". Surgida na Europa, a Modernidade teria, então, expandido seus padrões societários, mesmo com variações significativas, a diversas sociedades do mundo ao longo do século XX. A palavra modernização, por sua vez, destaca exatamente o caráter dinâmico e conflituoso desse fenômeno. Ao falarmos de modernização, estamos nos referindo ao processo (tenso e desigual) de tentativas de imposição de um determinado modelo de sociedade – no caso, a sociedade moderna –, cujos sentidos e conteúdos são disputados por forças políticas assimétricas.

como ponto de inflexão o comércio transatlântico de africanos escravizados para o continente americano, levou esse grupo a produzir uma espécie de contracultura da modernidade, a qual seria compreensível através da noção de diáspora e suas consequentes narrativas de perda, exílio e deslocamento. Essas ideias alteraram a forma de se pensar o fenômeno do racismo nas sociedades modernas.

> A relação entre raça, racismo e nacionalidade é ressignifcada por Paul Gilroy em *O Atlântico negro*. Para o autor raça e racismo não são termos compreensíveis nos limites nacionais ou regionais; da mesma forma, ideia de modernidade não se reduz à racionalidade iluminista europeia. Raça e racismo são produtos do intercâmbio e do fluxo internacional de pessoas, de mercadorias e de ideias, o que engloba, ncessariamente uma *dimensão afro-diaspórica*. Assim, o que chamamos de modernidade não se esgota na racionalidade iluminista europeia, no Estado impessoal e nas trocas mercantis; a modernidade é composta pelo tráfico, pela escravidão, pelo colonialismo, pelas ideias racistas, mas também pelas práticas de resistência e pelas ideias antirracistas formuladas por intelectuais negros e indígenas. A compreensão do mundo contemporâneo está ligada à compreensão da diáspora africana, ou seja, do modo como que a África se espalhou pelo mundo. De tal sorte que, no Brasil, a compreensão do racismo e a possível configuração de estratégias de luta antirracista dependem de um olhar para a América, para a África e para a formação do fluxo de pessoas e ideias em âmbito internacional (ALMEIDA, 2019, p. 103-104).

Portanto, as tentativas de imposição de uma civilização industrial-urbana-científica se efetuaram, entre nós, por meio da produção e reprodução de desigualdades e violências raciais. Os agentes da modernização sempre construíram o seu Outro, o qual deveria ser combatido tendo como critério distintos graus de inferiorização. Não raras vezes, esse Outro se transformou em inimigo, ou seja, em um obstáculo ao progresso e ao desenvolvimento. Esse é o caso da população egressa da escravidão. Os conflitos raciais são, desse modo, um dos elementos centrais para se pensar os múltiplos processos de modernização. A constituição das sociedades modernas não se efetuou a partir da simples imposição de uma narrativa eurocêntrica. As experiências e tensões vivenciadas por aqueles que estavam sendo subalternizados são fundamentais na compreensão desse fenômeno.

Dito isso, também há que se ressaltar o fato do racismo não haver se reproduzido por "inércia", nem se estabelecido como uma "tradição". Não se pode incorrer em um determinismo histórico encarando o racismo como um simples "resquício" da escravidão. Múltiplos atores e instituições atuaram para a sua permanência enquanto tecnologia de poder. Especialmente no estado de São Paulo, região abordada neste livro, o projeto de modernização foi configurado a partir da manutenção das hierarquias raciais sob outros moldes. O racismo persistiu e se remodelou após o fim da escravidão e da implementação de uma república calcada no trabalho livre. Os projetos de modernização instituídos nesse território também formataram suas próprias desigualdades raciais.

É verdade que, no Brasil, não houve a articulação de um regime legal de segregação tal como ocorreu nos Estados Unidos e na África do Sul. Porém, como será apresentado posteriormente, aqui também foram produzidas leis e políticas racistas, assim como houve um processo geral de racialização das relações sociais empreendido por diferentes atores e instituições durante esse período. A subalternidade da cidadania negra foi construída a partir do lugar social subalterno que a população negra veio a ocupar naquela sociedade. Através das interações tecidas com seus laços sociais, negros e negras também vivenciavam a fragilidade da sua nova condição jurídico-social de cidadão. O seu lugar social (subalterno) também perpassava pelas experiências microrrelacionais. Uma abordagem processual, como a que se pretende apresentar, tem de pensar como as permanências e continuidades da estratificação social se efetuam nas relações cotidianas, ou seja, como o horizonte normativo da lógica macroinstitucional é manipulado concretamente pelos agentes sociais em interação. Dito em outras palavras, não basta apenas destacar que o racismo é estrutural, mas há também que demonstrar como ele, dialeticamente, é construído e reproduzido nas experiências cotidianas.[13] E as experiências cotidianas da população negra estavam imersas em processos de subalternização.

Liberdade e relações inter-raciais

Espera-se, com este livro, demonstrar que as tensões que assolavam a liberdade de muitos negros durante o pós-abolição encontravam nas relações inter-raciais interpessoais um terreno fértil para operarem.[14] Na primeira parte, será exposto um breve panorama teórico acerca da construção e apropriação da liberdade enquanto um ideal político central para o abolicionismo. O intuito não foi o de estabelecer um panorama das ideias acerca da liberdade propriamente ditas, mas sim falar de como a utilização política dos princípios liberais foi fundamental para a constituição

---

13 Autores como Bourdieu (1994) e Giddens (2003) já demonstraram como a estrutura social não é simplesmente um conjunto de normas a serem impostas aos indíviuos. A fixação dessas normas demanda todo um trabalho de construção, por parte dos indivíduos, através de ações sociais. Sendo assim, estrutura, processo e ação não são conceitos antagônicos ou contraditórios, mas, se pensados de maneira articulada, são fundamentais para se compreender a construção, reprodução e mudança das relações sociais.

14 Ao longo da obra, abordaremos não somente relações inter-raciais de cunho sexual, mas relações interpessoais de um modo geral.

de lutas antiescravistas que culminaram com a eliminação do escravismo entre fins do século XVIII e a segunda metade do século XIX. Destacando o papel dos conceitos de liberdade e de cidadania, elaboramos uma discussão bibliográfica acerca do processo abolicionista a partir de uma perspectiva atlântica, mas sem deixar de debater as particularidades do Brasil e do oeste paulista cafeeiro. Para finalizá-la, descreveremos o pós-abolição enquanto uma problemática histórico-social na qual a liberdade e a cidadania da população negra foram, não sem contestações, subalternizadas de diversas maneiras. A ideia é expor o fim do escravismo como um momento no qual antigas hierarquias sociais estavam sendo reafirmadas, redefinidas e subvertidas.

Ao longo da segunda parte, apresentaremos, por meio da abordagem de uma série de fontes documentais nominativas, duas trajetórias conectadas à passagem da escravidão à liberdade. A primeira delas diz respeito a um escravo que foi feitor de um dos principais fazendeiros da região. Muito ligado ao seu senhor durante os anos de cativeiro, ele não obteve a trajetória que esperava após a conquista da liberdade, guardando um sentimento de ingratidão por parte do seu antigo proprietário. Posteriormente, será analisada a história da filha de uma escrava e do senhor dessa última. Nascendo livre, essa mulher, mesmo não sendo reconhecida oficialmente pelo pai, conseguiu, não sem custos emocionais, obter benefícios materiais por meio da sua relação de parentesco com um fazendeiro. Por fim, discutiremos a "economia onomástica" presente na escolha dos nomes de alguns libertos, os quais institucionalizavam, através da adoção de um sobrenome, os vínculos sociais que davam sentido às suas experiências de liberdade. O fio condutor que liga as histórias e trajetórias presentes nesse capítulo, portanto, são as diversas e limitadas formas através das quais os libertos tentaram afirmar a sua liberdade, uma vez que os seu novo estatuto jurídico-social de cidadão era muito frágil. Mesmo após o reconhecimento legal do fim da escravidão, a população negra ainda deveria afirmar a sua condição livre. E as relações interpessoais, por sua vez, constituíram um *locus* primordial para a efetivação desse projeto de vida.

Na terceira parte, abordaremos uma série de processos crimes. O objetivo é, ao analisar os conflitos descritos nessa documentação, demonstrar a fragilidade das relações interpessoais, e sobretudo das relações familiares, tecidas pelos libertos. Percebemos que, ao tentar restabelecer antigas práticas de subordinação, fazendeiros (e brancos de um modo geral) acabavam por fragilizar a tentativa dos libertos em estabelecer laços familiares. Para os libertos, a manutenção desses laços era peça-chave para a afirmação do seu novo estatuto social de cidadão; ver as relações familiares serem rompidas pela vontade alheia era uma lembrança que remontava à experiência da escravidão. As relações inter-raciais estavam, desse modo, inscritas nas disputas cotidianas em torno da liberdade e da cidadania a serem ofertadas para os negros. Ainda nessa parte, abordaremos também a violência institucionalizada da qual os libertos eram vítimas, a qual acabava por expor os limites presentes nos benefícios materiais e simbólicos conseguidos por meio das relações interpessoais.

O pós-abolição pode ser conceituado como um momento histórico em que lugares e hierarquias sociais construídos durante séculos se desmancham. As categorias senhor e escravo, essenciais para se entender as sociedades escravistas, deixavam de fazer sentido nessa nova realidade social. Ao trazer a promessa de liberdade para o antigo cativo, a abolição estabeleceu novas bases de negociação e, consequentemente, potencializou determinados tipos de conflitos. Enquanto alguns tentavam manter, mesmo que sob outros termos, as antigas assimetrias sociais, os ex-escravos buscavam afirmar seu novo estatuto jurídico-social de cidadão. Através da abordagem de uma variedade de fontes documentais do período, este trabalho pretende demonstrar que as relações interpessoais constituíam um conjunto de interações nas quais essas lutas políticas, pela redefinição de certos lugares sociais estruturais, estavam presentes. Nas relações inter-raciais, pode-se perceber o estabelecimento de novas formas de sujeição para a população negra, a qual via a sua cidadania ser precarizada pelo processo de racialização das relações sociais característico dessa época. Em suma, a (re)reconfiguração do racismo (estrutural) durante o pós-abolição passa, além do seu caráter institucional, também pelas relações interpessoais. Na afetividade, a sujeição, muitas vezes de forma velada, penetrava de maneira aguda.

Por fim, cabe aqui registrar uma pequena observação sobre o recorte temporal do livro. Tendo como foco o município paulista de São Carlos, um dos polos da economia cafeeira paulista na virada do século XIX para o século XX, ele pretende analisar a fase inicial de um processo até hoje inconcluso: o de construção da cidadania negra. Como demonstram as atuais contestações que denunciam o caráter incompleto da Lei Áurea devido à persistência do racismo estrutural, a luta por uma cidadania plena ainda permanece, nos dias de hoje, entre a população negra. Iniciamos nossa análise, portanto, na metade do século XIX, quando a luta pelo fim do escravismo ganha contornos definitivos, e encerramos no fim da Primeira República. O foco temporal termina, nesse sentido, no chamado imediato pós-abolição, uma vez que até mesmo a temporalidade dessa última definição ainda se encontra em disputa no meio acadêmico.[15]

---

15 Quando termina o pós-abolição? Essa é uma pergunta que ainda está sendo respondida por especialistas no tema.

LIBERDADE EM CONSTRUÇÃO

A escravidão moderna é, corretamente, definida como uma forma específica de organização do trabalho. Ela estabeleceu-se, no entanto, como instituição social cujo alcance poderia ser notado nos mais diversos aspectos da vida social, ultrapassando meramente a questão do trabalho. No decorrer dos séculos XV e XVI, a expansão comercial europeia, pautada pela busca de novos mercados e no pensamento religioso da época, teve como consequência a fundação, ao longo de praticamente todo o continente americano, de colônias calcadas no escravismo. Toda uma arquitetura jurídica, comercial e simbólica, a qual não estava isenta de conflitos e contradições, fora montada para manter a escravatura como princípio ordenador das sociedades edificadas naquela região. Embora seja correto sublinhar o caráter heterogêneo das escravidões surgidas na América, pode-se afirmar que, em todas elas, a relação senhor-escravo configurou a experiência social dos sujeitos inseridos nesse contexto. O escravismo, portanto, para além de uma forma de arregimentar a força de trabalho, acabou moldando o conjunto da economia, da demografia, da cultura e da política coloniais.

Durante mais de três séculos, o trabalho compulsório foi o motor das colônias europeias localizadas na América. E quando nos referimos a trabalho compulsório, estamos falando primordialmente daquele realizado por africanos.[1] Concomitantemente ao período das grandes navegações, as principais potências comerciais da Europa, sobretudo Portugal, Inglaterra e Espanha, estabeleceram

---

1 A escravização das populações nativas ocorreu ao longo de todo o continente americano. Somente em alguns dos territórios sob domínio espanhol, porém, ela conseguiu se impor, em quantidade, frente à vinda de cativos africanos.

um lucrativo comércio transatlântico de cativos junto ao continente africano, o qual funcionava como fonte de abastecimento de mão de obra para as colônias americanas. A escravização de africanos foi fundamental para a existência, do outro lado do oceano Atlântico, de sociedades coloniais. A escravidão já era uma instituição presente em diversas regiões da África, geralmente reservada a prisioneiros de guerra e aqueles que cometiam algum delito grave. Os países da Europa, todavia, redefiniram a maneira como ela era praticada até então. Firmando alianças com elites nativas, os comerciantes europeus aumentaram exponencialmente a demanda por cativos e, dessa maneira, possibilitaram que vários grupos, ou até mesmo sociedades inteiras, se especializassem, dentro do território africano, na captura e no comércio de seres humanos.

> Na África, antes do século XVI, muitos reis e chefes poderosos, mas não todos, usavam escravos nas casas reais como criados, soldados, concubinas e trabalhadores e obtinham-nos por rapto, guerra e compra. Em comunidades menores da África, os escravos costumavam ser levados a unidades sociais existentes e sua condição marginal mudava no decorrer de gerações, quando não no decorrer de uma só vida. Mas o crescimento do mercado externo de escravos, primeiro para o norte da África e o Oriente Médio e depois, em escala maior, cruzando o oceano Atlântico, transformou o significado da escravização. Desenvolveram-se mecanismos de escravização e transportes e alguns fizeram fortuna com o movimento de escravos de um modo que antes não acontecia (COOPER, HOLT, SCOTT, 2005, p. 48).

Esses contatos marítimos da época dos Descobrimentos também trouxeram novas formas de classificação para a espécie humana. Especialmente no que diz respeito ao comércio negreiro praticado na África, tem-se a "invenção" do negro. Ancorados em preceitos ético-religiosos, os europeus envolvidos no sistema escravista atlântico construíram uma nova forma de alteridade, a divisão entre brancos e negros, através do estabelecimento de relações com os povos africanos. Vistos como pagãos e amaldiçoados, os habitantes daquele continente passaram a ser classificados de forma homogênea, a revelia das múltiplas diferenças existentes entre as sociedades que viviam nessa região. Pior que isso, tal categorização acerca dos africanos estabelecia uma assimetria que justificava a escravização dos mesmos. Sob o intuito da conversão para a fé cristã, o cristianismo europeu aceitava e incentivava a transformação dos negros africanos em cativos. A consolidação dessa alteridade fundamentada em princípios teológicos foi primordial para justificar, sob a tarefa de evangelização, o estabelecimento do comércio Atlântico de pessoas.

Estima-se que, ao longo de quase quatrocentos anos, cerca de 12,4 milhões de pessoas foram escravizadas em solo africano e transportadas para a América. Para elas, a escravidão já havia começado no interior da própria África, com a separação da família, da terra e da aldeia. A viagem até a América compreendia duas etapas do mesmo processo de escravização: a primeira era uma marcha realizada por terra e, muitas vezes, também por via fluvial (em chalupas ou canoas) rumo ao litoral, onde eram negociados com comerciantes europeus; a segunda etapa consistia no transporte da África para a América, efetuado dentro dos navios negreiros. "Juntas, elas [essas duas etapas] serviam de elo de ligação entre a expropriação, de um alado do Atlântico, e a exploração, de outro" (REDIKER, 2011, p. 85). O navio negreiro, considerado uma espécie de "prisão flutuante", era uma tecnologia de tortura, construída e dirigida visando à produção social de escravos.

> Desde o momento de embarque no navio, eles [os escravos] tinham sido socializados sob uma nova ordem,

> destinada a objetificar, disciplinar e individualizar o corpo de trabalho por meio da violência, da inspeção médica, atribuição de números, correntes, empilhamento no convés inferior e diversas rotinas sociais, desde a refeição, a 'dança' e o trabalho. Enquanto isso, os cativos se comunicavam entre si e reagiam individual e coletivamente. Assim, cada navio encerra em si um processo de espoliação cultural advindo de cima e um movimento oposto de criação de cultura vindo de baixo. À sombra da morte, os milhões que faziam a travessia do Atlântico em navios negreiros forjaram novas formas de vida – uma nova língua, novos meios de expressão, nova resistência e um novo senso de comunidade (REDIKER, 2011, p. 272).

De maneira indissociável, ao produzir escravos, o navio negreiro também promovia a categorização dos corpos daqueles que estavam a bordo.

> Os marujos também 'produziam' escravos no navio, em escala fabril, duplicando o seu valor econômico enquanto os transportavam de um mercado, no Atlântico leste, para outro, no oeste, ajudando assim a criar a força de trabalho que dinamizava uma crescente economia mundial [...] Ao produzir trabalhadores para as plantações, o navio-fábrica também produzia 'raça'. No começo da viagem, os capitães contratavam uma tripulação heterogênea de marujos, que na costa da África se tornariam 'brancos'. Nos primórdios da Passagem do Meio, os capitães carregavam no navio um ajuntamento multiétnico de africanos que no porto das Américas iriam se tornar 'negros' ou de 'raça negra'. Assim, a viagem transformava todos os que a faziam. A prática da guerra, da prisão e da produção de foça de trabalho e de raça – tudo isso se baseava na violência (REDIKER, 2011, p. 18).

Devido aos maus-tratos físicos e às péssimas condições de higiene e alimentação, projeta-se em 1,8 milhão o número daqueles que faleceram durante o trajeto e tiveram seus corpos lançados ao mar. A destruição de cadáveres pelos tubarões era um espetáculo público que fazia parte da experiência degradante da escravidão. Segundo Marcus Rediker (2011, p. 48), os capitães dos navios negreiros usavam esse tipo de situação, deliberadamente, para infundir a disciplina na sua tripulação e nos cativos. Eles contavam com os tubarões para evitar tanto as deserções de seus marinheiros como as possíveis fugas de escravos. Alguns comandantes, inclusive, alimentavam os animais a fim de mantê-los perto de seus navios. Ao que tudo indica, 10,6 milhões de escravos africanos desembarcaram no Novo Mundo e lá passaram a trabalhar, em caráter forçado, nas mais diversas atividades, mas especialmente em grandes plantações monocultoras. A violência e o terror foram, nesse sentido, parte integrante da economia atlântica e de seus múltiplos sistemas de trabalho nos séculos XVI, XVII, XVIII e XIX.

A formação histórica do Brasil está inserida nesse contexto. Entre 4 e 5 milhões de escravos africanos desembarcaram em portos brasileiros até 1850, ou seja, aproximadamente 44% do total de cativos retirados da África durante a existência do escravismo moderno. Segundo Luiz Felipe de Alencastro (2000), tais números refletem o modo através do qual se processou, a partir do século XVI, a relação entre a América portuguesa, futuro Brasil, e a África portuguesa, sobretudo Angola. De acordo com ele, esses dois territórios fixaram-se, através do trato negreiro, como um espaço colonial único. "Angola... de cujo triste sangue, negras e infelizes almas se nutre, anima, sustenta, serve e conserva o Brasil", escreveu o Padre Antônio Vieira, jesuíta luso-brasileiro que, nas palavras de Alencastro, entendeu perfeitamente, já no século XVII, a lógica de interdependência sob a qual funcionava o colonialismo português. A colonização portuguesa no continente americano, de acordo com Vieira, "vive e se sustenta" de

Angola, "podendo-se com muita razão dizer que o Brasil tem o corpo na América e a alma na África" (ALENCASTRO, 2000, p. 232). Tais declarações demonstram a força do vínculo entre o comércio de escravos praticado no continente africano, especialmente em Angola, e o escravismo brasileiro.

Ao desembarcarem nas colônias americanas, os cativos eram, além de submetidos ao trabalho coagido, excluídos da condição de pertencimento à sociedade que os escravizava. Dispondo do estatuto jurídico de bem semovente (ou seja, um objeto de propriedade) e, portanto, sem auferir qualquer tipo de direito político ou civil, o escravo passava a vivenciar o seu corpo enquanto objeto de ação dos seus novos proprietários. A violência física fundamentava-se, dessa maneira, na violência política e simbólica de ser considerado uma categoria inferior de ser humano – ou então, como em alguns casos, uma espécie de sub-humano. Ao longo de três séculos, não faltaram conflitos que, partindo dos próprios escravos, contestaram essa definição rígida de diferença social. Até a segunda metade do século XVIII, no entanto, o escravismo desfrutava de ampla legitimidade no mundo ocidental. É apenas a partir de então que surgem, no contexto do pensamento iluminista europeu, as primeiras contestações que viriam a abalar à escravidão moderna. A ascensão do ideário liberal, juntamente com as noções de cidadania e igualdade nele imbricadas, trouxeram profundas consequências para a manutenção dos regimes escravistas situados ao longo das Américas. Repensada sob os cânones do liberalismo, a existência do escravismo passou a sofrer críticas, inclusive com o surgimento de movimentos e debates políticos que visavam o seu encerramento.

Liberalismo e abolicionismo em uma perspectiva atlântica

A definição de escravidão é, em certo sentido, atemporal, mas, não podemos esquecer, ela existiu no tempo, ou seja, em cada caso específico ela teve uma história. Tais histórias, no que se refere ao escravismo moderno, mesmo se desenrolando em partes diferentes do mundo, não se processaram separadamente e nem são iguais. O mesmo acontece com as lutas abolicionistas contrárias ao escravismo. No decorrer do século XIX, o Ocidente assistiu à superação da escravidão moderna, sendo ela extinguida em todas as regiões nas quais estava presente. Observado através desse olhar panorâmico, fica evidente o caráter Atlântico desse movimento de contestação. Não se pode, contudo, deixar de levar em conta as lutas políticas específicas travadas nos mais diversos contextos. Pautado pela ideia de racionalidade, o liberalismo econômico do século XVIII, cujo nome mais expressivo era Adam Smith, passou a relatar a suposta maior eficiência do trabalho livre em relação ao trabalho coagido. O maior desafio da emancipação escrava, no entanto, tinha a ver com questões políticas e culturais.

É na Inglaterra, na década de 1780, que começa a surgir um movimento abolicionista articulado. Enquanto um dos principais redutos do liberalismo, é nesse país que, pela primeira vez, o fim da escravidão surgirá como uma possibilidade no horizonte político. O pensamento iluminista, o ideal de economia de mercado e a teoria política liberal, colocando o conceito de liberdade no centro de suas formulações, sistematizaram uma crítica ao escravismo moderno. A contestação inicial do movimento abolicionista inglês não recai, todavia, sobre a escravização em si; a principal objeção estava direcionada ao comércio atlântico de escravos. Os posicionamentos iniciais davam atenção especial aos maus-tratos infringidos aos cativos a bordo dos navios negreiros. A propaganda contra a escravidão estava voltada, naquele momento, aos horrores e à violência acometidos pelo comércio de pessoas. Imagens do que se passava a bordo do navio eram expostas pelos abolicionistas a fim de chamar a atenção do público quanto ao caráter imoral do comércio de escravos. Ocorre, dessa maneira, uma ampla divulgação do trato negreiro como um lugar de violência, crueldade, condições desumanas e morte pavorosa. Nessa primeira etapa de contestação política, o abolicionismo inglês passa, portanto, a criticar o sistema escravista a partir de critérios morais, relatando o caráter desumano do comércio de seres humanos (REDIKER, 2011, p. 69).

Essa desumanidade, cabe ressaltar, era encarada enquanto tal pois a comercialização de pessoas representava um desrespeito à nova noção de dignidade humana que estava em gestação. O conceito liberal de cidadania política, o qual se pretendia universal, era sustentado pelos pressupostos, completamente negligenciados no trato negreiro, de igualdade e liberdade individual. Tal visão, porém, não deixou de encontrar resistência em setores ligados ao escravismo. Para eles, um possível fim do mercado africano de cativos colocaria em xeque outro importante princípio do liberalismo: o direito à propriedade privada.

A pressão abolicionista cresceu e o Parlamento inglês aprovou, em 1788, a Lei Dolben, a qual tratava da regulamentação do transporte de escravos. Essa lei, entre outras medidas, determinava a obrigatoriedade da presença de um médico em cada navio negreiro, assim como uma quantidade máxima, dependendo do tamanho da embarcação, de cativos a serem transportados. Apenas em 1807, todavia, após anos de enfrentamento político, é que o Reino Unido resolve colocar um fim na comercialização atlântica de escravos. Principal mercado do comércio britânico de cativos africanos, os Estados Unidos, ao verem-se profundamente afetados por tal proibição, vetam a importação de escravos logo em seguida, no ano de

1808, embora a abolição da escravatura se consolide por lá apenas em 1865, após cinco anos de guerra civil.

Não tardou para que a Inglaterra, aproveitando sua posição de destaque na geopolítica internacional, tentasse expandir os princípios liberais-abolicionistas ao redor do globo. O fim do comércio de escravos, base do sistema escravista atlântico, tornou-se um dos principais pilares da política externa inglesa. Partindo-se de uma visão geral, pode-se afirmar que o alastramento dos ideais abolicionistas acabou por construir uma base sólida de contestação ao escravismo.

> Esta discussão, disseminada por novas organizações humanitárias nascidas na Grã-Bretanha, distinguia com veemência a escravidão de outras formas de dominação e exploração. Com seu exemplo ampliado pelo visível sucesso econômico e por sua Marinha, conseguiu realizar uma mudança ideológica momentosa que cruzou fronteiras e pressionou outras nações europeias, em 1815, a condenar o comércio de escravos como 'repugnante para os princípios de humanidade e moralidade universal'. Na verdade, o movimento antiescravista refletiu o discurso sobre as normas sociais e políticas dos Estados europeus e para ele contribuiu, principalmente na França e na Inglaterra. Esse movimento elaborou uma retórica para distinguir que modos de autoridade e formas de organização do trabalho poderiam ser considerados moralmente aceitáveis e insistiu em que tais argumentos aplicavam-se aos Estados "civilizados" em geral e às suas colônias nas Índias ocidentais e em outras regiões. Algumas nações receberiam essas propostas com transigência e evasivas – o tráfico de escravos para a colônia espanhola de Cuba foi até a década de 1860, a escravidão até 1886 –, mas criara-se um padrão. O mais importante é que mal que se estava reconhecendo era um mal bem delimitado, que sepa-

> rava a escravidão de outros modos de controle da mão de obra e de outros modos de exercer a autoridade (COOPER, HOLT, SCOTT, 2005, p. 49-50).

Visto sob esse ângulo, o ideal de emancipação parece ter se concretizado, no contexto político do Ocidente, como um *construto* que se alastra, mecanicamente, das metrópoles para as colônias. Dito em outras palavras, ao se interpretar o processo histórico de construção da categoria "liberdade" como uma simples extensão de princípios europeus para o resto do mundo, corre-se o risco de entendê-la como manifestação específica do próprio poder que sustentava a escravidão moderna, ou seja, o colonialismo. Essa é a principal crítica dirigida ao conceito liberal de cidadania pelos autodenominados estudos pós-coloniais.[2] Para os pesquisadores ligados a tal corrente teórica, a noção de cidadania foi trazida na bagagem dos colonizadores europeus e carregava um conteúdo eurocêntrico quanto à relação do indivíduo com o Estado. A afirmação dos direitos dos cidadãos, que na Europa se transformava, em diversas situações, em um movimento "libertador" (eliminando as pretensões dos estratos superiores de representarem seus subordinados frente ao Estado), poderia, no contexto colonial, ser limitadora, pois ela negava lugar na política a grupos cuja cidadania não estava sendo reconhecida – caso, por exemplo, de diversas comunidades que faziam parte dos territórios coloniais. Esse argumento repousa, na grande maioria das vezes, na suposta ambiguidade presente na política das potências europeias: se a tendência na Europa era produzir cidadãos, o neocolonialismo do século XIX estava, por sua vez, produzindo súditos coloniais. De acordo com a perspectiva pós-colonial, o viés

2 Para uma análise de como os estudos pós-coloniais interpretaram a relação entre abolicionismo, cidadania e colonialismo, consultar Cooper, Holt e Scott, 2005, p. 52.

colonial da cidadania resistiu ao fim do próprio colonialismo, deixando como legado uma política centrada no Estado e uma cultura fundada no conceito de indivíduo.

A crítica da cidadania que emerge das teorias pós-coloniais possui, entretanto, limitações básicas. A primeira delas está no fato de deixar de lado as tensões e aberturas, bem como os fechamentos e restrições que o conceito de cidadania pode sofrer. Dito de outro modo, as análises pós-coloniais não levam em conta a polissemia presente nos conceitos abstratos/universais desenvolvidos pela teoria liberal. Sendo assim, é justo dizer que esse tipo de abordagem não deixa espaço para as lutas de ex-escravos e povos colonizados, as quais alteraram os significados ancestrais da cidadania. Desde que surgiu, ainda no século XVIII, no contexto da ascensão do liberalismo político, os sentidos da cidadania tornaram-se objeto de disputa política. A questão acerca de que grupos seriam contemplados com o estatuto de cidadão – questão esta que levava, consequentemente, à discussão sobre quais camadas estariam excluídas dessa categorização – fazia parte de uma complexa disputa política. Ao se apresentar como uma ideia com presunção de universalidade, a cidadania liberal não permitia respostas óbvias e imediatas, adquirindo uma enorme volatilidade. Seus conteúdos tornaram-se tema de numerosos debates e mobilizações políticas. A cidadania e a liberdade, para usar as palavras de Barbara Fields, sempre foram "alvos em movimento". Seria um erro supor que elas se expandiram para o continente americano de forma unilinear. A partir do momento que algumas pessoas afirmaram que esses termos também se aplicavam a elas, tais concepções acabaram por ser redefinidas.

Um dos maiores exemplos dessa ressignificação dos ideais liberais diz respeito a um dos eventos essenciais para se pensar os processos abolicionistas da América. Iniciada em 1791, a Independência do Haiti, também conhecida como revolta de São Domingos, expôs um nexo que as potências europeias tentariam esconder durante o século seguinte: a relação entre escravidão e colonialismo. Ao derrubarem o escravismo (de forma inédita no continente americano) e fundarem uma nova nação, os revoltosos haitianos levantaram uma contestação sobre quem seria incluído na noção de "direitos do Homem", conceito de inspiração iluminista que foi cristalizado tanto na Revolução Francesa como na independência dos Estados Unidos. Mais precisamente, os acontecimentos ocorridos na França e em São Domingos durante a última década do século XVIII ajudaram a dar forma e significado um ao outro, sendo que os confrontos surgidos em ambos os lados do Atlântico contribuíram para a materialização política de alguns dos princípios liberais.

No caso da revolta escrava presenciada no atual Haiti, ela fez com que o discurso conectado ao liberalismo pudesse ser aplicável tanto para a escravatura quanto para a colonização: a primeira seria a negação da liberdade pessoal a uma classe de indivíduos, enquanto a segunda representaria a negação da liberdade civil a um povo. Na verdade, os senhores de escravo de São Domingos, ao reivindicar direitos políticos contra o governo francês através de uma leitura concreta da Declaração dos Direitos do Homem, descobriram que seus escravos exigiam, também pautados pelo preceito da liberdade, outro tipo (porém semelhante) de direito.

Ao longo do século XIX, isto é, após o desenrolar da Independência haitiana, a autoridade colonial passou a ser invocada tanto para promover a abolição quanto para sustentar a escravidão. Alguns líderes coloniais conseguiram revestir a prática colonial de uma roupagem libertadora, uma vez que a idealizavam como uma alternativa para os africanos se livrarem da tirania do tráfico negreiro e de seus próprios líderes locais. Mais uma vez, estamos diante de uma variante da lógica universalista presente no pensamento liberal, o qual, como vimos, admitia diversas interpretações. No caso das lutas pela emancipação escrava, ele poderia integrar o discurso de variadas correntes, sejam elas favoráveis ou contrárias ao fim do escravismo.

> A economia de mercado de Adam Smith, a política de John Locke ou a retórica dos direitos do homem da Revolução Francesa dependiam, todas, de modos universalistas de raciocínio, mas deixaram em aberto a questão dos limites do universo ao qual se aplicavam. A universalidade da linguagem transformou os princípios do exercício "livre" da escolha no mercado de trabalho ou a voz "livre" na política em poderosas ferramentas retóricas que cruzaram linhas geográficas e culturais – o sofrimento do escravo em Timbuctu podia ser evocado em termos compreensíveis em Paris. Mas a própria retórica levantava a questão de saber se o tipo mais particularista de poder poderia ser legitimamente mobilizado por homens de poder ou de razão para levar os não esclarecidos ao mundo da economia de mercado, do bom governo e do progresso cultural.
>
> Seria assim um erro considerar o pensamento do Iluminismo, a economia de mercado ou a teoria política liberal como um conjunto claro de princípios traído pela hipocrisia do colonialismo europeu ou como uma imposição totalitária de idéias políticas europeias ao resto do mundo em nome da universalidade. O que não se podia deixar de ver na Europa e em suas colônias do século XIX era que tais *construtos* tornaram-se pontos de referência fundamentais que poderiam ser usados para justificar a colonização ou condená-la. [...] De São Domingos na década de 1790 à África Ocidental francesa na de 1940, a ideia dos direitos que podiam ser considerados 'europeus' ou 'universais' foi invocada e transformada pelos líderes em vários movimentos populares que desafiaram a ação ou a legitimidade dos Estados opressores (COOPER, HOLT, SCOTT, 2005, p. 57).

Por mais sofisticadas que pareçam as teorias liberais formuladas nas metrópoles, elas não podem ser enxergadas como uma invenção apenas europeia. Na maioria das vezes, as reflexões filosóficas sobre essas ideias estabeleciam um diálogo com os conflitos que se desenrolavam nas colônias. Examinando a história intelectual do Iluminismo francês, Laurent Dubois (2006) demonstra que, durante a segunda metade do século XVIII, boa parte da crítica iluminista acerca da escravidão também fazia parte do debate público situado nas colônias. Segundo ele, questões como a fuga e a rebelião de escravos, assim como o próprio futuro da escravidão, eram preocupações com as quais diversos colonos lidavam, de maneira concreta, no cotidiano do Caribe francês. A possibilidade dos escravos serem encarados como agentes políticos, por exemplo, era uma questão debatida intensamente por autoridades coloniais, fazendeiros, pensadores, líderes antiescravistas, advogados e juristas que viviam em São Domingos. Até mesmo os princípios de igualdade, liberdade e fraternidade, tão caros para a proposta política idealizada pelos revolucionários franceses, faziam parte da retórica utilizada por alguns abolicionistas.

Nesse sentido, concomitantemente ao que corria na Europa, havia, nas colônias francesas, a formação de toda uma rede de discussão política em torno da governança dos escravizados, a qual, em muitos casos, utilizava-se, de maneira até mesmo inovadora, das mesmas ideias presentes nas teorias iluministas europeias. Diante disso, o autor propõe uma perspectiva atlântica para se pensar a história intelectual do Iluminismo. Entender o Atlântico como espaço integrado também do ponto de vista intelectual não significa, de acordo com Dubois, deixar de encarar a Europa como o centro da produção iluminista, mas inserir novos atores no complexo jogo de formulação dos conceitos liberais. Ao se apreender os pressupostos iluministas como formados a partir das trocas culturais e políticas estabelecidas entre a metrópole e a colônia, é possível, escreve ele, desestabilizar a rígida noção segundo a qual os europeus são os únicos formuladores das teorias democráticas modernas (DUBOIS, 2006, p. 7).

Caso queiramos pensar os pressupostos liberais que orientaram os processos de emancipação através de um olhar atlântico, devemos ainda incluir mais sujeitos neste mosaico de atuações políticas. Desde a década de 1980, a historiografia brasileira e internacional sobre a escravidão, inspirada pelos estudos de Edward Thompson, voltou sua atenção para as ações empreendidas pelos próprios escravos. Após esse período, a característica mais marcante dos trabalhos acadêmicos sobre a escravidão foi a maneira como haviam superado a associação entre subordinação e passividade. Os historiadores vinham encontrando maneiras de examinar as iniciativas dos escravos sem desconsiderar a opressão, explorando a criação de sistemas alternativos de crenças e valores no contexto das tentativas de dominação. Movidos pela concepção de agência escrava, essas pesquisas procuraram demonstrar o papel ativo dos cativos enquanto atores políticos. Desde revoltas organizadas até confrontos individuais com senhores foram abordados como maneiras criadas pelos cativos para, dentro de certas circunstâncias, melhorarem suas condições de vida. Tais ações teriam sido essenciais para minar a legitimidade do escravismo, haja vista que criavam limites para as estratégias de domínio estabelecidas por seus superiores. Contestando, mesmo que com pequenos atos, as sujeições e privações que lhes eram impostas, os escravos acabavam por interferir politicamente no universo social ao qual pertenciam.

Quando da ascensão de categorias como cidadania e liberdade, houve uma redefinição do conteúdo político presente nestas atitudes. Ao alçá-las como um repertório ao mesmo tempo possível e desejado, o liberalismo fez com que diversas ações empreendidas pelos escravos se tornassem potencialmente voltadas à emancipação. No entanto, convém pensar de que maneira os conflitos travados por ou contra os cativos também auxiliaram na teorização e aplicação dos ideais liberais. Se os escravos não estavam envolvidos diretamente na formulação dessas novas teorias, essas disputas estabeleceram tensões as quais não poderiam deixar de ser consideradas por senhores, políticos e intelectuais.

Liberalismo e abolicionismo no Brasil

No período entre o fim do século XVIII e a primeira metade do século XIX, eclodiram diversos movimentos de independência nas colônias da América, sendo que a maioria deles estava conectado às lutas abolicionistas. Como resultado, tivemos a fragmentação dos territórios dominados pela Espanha em repúblicas antiescravistas. Também assistimos a processos de independência e de abolição nos caribes francês e inglês. Todavia, o abolicionismo, juntamente com outros princípios liberais que lhe foram associados, não se processou, como esse quadro geral pode deixar a entender, de maneira uniforme e linear por todo o continente americano. Apropriando-se de diversos modos dos conceitos de liberdade e de cidadania, esse (heterogêneo) movimento conseguiu materializar seus anseios não sem antes enfrentar grande resistência – em muitos locais, inclusive, seus princípios foram consolidados através de violentas guerras. O escravismo, após séculos moldando as sociedades coloniais, constitui-se como uma pujante força político-social. Cada contexto foi palco, nesse sentido, de lutas políticas específicas em torno da emancipação dos escravos. Assim como em relação ao colonialismo, o liberalismo, ao mesmo tempo em que foi o propulsor ideológico dos movimentos abolicionistas, foi também operacionalizado de distintas maneiras em determinadas circunstâncias – até mesmo por aqueles interessados em defender a escravidão.

O caso brasileiro é bem emblemático. Diferentemente de seus vizinhos sul-americanos, o Brasil, embora com uma série de distúrbios sociais, tornou-se independente instituindo uma Monarquia escravista. Na metade do século XIX, além da ex-colônia portuguesa, a escravidão não estava abolida apenas no sul dos Estados Unidos, país independente desde o século passado, e em Cuba, que ainda permanecia sob o domínio espanhol. Até o ano 1888, quando a Lei Aurea estabeleceu a emancipação definitiva, diversas leis foram aprovadas com o intuito de limitar o poder do escravismo brasileiro. Isso seria fruto de uma grande resistência por parte dos defensores da escravidão, os quais conseguiram combater, de maneiras diversas, as pretensões antiescravistas. É um erro, entretanto, abordar, assim como na visão tradicional, o processo de abolição no Brasil como uma espécie de transição a longo prazo, ocorrida de forma lenta e gradual. Esse tipo de interpretação não leva em conta a indeterminação e o caráter fragmentário da história brasileira nos oitocentos.

A contraposição radical entre escravidão e liberdade foi uma construção ideológica do século XIX, a qual foi a base do discurso abolicionista. O liberalismo, contudo, conviveu com a escravidão no mundo ocidental ao longo de todo esse período, seja nas metrópoles, nas colônias ou então nas políticas imperialistas na África e na Ásia. No Brasil, bem como em muitos outros lugares, a última trincheira de defesa da escravidão também tinha um viés liberal: defendia-se a sua permanência em nome do direito constitucional à propriedade privada. Liberalismo e escravidão se combinaram historicamente, coexistiram e alimentaram-se mutuamente. Enquanto outros países americanos aboliam a escravidão, formas escravistas de organização social se refizeram e aprofundaram em solo brasileiro durante as primeiras décadas do século XIX.

Conforme dito anteriormente, o governo inglês exerceu uma forte pressão internacional para a abolição do tráfico negreiro ao redor do mundo. A Inglaterra, potência política, econômica e militar da época, ameaçava com sanções econômicas e político-militares os países que não se comprometessem a acabar com o comércio de escravos africanos dentro de seus domínios.[3] Em 7 de novembro de 1831, em respeito a compromissos assumidos com aquele país em virtude do reconhecimento da Independência brasileira, o governo imperial baixou uma lei determinando a proibição do comércio negreiro para o Brasil. Lei esta que foi sistematicamente desrespeitada nas duas décadas seguintes. Já no primeiro quartel do século XIX, devido à abertura do mercado internacional de açúcar decorrente do colapso da produção açucareira do Haiti, verifica-se um crescimento exponencial no número de escravos importados pelo Brasil. No período entre os anos 1826 e 1850, quando ocorre uma expansão da economia cafeeira no Vale do Paraíba, Sidney Chalhoub (2012, p. 35) estima em 1.041.964 a quantidade de africanos escravizados que desembarcaram em portos brasileiros. A maioria esmagadora desses cativos entrou no Brasil, portanto, quando tratados internacionais e a legislação nacional haviam tornado ilegal o comércio atlântico de escravos, ou seja, estavam sendo escravizados ilegalmente.

De acordo com Chalhoub (2012), para garantir a chegada de mais escravos, uma complexa engrenagem social, política, ideológica e institucional foi construída para garantir os interesses da classe senhorial, mesmo que eles estivessem assentados no descumprimento da lei. O tráfico ilegal foi, segundo ele, favorecido por uma

---

3 A história da pressão inglesa sobre o comércio de cativos praticado pelo Brasil tem início ainda durante o período colonial. Em 1810, devido a acordos firmados com a Inglaterra em troca de proteção frente ao avanço das tropas de Napoleão na Europa, os súditos portugueses ficaram proibidos de se engajar no comércio escravista em territórios africanos fora de seu controle. A partir de 1815, ficou proibido o comércio de cativos ao norte da linha do equador, sendo que, em 1826, em retribuição ao apoio diplomático necessário para sua independência, o governo brasileiro reconheceu o compromisso de abolir a chegada de escravos africanos.

frouxidão na exigência de documentação de propriedade escrava, a qual dificultava a determinação da origem do cativo, da data e das condições de seu desembarque. O estabelecimento de critérios muito amplos para identificar a condição social dos africanos também teria sido uma estratégia utilizada, assim como o ensino de rudimentos do idioma português aos africanos recém-desembarcados. Nessa lógica, os escravos eram considerados como ladinos e, portanto, trazidos "há muito tempo", antes da lei de 1831. É nesse contexto que proliferam atos de escravização ilegal inclusive de africanos livres. Na fiscalização dos navios negreiros, as autoridades poderiam prender alguns marujos, os quais, ao invés de serem libertados, eram submetidos a condições de trabalho muitas vezes mais degradantes do que aquelas impostas aos escravos.

Essa limitação da liberdade institucionalizava-se nos modos de atuação do poder público, em especial de autoridades locais de várias esferas, tais como a polícia, juízos de paz e juízos municipais. Chalhoub relata casos de negros livres confundidos com escravos pela polícia, permanecendo na cadeia durante anos por não apresentarem documentação que provasse sua condição de liberdade. Essa foi uma das consequências da política de controle social adotada, por exemplo, pela Corte, através do então chefe de polícia, e futuro Ministro da Justiça, Eusébio de Queiroz. Questionado sobre a situação de pessoas livres presas sob a suspeita de serem escravos fugidos, ele respondeu que "não sendo fácil obter provas de escravidão, quando um preto insiste em dizer-se livre", parecia "mais razoável a respeito de pretos presumir a escravidão, enquanto pro assento de batismo, ou carta de liberdade não mostrem o contrário" (CHALHOUB, 2012, p. 228).

A doutrina de Eusébio de Queiróz, isto é, da escravização até que se provasse o contrário, de qualquer negro suspeito de ser escravo, ampliava a abrangência da escravidão para muito além da própria legalidade. Uma vez que todo negro livre se tornava um suspeito potencial de cativeiro, a engrenagem montada para fazer funcionar o comércio ilegal de escravos interferiu não apenas na vida daqueles africanos contrabandeados e inseridos no trabalho compulsório dos canaviais e das lavouras de café. Na leitura do trabalho de Chalhoub (2010), percebe-se que ela se tornou tão profunda a ponto de ameaçar, constantemente, a vida de homens e mulheres nascidos livres ou que haviam conquistado o direito à liberdade. Fora isso, ainda havia as restrições constitucionais aos direitos políticos dos libertos. A interdição dos senhores à alfabetização de escravos, assim como o acesso diminuto de libertos (e negros livres em geral) à instrução primária, excluía grande dessa população da vida política. O costume, muito presente entre os senhores, de conceder liberdades sob condição[4] e a possibilidade de revogação de alforrias também contribuíam de maneira decisiva para o estabelecimento de uma zona de relativa incerteza entre escravidão e liberdade.

Todos esses fatores integravam o que Chalhoub chamou de "precariedade estrutural da liberdade", a qual estava atravessava a sociedade brasileira do século XIX. Segundo ele, o "cerne de tal conceito está justamente na vigência de longa duração dos feitos e jeitos de interação social que tornavam amiúde incertas e porosas as fronteiras entre escravidão e liberdade" (CHALHOUB, 2010, p. 55). O autor mostra que a conquista da liberdade foi, de certa forma, parcial para os ex-escravos, já que, para muitos deles, ela tinha de sempre ser reafirmada em função das constantes ameaças de (re)escravização advindas da classe senhorial e do Estado brasileiro. Como senhores e autoridades públicas criaram uma série de procedimentos cotidianos destinados a dificultar a prova da liberdade por parte de negros livres e libertos, ela era uma experiência vivenciada com incerteza,

4 Geralmente essa "condição" dizia respeito a um determinado período de tempo sob o qual o liberto deveria, necessariamente, continuar prestando serviços para o seu antigo proprietário.

sem nenhum tipo de segurança institucional, mesmo quando formalizada na forma de lei.

De acordo com análises comparativas, a escravidão no Brasil apresentava como uma de suas características a possibilidade de acesso à alforria em taxas superiores às encontradas em outras sociedades escravistas.[5] Apesar de a obtenção da liberdade ter sido sempre algo difícil aos escravos, o fato é que a ocorrência relativamente significativa de alforrias proporcionou a existência de contingentes importantes de negros livres e libertos na população brasileira oitocentista. Perdigão Malheiro, jurista e historiador especializado na legislação sobre a escravidão, afirma que a manumissão restituía ao liberto a condição de pessoa, "podendo [o liberto] exercer livremente, nos termos das leis, como os outros cidadãos, os seus direitos, a sua atividade, criar-se uma família, adquirir plenamente para si, praticar enfim todos os atos da vida civil, à semelhança do menor que se emancipa plenamente" (Idem, 141-3). Na prática, porém, antigos ex-escravos se deparavam com restrições, legais e ilegais, para o exercício do seu novo estatuto social de cidadão. A liberdade, conceito em construção na sociedade brasileira do século XIX, apresenta, portanto, claros limites a partir do momento que se leva em conta os mecanismos sociais de escravização engendrados durante esse período.

Ao longo da década de 1840, a Grã-Bretanha enrijeceu ainda mais a sua política de repressão ao tráfico negreiro. Em 1845, o

---

5 No caso brasileiro, as cifras computadas por Robert Slenes a partir das duas matrículas gerais da população escrava mostram variações regionais importantes. Na cidade do Rio, por exemplo, o acesso à alforria era amplo: nada menos do que 36,1% dos escravos consignados na matrícula de 1872-3 haviam se libertado por ocasião do registro de 1886-7. Esse quadro contrastava muito, porém, com as principais regiões cafeeiras, visto que na província de São Paulo a porcentagem de negros alforriados no mesmo período foi de 11%, na província do Rio de 7,8% e apenas 5,6% em Minas (SLENES, 1976, p. 542).

parlamento britânico promulgou a Lei Aberdeen, a qual declarava o comércio de escravos pirataria e, com isso, permitia, de maneira unilateral, a interceptação, pelos navios britânicos, de embarcações suspeitas de transportarem africanos para a América. Tal medida, que levou à abordagem de navios negreiros localizados em águas brasileiras, trouxe uma série de conflitos diplomáticos entre o governo inglês e o brasileiro. O governo imperial do Brasil acabou, por sua vez, forçado a promulgar, no ano de 1850, uma nova lei acerca do comércio de escravos africanos, a qual reforçava, criando novos dispositivos de fiscalização, os pressupostos contidos na lei de 1831. Chamada de lei Eusébio de Queiroz, devido ao engajamento do então Ministro da Justiça na aprovação dessa legislação, ela colocou um fim definitivo no comércio transatlântico de cativos que abastecia a economia brasileira.[6]

O fim definitivo do tráfico de cativos não pode, contudo, ser creditado exclusivamente às ações do governo inglês. Existiram também diversas pressões internas para o término desse comércio, sobretudo por parte daqueles que estavam receosos com a rebeldia promovida por alguns escravos durante as últimas décadas (SLENES, 2010; GRADEN, 2010). Muitos temiam que o Brasil se tornasse um novo Haiti, onde os escravos se rebelaram de forma violenta e chegaram até mesmo a assassinar ex-senhores.

Esse receio aumentou quando um levante de escravos muçulmanos, intitulado de Revolta dos Malês, eclodiu na cidade de Salvador durante o início do ano de 1835. Embora sem grandes consequências, pois a polícia conseguiu reprimir rapidamente os revoltosos, o grupo de cativos rebeldes era todo composto por africanos e possuía planos radicais, como a libertação dos escra-

6 Chalhoub (2012, p. 35) afirma que, mesmo após a nova lei de proibição do tráfico de escravos, cerca 6.800 cativos africanos ainda entraram no país de maneira ilegal.

Pode-se dizer que as propriedades do "oeste novo" iniciaram suas atividades com a produção de cana-de-açúcar, mas foi o café que, ao se tornar objeto de consumo em larga escala nos Estados Unidos e na Europa, ocasionou a ascensão da produção agrícola local. Ainda na primeira metade do século XIX, era o Vale do Paraíba[8] que concentrava a maior parte dos cafezais existentes no país. Porém, com o passar de algumas décadas, o oeste da província de São Paulo conseguiu desenvolver a sua agricultura a partir da expansão, em suas áreas, de fazendas cafeeiras. No decorrer dos anos, o novo oeste paulista passou a se estabelecer cada vez mais como o principal produtor cafeeiro do Estado, graças às condições naturais propícias à plantação de café (terra roxa, chuvas regulares, calor não excessivo e raras geadas) e à possibilidade de se contar com uma infraestrutura material e organizacional advindas da lavoura canavieira. Para obter-se uma noção do crescimento das plantações de café nessa região, já no início do século XX, as exportações de café que se faziam através do porto de Santos, ou seja, praticamente apenas a produção cafeeira do "novo" oeste paulista, chegava a representar cerca de 50% do café consumido no mundo (HOLLOWAY, 1984).

Vale ressaltar que a produtividade da lavoura cafeeira desenvolveu-se, pelo menos até a virada do século XIX para o século XX, somente em quesitos como transporte, maquinário e organização comercial. No que diz respeito às técnicas produtivas a serem empregadas no plantio, cultivo e colheita do café, as fazendas de São Paulo mantiveram-se estagnadas durante todo esse período (COSTA, 1989). Somando-se a isso o fato do café ser uma planta perene e que requer cuidados constantes durante o seu cultivo, tornou-se inevitável o emprego de grande quantidade de mão de obra. Sem muitas opções concretas, os fazendeiros optaram por

---

8 O Vale do Paraíba é uma região situada entre o sul do estado do Rio de Janeiro e o nordeste do estado de São Paulo.

prosseguir com a utilização de escravos. Porém, uma vez encerrado o tráfico negreiro, o qual havia se constituído como o principal fornecedor de cativos da economia brasileira até então, onde conseguir mais trabalhadores?

A província de São Paulo começou a receber contingentes de população escrava, via comércio/tráfico transatlântico, já na primeira metade do século XIX, quando a lavoura canavieira prosperou. Com o advento da cafeicultura, após 1850, os fazendeiros recorreram a outras províncias escravistas para contar com mais escravos. O comércio interno de escravos cresceu, a partir de então, de forma exponencial. Centenas de milhares de cativos foram, novamente, arrancados dos lugares onde estavam fixados, principalmente províncias do Nordeste, e trazidos para um destino que não conheciam. Estima-se que entre 200 e 250 mil escravos foram realocados para as províncias do Sudeste entre 1850 e 1888 (GRAHAM, 2004, p. 296; SLENES, 2004, p. 329-330). Com essa reserva de trabalhadores, a economia cafeeira pôde se sustentar por mais um tempo sobre o escravismo. Uma série de tensões, todavia, começou a promover o fim da escravidão e com ela a necessidade, por parte dos fazendeiros, de se repensar tanto o regime de trabalho quanto quais seriam os trabalhadores aptos a dar continuidade à expansão produtiva da cultura cafeeira.

Alguns autores (HOLLOWAY, 1984; TRENTO, 1988; VANGELISTA, 1991) afirmam que a migração interprovincial de escravos não deu conta de abastecer consistentemente a procura por trabalhadores que afligia a economia cafeeira. Com uma baixa capacidade de reprodução, a população escrava teria começado a diminuir após a metade do século, ocasionando, devido à expansão das lavouras cafeeiras ao longo do oeste paulista, um desequilíbrio na quantidade de mão de obra. Esta escassez de trabalhadores seria a principal causa para a posterior chegada de milhões de imigrantes europeus nas fazendas de café e para a extinção do regime servil. Outros (COSTA, 1989), por sua vez, preferem listar um conjunto de causas para explicar a abolição no contexto das fazendas cafeeiras paulistas. Além da baixa capacidade de reprodução dos escravos, haveria ainda as transformações econômicas ocorridas durante todo o século XIX, tanto em âmbito nacional quanto internacional, que diminuíram o número de dependentes do braço escravo e, com isso, abriram espaço para contestações à legitimidade do regime servil.

As mudanças tecnológicas ocorridas no interior paulista, como a construção de ferrovias e a introdução de novos maquinários (as quais afetavam o sistema de transporte e o processo de beneficiamento das fazendas de café), teriam suscitado medidas de racionalização do processo de trabalho, favorecendo, nesse sentido, a implantação de novas relações de trabalho. Durante a segunda metade do século XIX, a agitação abolicionista também começava a ganhar força, atribuindo um caráter político à necessidade de se introduzir o trabalho livre. Para Costa, é de igual importância na explicação do processo de desmantelamento da escravidão a ação dos próprios escravos, uma vez que as constantes fugas e levantes realizados por eles desorganizavam o sistema de trabalho e colocavam em risco o processo produtivo da lavoura cafeeira. Além disso, cada vez mais a imigração começava a transparecer como uma possível solução para a carência de mão de obra. Todos esses fatores se relacionaram e culminaram, por fim, na abolição.

Embora encare o fim do escravismo a partir de um olhar multifacetado, esse tipo de abordagem parece ainda pautado na ideia de uma transição linear, a qual estaria suportada por um conjunto de decisões racionais. Célia Marinho de Azevedo (2004) defende que o principal ponto de inflexão para se entender o fim do escravismo não pode consistir na escassez de mão de obra, já que, como ela mesma demonstra no decorrer de sua obra, inúmeros fazendeiros tentaram, e posteriormente conseguiram, barrar a entrada de mais escravos advindos de outras províncias do país.[9] A sua ênfase está na forma como, no contexto da segunda metade do século XIX, a elite agrária paulista interpretava as ações de cativos e libertos.

De acordo com a autora, desde quando a escravidão passou a ser encarada como uma instituição cujo fim era algo inevitável, ou seja, em meados do século XIX, surgiu como grande interrogação, sobretudo para os grandes proprietários de cativos, mas também para a classe média urbana e para os intelectuais e políticos, a questão do que fazer com os negros após a abolição. A própria formulação da pergunta já carrega um forte viés racista, pois considera o negro como categoria social distinta e problemática, cujo futuro estaria ao controle de outros. Primeiramente, surge a possibilidade de, via um processo de normatização, educar os ex-escravos ao trabalho livre. Todavia, o aumento das revoltas e crimes cometidos por escravos durante as décadas de 1870 e 1880 espalham o "medo da onda negra" pelo Estado de São Paulo. Em outras palavras, assim como aconteceu com os africanos, os cativos advindos de outras províncias passaram a ser vistos como causadores de desordens.

Durante as décadas de 1870 e 1880, realmente se verifica um aumento da criminalidade escrava em diversos municípios que compunham a fronteira do oeste paulista (MACHADO, 1987, p. 33). Essa tendência ascendente das transgressões escravas estava, no entanto, relacionada diretamente a questões de disciplina no trabalho e, de maneira mais abrangente, à contestação da própria lógica de domínio que lhes era imposta. Segundo Maria Helena Machado (1987, p. 37), os crimes cometidos por escravos, além de terem se avolumado, adquiriram contornos mais violentos, geralmente envolvendo assassinatos e lesões corporais. Refletindo o acirramento das tensões

---

9 O parlamento paulista, influenciado pela força política de alguns fazendeiros, conseguiu, na década de 1870, aprovar leis que taxavam a entrada de escravos advindos de outras províncias.

presente no processo de desintegração da ordem escravista, tais confrontos eram voltados, primordialmente, contra feitores e senhores. Para a autora, esses últimos tentavam forjar, através da disciplina e da vigilância, um ritmo de trabalho acelerado e uma produtividade constante. Sem abrir mão da violência física como recurso disciplinar, eles acabaram por estabelecer o que autora chama de uma "economia do castigo", a qual nem sempre era aceita pelos escravos.

> Assim, entre as expectativas senhoriais do rendimento econômico do escravo e as possibilidades materiais e emocionais desses em cumpri-las criou-se uma margem, mais ou menos incerta, de tensões e negociações. Escravos e senhores viam-se compelidos a mover nessa zona sombria, desenvolvendo, cada um dos contendores, estratégias que lhes permitisse experimentar os limites do outro e, talvez, avançar alguns passos. No interior dessas relações sociais de trabalho profundamente tensas é que se insere a problemática da disciplina e de uma economia particular do castigo (MACHADO, 1987, p. 64).

Esses conflitos só podem ser entendidos, porém, a partir da compreensão da experiência migratória dos cativos que neles estavam envolvidos. Durante muito tempo, a historiografia brasileira sobre a escravidão se ateve na compreensão da dinâmica migratória estabelecida a partir do tráfico de escravos da África para o Brasil. O enfoque pairava sobre a forma como uma suposta "cultura africana"[10] – tradições religiosas, relações de parentesco, hábitos

10 São diversas as orientações presentes nos estudos acerca da importância das influências africanas para a vivência da escravidão no Brasil. Alguns estudos estão pautados por uma concepção estanque de cultura, segundo a qual esta seria uma totalidade bem definida e autocentrada, enquanto que estudos mais recentes optam por uma perspectiva mais relacional, percebendo o caráter contingente e negociável que adquire a apropriação de determinados sinais diacríticos.

culinários, práticas de trabalho, instituições políticas etc. – teve que ser ressignificada a partir da experiência de travessia do atlântico; ou então como essa "cultura" trouxe impactos para a sociedade receptora e influenciou na forma como senhores e demais homens livres pensavam e se relacionavam com os cativos. Aos poucos, no entanto, vários historiadores perceberam a importância dos deslocamentos internos de escravos, com especial atenção ao grande movimento que se desenvolveu em direção ao Sudeste durante a segunda metade do século XIX.

Surgiram ao longo dos anos vários estudos apontando as tensões trazidas por esse fluxo de pessoas e suas consequências para a dinâmica de sociabilidade das fazendas cafeeiras paulistas e cariocas. Aqueles que analisaram toda a dinâmica do comércio interno de escravos não são reticentes em afirmar a contrariedade dos escravos envolvidos nas negociações. As separações familiares e afetivas foram constantes, assim como a mudança para um lugar desconhecido causava uma série de inquietações. Nesse ponto, cabe ressaltar aqui o fato de a grande maioria dos cativos que migraram para as lavouras do Sudeste não ser proveniente de grandes fazendas, mas sim de pequenas propriedades rurais ou então das cidades. Segundo a historiografia, os maiores proprietários de escravos, como é o caso, por exemplo, dos senhores de engenho do recôncavo baiano, conseguiram segurar boa parte de seus escravos mesmo com a queda das exportações verificada a partir da segunda metade do século XIX. Foram aqueles senhores com poucos recursos que tiveram que se desfazer de seus escravos e vendê-los para as então promissoras fazendas de café do Sudeste, não sem antes repassá-los para uma cadeia de intermediários que lucrava com esse comércio.[11] Não foram poucos, por sua vez, os escravos que

11 Uma descrição bem detalhada das condições e dos procedimentos sob os quais se efetivou o comércio de cativos para o Sudeste está em Graham (2002).

se mostraram inconformados com uma mudança tão abrupta e repentina em suas vidas. A venda para um destino que até então não conheciam comprometia uma série de identificações e laços sociais criados pelos escravos ao longo dos anos (JOHNSON, 1999, p. 20).

O deslocamento para uma fazenda de café situada em um local jamais conhecido não era visto com bons olhos pelos cativos. Os relatos de fugas e de outras formas de relutância quanto a essa migração forçada, algumas das quais adquiriram um caráter de violência física contra senhores e os intermediários do comércio, são constantes entre as pesquisas já realizadas sobre o tema (CASTRO, 1995; MACHADO, 1987; CHALHOUB, 1990). Desde que foram capturados no continente africano (ou então, para aqueles que já nasceram escravos, desde o seu nascimento), os cativos eram disciplinados de modo a perceberem seus corpos como mercantilizados. Contudo, ao construírem a própria subjetividade a partir de relação que mantinham com outros escravos, com seus senhores e com uma variedade de pessoas livres, eles (re)inventavam novas formas de identificação e de vínculos sociais, tornando-se sensíveis à constante ameaça de venda a qual estavam subjugados. O desaparecimento permanente de um pai, uma mãe, um(a) filho(a), um(a) irmã(o), um amigo com quem trabalhavam e dividiam a senzala, uma pessoa com quem faziam orações e/ou um companheiro de carteado não eram eventos vistos com indiferença pelos os escravos (JOHNSON, 1999, p. 36).[12] O processo de venda de um escravo era, nesse sentido, quase sempre tenso; senhores e demais agentes envolvidos nesse comércio deveriam levar em conta a não aceitação dos cativos quanto a essa transação. Eles logo viriam a perceber que não estavam lidando como uma mercadoria semelhante às demais.

---

12 Para Walter Johnson (1999, p. 43), inclusive, a vulnerabilidade diante da venda de seus laços comunitários e de si próprio formatava uma experiência de vida comum entre os escravos.

Sobre aqueles que realmente migraram, há constatações de que as situações não foram das melhores. Alguns autores (COUCEIRO, 2003) consideram que a vinda de escravos para o Sudeste representa um momento de inflexão fundamental no que se refere à formação de redes de sociabilidades entre os cativos. Esse trânsito de escravos trouxe consigo a fixação de diferenças entre os escravos estabelecidos e os recém-chegados, uma vez que estes últimos se depararam com redes de sociabilidade estabelecidas anteriormente à sua vinda. Os escravos mais antigos haviam construído suas próprias regras de convívio, assim como já estavam mais próximos dos códigos morais que estruturavam as relações entre senhor e escravos. Para aqueles que estavam chegando agora, esse era um momento de ressignificação dos vínculos relacionais e identitários. A experiência da migração sugere uma reinvenção das identificações e dos laços sociais; tudo isso a partir do contato com novas formas de trabalho e com indivíduos desconhecidos. A formação de alianças entre os escravos adquiriu, desse modo, um caráter muito diverso e complexo, variando de acordo com as leituras que se faziam das normas de convivência previamente estabelecidas.

Essa divisão construída a partir do tráfico interprovincial, entre os escravos novos e os já estabelecidos, era decisiva para a constituição de relações de parentesco, como o casamento, por exemplo, e também para a possibilidade de se firmar relacionamento com outros cativos e com as demais pessoas livres. De acordo com a historiografia, a construção desses vínculos era algo que estava mais ao alcance daqueles escravos que estavam fixados nas fazendas há mais tempo. Tais laços sociais faziam aumentar, por exemplo, as chances de se morar em uma casa própria, a qual era um dos quesitos para se obter determinados direitos informais, entre eles o usufruto de uma parcela de terra. Não eram apenas questões materiais, entretanto, que norteavam essa divisão, mas também formas simbólicas de distinção. Os mais estabelecidos reivindicavam um maior reconhecimento e respeito em relação aos escravos recém-chegados (MONSMA, 2005, p. 104).

É o que deixa claro um conflito, ocorrido em São Carlos durante o ano 1887, travado entre um grupo de escravos e um administrador de fazenda. Nele, João Felício de Godoy, administrador da fazenda Horta, foi agredido após ter contestado o trabalho que estava sendo realizado por um escravo. Em seu depoimento, consta a seguinte descrição.

> Hontem as dez horas, mais ou menos, indo ao cafesal vêr o serviço de apanhação de café e chegando ao eito observou ao escravo Cosme que parecia um escravo novo porque estava quebrando galhos de café e que este escravo respondeo sim senhor, e elle offendido tratando de seguir para diante foi seguro pelas pessoas pelo dito escravo Cosme que o derrubou e imediatamente o escravo de nome Felicio o segurou pelo pescoço e pondo-o de bruço collocou os joelhos nas costas e sendo tambem seguro pelos escravos Crispim e João Criolo, e então fizeráolhe os ferimentos com relho, foise e uma cavadeira que arrancarão da mão do feitor [...]. Depois delle depoente prostado no chão todos os demais escravos tomarão parte nas offensas que recebeo; que quando voltou a fazenda veio escorrendo sangue, e ficou também com um dente quebrado (Fundação Pró-Memória de são Carlos, doravante FPM, 1887).

A designação "escravo novo", utilizada pelo administrador, ganhou novos significados a partir da segunda metade do século XIX: não se referia mais aos cativos recém-capturados na África e trazidos para o Brasil, mas àqueles que chegaram de outras regiões para as fazendas do Sudeste. Esse termo era empregado, geralmente, quando um escravo não realizava corretamente o seu trabalho, o que demonstra a dificuldade que muitos dos "escravos novos" sentiram quanto à adaptação a novos ritmos e formas de trabalho. Isso era uma maneira de estigmatizar os escravos recém-chegados, bem como era visto como um insulto pelos escravos de um modo geral. O grupo poderia ter matado Godoy, mas não o fez. Largaram o administrador no chão e, depois de algum tempo, ele conseguiu se levantar, montar seu cavalo e voltar à sede da fazenda. Sofreu humilhação, dor, teve um dente quebrado e ficou, pelo menos temporariamente, com "os olhos ingetados de sangue" e dificuldade para enxergar. Tudo sugere que a intenção dos cativos não era matá-lo, mas revidar o insulto sofrido por Cosme, assim como possíveis outras ofensas que haviam sofrido desse mesmo administrador em outras ocasiões. Em suma, queriam impor-lhe respeito. Devido a situações como essa, portanto, os escravos transacionados eram vistos como os mais propensos a se envolverem em conflitos violentos, crimes, revoltas etc.

De acordo com os estudos sobre o tema, os escravos transacionados tinham um perfil bem claro: eram homens em idade de trabalho. Isso não quer dizer, todavia, que não havia presença de mulheres. Segundo estatísticas apresentadas por Richard Graham (2004, p. 300), na década de 1870, desembarcavam uma média anual de 350 escravas no porto do Rio de Janeiro, principal entreposto do comércio interprovincial de escravos. A maior parte delas iria trabalhar como domésticas, enquanto outras eram empregadas como prostitutas na própria cidade do Rio de Janeiro. Uma parcela delas, como se perceberá mais adiante, teve como destino, no entanto, as fazendas de café do oeste paulista e do Vale do Paraíba. O que parece certo, todavia, é que tanto escravos como escravas eram negociados(as) avulsos(as), ou seja, eles eram separados de seus laços sociais quando vendidos para o Sudeste. Sendo assim, a adaptação, seja às redes sociais já existentes nas novas senzalas ou a relações de trabalho que lhes eram estranhas, não deixou de ser traumática e terminou, não raras vezes, em tragédias. Ao estudar a trajetória de famílias escravas situadas em Campinas, um dos centros da economia cafeeira paulista, Cristiany Rocha faz o seguinte relato sobre os cativos que foram trazidos de outras regiões.

> O desrespeito aos laços de família e de parentesco, a imposição de uma rotina de trabalho na lavoura de café à qual a maioria deles não estava acostumada e, por fim, os castigos excessivos, que eles percebiam como injustos e ilegítimos, foram os principais elementos que configuraram a trajetória daqueles enraizados. [...] muitos outros escravos cometeram crimes violentos em resposta a esses efeitos do tráfico em suas vidas (ROCHA, 2004, p. 156).

Ações violentas contra senhores, feitores, administradores e outros escravos parecem ter sido algo constante dentro da trajetória de vários dos escravos que vieram trabalhar nas regiões cafeeiras. Como argumentaram alguns autores (CASTRO, 1998, p. 178; ROCHA, 2004, p. 156), o que estava em disputa nesses conflitos eram as diferentes percepções acerca do cativeiro: os cativos migrados vieram de outra realidade escravista e não aceitavam as novas normas de convívio, as novas relações de trabalho e a forma como eram aplicadas as punições nas fazendas do Sudeste. O desfecho violento desses embates era o resultado das negociações em torno dos códigos sociais que balizavam as interações entre senhores e escravos recém-chegados. Os conflitos que envolviam escravos transacionados de outras províncias acabaram por aumentar uma visão negativa da escravidão em diversos setores, principalmente entre fazendeiros que se relacionavam cotidianamente com esses cativos. Sidney Chalhoub também faz menção aos alarmes causados pelos cativos que migraram forçadamente para a região.

> O tráfico interno deslocou para o Sudeste, a partir de meados do século XIX, milhares de escravos que se viram subitamente arrancados de seus locais de

> origem, da companhia de seus familiares, e do desempenho das tarefas às quais estavam acostumados. Muitos destes negros reagiram agredindo seus novos senhores, atacando os donos das casas de comissões – lojas de compra e venda de escravos –, provocando brigas ou desordens que impedissem sua ida para as fazendas de café, fugindo e procurando retornar à sua província de origem (CHALHOUB, 1990, p. 27).

Todas essas manifestações fizeram com que diversos setores, antes interessados na abolição gradual, passassem a encarar o fim da escravidão como algo a ser executado de maneira imediata. Para Chalhoub, é essencial, na análise das últimas décadas de escravidão, prestar atenção nas noções de cativeiro justo – ou minimante tolerável – forjadas pelos próprios escravos. Ao se deparar com uma realidade que não conheciam, com tipos e ritmos de trabalho que lhe eram estranhos, os cativos advindos do Norte-Nordeste logo se viram em situações que não consideravam aceitáveis. Os transtornos por eles causados teriam causado um estimável impacto político no processo de perda da legitimidade do escravismo.

> [...] the Brazilian internal trade developed in a context of rising national and international mobilization against slavery. This [...] made the commerce in human beings a focus of 'political' struggle over the future of forced labor, involving masters, slaves, and other interested social groups; indeed, it could be argued that the crash of the slave market in 1881-83, reflecting a dramatic change in perception of 'chattel futures', was more of a historical watershed than the legal landmarks that announced partial emancipation in 1871 and 1885 (freedom, respectively, for children thenceforth born to slave mothers and sexagenarians) and complete abolition in 1888 (SLENES, 2004, p. 327).

Robert Slenes (2004, p. 361) conceitua o mercado interprovincial de escravos que se forma a partir de 1850 como uma "arena política", onde as ações e expectativas dos escravos transacionados são fundamentais para se entender os conflitos que nela se desenrolam. O tráfico interprovincial, nesse sentido, foi decisivo para o processo abolicionista: as sociabilidades forjadas após essas migrações ocasionaram uma diminuição da legitimidade do escravismo. Os escravos, a partir de suas ações, interferiam nos "negócios" da escravidão. De um modo geral, pode-se dizer que essa migração forçada de escravos redimensionou a escravidão brasileira tanto no espaço como no tempo: além do deslocamento de cativos entre diferentes províncias, o comércio interprovincial de escravos representava um mosaico de expectativas quanto ao futuro do escravismo no país (SLENES, 2004, p. 327).

Conforme bem destacado por Slenes, os conflitos trazidos para as lavouras paulistas pelo comércio interprovincial de escravos processaram-se em um contexto de mobilização internacional e nacional contra o escravismo. No Brasil, pode-se dizer que a oposição à escravidão passa a constituir uma força política importante somente na segunda metade do século XIX. Quando José Bonifácio de Andrada e Silva (1763-1838), o Patriarca da Independência, propôs, em 1825, a libertação total dos escravos, poucos lhe deram atenção. A agitação abolicionista parece se consolidar de vez apenas em 1866, quando um grupo de abolicionistas franceses formalizou um pedido de dissolução do escravismo para o próprio Imperador D. Pedro II. O governante brasileiro, preocupado com a guerra que o país enfrentava contra o Paraguai, respondeu que, uma vez terminado o confronto contra a nação vizinha, daria prioridade política ao encaminhamento do fim definitivo da escravidão em território brasileiro. A própria Guerra do Paraguai, no momento que o Exército aceitou escravos em suas fileiras, colaborou para solapar a legitimidade da persistência do escravismo no Brasil.

O recrudescimento da pressão inglesa também aumentou durante a década de 1860, sendo o momento mais crítico a denominada questão Christie. O governo inglês insistia na tese de que eram "africanos livres" todos aqueles introduzidos em desrespeito à lei de 1831, e não somente os aprisionados em ações de repressão aos desembarques clandestinos. Caso fosse colocada em prática, essa interpretação acarretaria no reconhecimento da ilegalidade de boa parte da propriedade escrava existente no país à época. Surgiram então, conforme citado anteriormente, processos cíveis de liberdade cujo fundamento residia no descumprimento da lei de 1831. Em meio a tudo isso, o Brasil se isolou ainda mais no plano internacional após o desfecho antiescravista da Guerra Civil Americana. Discussões sobre estratégias de emancipação gradual começaram, a partir de então, a surgir no cenário político nacional.

Inicia-se, ao mesmo tempo, a articulação de grupos abolicionistas formados por brasileiros, os quais adquirem visibilidade e, assim, passam a pressionar a opinião pública pela extinção do cativeiro. Embora praticamente todos eles endossassem a doutrina liberal em seus aspectos políticos e filosóficos, suas perspectivas quanto à abolição eram muitas diversas. Alguns preferiam não atacar a Monarquia, casos de André Rebouças (1838-1898) e José do Patrocínio (1854-1905), enquanto outros eram republicanos convictos, como Rui Barbosa (1849-1923). O abolicionista mais conhecido nos dias de hoje, o pernambucano Joaquim Nabuco (1849-1910), pensava o fim da escravidão como algo essencial para o desenvolvimento econômico, social e moral do país.

> A escravidão [para Nabuco] era 'uma árvore cujas raízes esterilizam sempre o solo físico e moral onde se estendem'. A instituição estava corrompendo inerentemente todo o Brasil, pois 'o homem não é livre nem quando é escravo, nem quando é senhor'. A escravi-

> dão corrompia a família, aviltava o valor do trabalho e reduzia a religião a uma 'superstição'. Pior de tudo, cobria o país com 'um tecido de feudos, onde o senhor é o tirano de uma pequena nação de homens que não ousam encará-lo'. O Brasil, disse ele, nunca poderia progredir até que eliminasse a escravidão: 'O que nós temos em vista, porém, não é só a libertação do escravo, é a libertação do país; é a evolução do trabalho livre, que se há de fazer sob responsabilidade da geração atual'. Só então os brasileiros poderiam aspirar 'á fundação de um país livre, unirem-se em torno de uma bandeira comum, que é a da libertação do solo'. [...] Com as conhecidas injunções morais vinha a afirmação de que a manutenção da escravidão prejudicava o desenvolvimento do Brasil segundo o modelo capitalista liberal, pois ele 'impede a imigração, desonra o trabalho manual, retarda a aparição de indústrias, promove a bancarrota, desvia os capitais do seu curso natural, afasta as máquinas, excita o ódio entre as classes'. Somente abolindo a escravidão é que o Brasil poderia desfrutar dos 'milagres do trabalho livre' e colaborar 'originalmente para a obra da humanidade e para o adiantamento da América do Sul'. Nabuco assumia a posição de que a abolição era a questão mais urgente na agenda da reforma liberal – nisso destoando não só dos republicanos, como também de muitos membros de seu próprio Partido Liberal (SKIDMORE, 2012, p. 56-57).

Nabuco, assim como vários de seus companheiros abolicionistas, pregava que a abolição deveria ocorrer através de leis sancionadas pelo Parlamento, isto é, sem mobilizações populares. A política abolicionista deveria, nesse sentido, ser conduzida não pelos escravos, mas sim por homens letrados, capazes de levar o país a um futuro promissor.

> [...] a propaganda abolicionista, com efeito, não se dirige aos escravos. Seria uma covardia, inepta e criminosa, e, além disso, um suicídio político para o partido abolicionista, incitar à insurreição, ou ao crime, homens sem defesa, e que a lei Lynch, ou a justiça pública, imediatamente haveria de esmagar [...] A escravidão não há de ser suprimida no Brasil por uma guerra servil, muito menos por insurreições ou atentados locais. Não deve sê-lo, tão pouco, por uma guerra civil, como o foi nos Estados Unidos [...] A emancipação há de ser feita, entre nós, por uma lei que tenha requisitos, externos e internos, de todas as outras. É assim, no Parlamento, e não em fazendas ou quilombos do interior, nem nas ruas e praças das cidades, que se há de ganhar, ou perder, a causa da liberdade (NABUCO, 1983, p. 72).

Havia, contudo, aqueles abolicionistas mais radicais, que auxiliavam escravos na fuga das fazendas e os incentivavam a se rebelarem contra seus senhores, propagando, dessa maneira, uma participação política mais direta por parte dos cativos. Não se deve, todavia, dividir o movimento abolicionista, como se costumava fazer há alguns anos, entre "legalistas" e "radicais". Durante os últimos anos da escravidão, percebeu-se, sobretudo no contexto da economia cafeeira paulista, uma politização da justiça em torno da causa da liberdade dos escravos. Esses últimos não podiam, por lei, entrar com qualquer tipo de ação no poder judiciário.[13] Eram necessários curadores para representá-los. É aí que entra o papel decisivo dos advogados/rábulas abolicionistas, como Luís Gama

13 De acordo com o Código do Processo Criminal, não era permitido ao escravo o direito de atribuir uma denúncia contra o seu senhor e até mesmo figurar na Justiça como testemunha. Em um processo criminal, o cativo era tido como mero informante, sem que o seu depoimento fosse constitutivo de prova processual (AZEVEDO, 2010, p. 42).

(1830-1882) e Antonio Bento (1843-1898), os quais promoveram uma série de ações em prol dos escravos. O Judiciário, espaço institucional e legalista, teve, a partir da segunda metade do século XIX, o papel de intermediador legítimo da reivindicação dos "direitos" dos cativos – os quais muitas vezes não se referiam diretamente à liberdade, mas aos parâmetros considerados justos na relação senhor-escravo (AZEVEDO, 2010, p. 31).

As disputas jurídicas pela liberdade contaram, por sua vez, com a participação dos próprios escravos. Os abolicionistas, ao enfrentarem à escravidão por meio da Justiça, o faziam a partir do contato direto com as expectativas e ações dos cativos, delimitando, dessa forma, uma estratégia comum de luta política. A partir de suas experiências, muitos cativos enxergaram no campo do direito um local privilegiado para reivindicar seus anseios.

> Essa atuação na arena jurídica e na imprensa – legal, mas nada ordeira – estava diretamente ligada à movimentação dos escravos: ela se incorporava à corrente de reivindicações feitas contra seus senhores e 'patronos' e adensava-se, ao longo das décadas de 1860 e 1870, por meio das ações de liberdade. Cada vez mais radical, a politização do campo jurídico empreendida por esses homens ganhava o espaço público, ao ser debatida nos jornais e nos comícios abolicionistas. O que nas trincheiras da Justiça aparecia sob a forma de argumentos, nas ruas tornava-se um direito a ser reivindicado. A propaganda abolicionista tinha, assim, outro sentido: destinava-se também a difundir ideias entre os escravos, informá-los sobre os advogados e escritórios que podiam defender seus direitos nos tribunais. Ao contrário do que defendia Nabuco, era uma militância abolicionista radical, corajosa e eficaz – apesar de eminentemente legalista (LARA, 2010, p. 18).

Ao instrumentalizarem as leis de acordo com seus objetivos políticos, advogados, rábulas e escravos avançaram na contestação do próprio escravismo. Não se pode, portanto, reduzir o posicionamento dos abolicionistas a estereótipos restritos como "legalistas" e "radicais". "Esses homens, guardadas as suas diferenças, fizeram parte de um mesmo processo histórico no qual diversos setores sociais, por inúmeros caminhos e pelos mais diversos motivos, mostraram seu descontentamento com a prorrogação da escravidão" (AZEVEDO, 2010, p. 175). O movimento abolicionista deve ser encarado como dinâmico e multifacetado, formado por escravos e doutores, militantes da causa da liberdade e sujeitos que buscavam apenas sua liberdade pessoal, por renomados bacharéis e trabalhadores anônimos – cujas vitórias se fizeram notar muito antes de 13 de maio de 1888 (AZEVEDO, 2010, p. 234).

Para entender os conflitos travados no âmbito na lei, é necessário discorrer ainda acerca das mudanças legislativas ocorridas ao longo da segunda metade do século XIX, em especial a Lei Ventre Livre, promulgada em 1871 e também conhecida como Lei do Visconde do Rio Branco. Essa lei estabelecia que, dessa data em diante, todos os filhos(as) de escravas nasceriam livres. Os menores teriam de ficar, entretanto, sob a tutela do senhor de suas mães, os quais tinham a obrigação de criá-los e tratá-los até a idade de oito anos completos. Depois desse período, o senhor da mãe poderia entregar a tutela do menor ao Estado, e assim receber uma indenização em dinheiro, ou então utilizar-se dos serviços do menor até que ele completasse 21 anos idade. Embora na prática essa tutela representasse, na maioria das vezes, a escravização dos filhos(as) das escravas, tal medida determinava o fim, gradual, mas definitivo, da escravidão, já que não haveria mais escravos a partir do momento que os então existentes falecessem.

A Lei do Ventre Livre ainda estabeleceu outras deliberações que abalaram o domínio senhorial. Ela proibia, por exemplo, a separação de famílias escravas por meio da venda separada de seus membros, assim como estabelecia o pecúlio como uma alternativa legal para os cativos conseguirem a liberdade. Conforme abordado anteriormente, a divisão da família por motivo de venda, prática que aumentou após o fortalecimento do comércio interprovincial de escravos, potencializava conflitos contra os senhores. Já sobre a obtenção da alforria, pode-se dizer que até então ela consistia em uma prerrogativa exclusiva dos senhores. Este último era o responsável por conceder, de acordo com as suas pretensões, a liberdade ao seu cativo. Em último caso, ela dependia, portanto, do tipo de relação que o escravo mantinha com o seu senhor. Ao permitir o pecúlio de cativos, a lei de 1871 colocava em xeque essa representação da alforria como uma dádiva do senhor.

De um modo geral, a Lei do Ventre Livre, a primeira lei abolicionista do Brasil, pode ser vista como um marco decisivo da intervenção do poder público no problema da liberdade, significando uma derrota da classe senhorial. Porém, a lei de 28 de setembro de 1871, longe de ter sido um feito apenas do promulgador da referida legislação, o Visconde do Rio Branco, foi também uma conquista dos escravos. Ela significou o reconhecimento legal de uma série de direitos costumeiros que ao longo dos anos os cativos haviam conseguido arrancar de seus proprietários. Contribuiu, assim, para a corrosão decidida e irremediável daquele que era um dos pilares da instituição escravista: a autoridade moral dos senhores sobre os escravos. Até então, vigorava de maneira inquestionável o princípio da inviolabilidade da vontade senhorial: cada conquista escrava – cultivo de uma roça própria, constituição da família, formação do pecúlio, alforria etc. – figurava como um privilégio individual concedido pelo senhor, a requerer dedicação e a produzir gratidão. Com a lei de 28 de setembro de 1871, várias concessões tornaram-se direitos, os quais os senhores eram obrigados a reconhecer (CHALHOUB, 2010). É nesse contexto, por sua vez, que o campo do direito torna-se um espaço de disputa política em torno da liberdade dos escravos.

O racismo científico da segunda metade do século XIX

Esses conflitos acerca da abolição fazem parte de um debate mais amplo sobre o futuro do país. Eles estavam relacionados ao projeto, presente nos discursos de políticos e intelectuais da época, de construção de uma nacionalidade. E a discussão acerca da nacionalidade remetia, em fins do século XIX, sobretudo à questão racial (SKIDMORE, 2012). A moderna noção de raça é uma construção do pensamento europeu e norte-americano oitocentista. Ancorada na perspectiva cientificista de então, verifica-se durante esse período o desenvolvimento de uma produção intelectual, baseada em determinismos diferenciados, inclinada a explicar as diferenças entre os indivíduos e entre distintas sociedades. A partir de uma argumentação biologizante, surgiram novas maneiras de se classificar o ser humano por meio da combinação de ideias como raça, meio e clima. A construção de categorias como brancos e negros, por exemplo, que até então era delimitada por conteúdos religiosos e culturais, passa a ser arquitetada de acordo com princípios propriamente biológicos. Associando supostas hierarquias culturais e/ou intelectuais a diferenças fenotípicas, ou seja, defendendo que o pensamento e o comportamento do ser humano são determinados pelas características raciais, diversas teorias oitocentistas naturalizaram certas desigualdades sociais segundo critérios tidos como científicos.

Em termos internacionais, o texto mais emblemático do determinismo racial, intitulado *Ensaio sobre a desigualdade das raças humanas,* foi escrito pelo Arthur de Gobineau (1816-1882), mais conhecido como Conde de Gobineau, e publicado pela primeira vez em 1853. Nesse ensaio, além de tentar mostrar cientificamente a existência de hierarquias raciais entre os seres humanos, o diplomata e filósofo francês defende a ideia de pureza racial. Gobineau condenava os efeitos da mistura entre diferentes "espécies humanas", considerando que dela resultaria a degeneração das melhores aptidões de cada uma das raças em contato. Outras vertentes do determinismo racial foram surgindo ao longo do tempo, mas todas elas possuíam um pressuposto básico em comum: a superioridade natural dos europeus brancos em relação a outros povos do planeta. Não tardou para esse pensamento adquirir conotações políticas e ser operacionalizado, por exemplo, como justificativa para as investidas neoimperialistas europeias na África e na Ásia. Em suma, o racismo, invenção do colonialismo dos séculos XV e XVI, foi, a partir das novas perspectivas científicas, redimensionado de acordo com uma conceitualização propriamente biológica.

De acordo com Marisol de la Cadena (2005), há um hibridismo epistemológico na construção da concepção de raça gestada no século XIX. Isso porque ela conjuga dois regimes de conhecimento: a "fé" e a "ciência". Segundo ela, o conceito biológico de raça que emerge no século XIX sempre esteve em diálogo com a questão "cultural", dos comportamentos humanos. No racismo científico, as raças remetiam a diferenças "culturais". Essa ideia, portanto, se alimentou e esteve em conexão com os princípios morais presentes no regime de conhecimento anterior, o cristianismo, quanto às diferenças entre os seres humanos. Para Cadena, a razão científica desafiou, mas também se alimentou, da fé cristã enquanto última forma de conhecimento e reafirmou a "colonialidade" das instituições europeias. Revestida de ciência e de modernas políticas, as instituições e os modos de vida europeus continuaram a desqualificar outras formas de conhecimento e o seu "modo de ser".

Assim como o próprio liberalismo, as teorias raciais da segunda metade do século XIX não podem, entretanto, serem vistas como produto apenas europeu e norte-americano. Elas foram construídas, na realidade, a partir de múltiplas experiências acumuladas por cientistas, pensadores e políticos em expedições e visitas firmadas em antigas colônias. Suas estreitas classificações raciais foram produzidas pelas observações disseminadas por esses agentes sobre sociedades consideradas racial e socialmente inferiores. O próprio Gobineau, por exemplo, morou no Brasil durante cerca de um ano e, embora tenha desembarcado por aqui após a publicação de seu ensaio mais famoso, tratava o país como uma prova concreta da validade de sua teoria. Exercendo o cargo de ministro francês, Gobineau chegou ao Brasil em 1869 e deplorou a experiência de viver em uma nação plurirracial. Ele considerava sua vinda ao país sul-americano uma etapa nada promissora da sua carreira, pois percebia o Brasil como local culturalmente atrasado e onde o risco de se contrair doenças era enorme. Desprezava os brasileiros, compreendendo-os como maculados pela miscigenação, e assustava-se com a possibilidade de contrair febre amarela antes de rever a França.

> Seu senso estético [o de Gobineau] era ferido por 'uma população totalmente mulata, viciada no sangue e no espírito e assustadoramente feia'. Declarou que 'nenhum só brasileiro tem sangue puro, porque os exemplos de casamentos entre brancos, índios e negros são tão disseminados que as nuances de cor são infinitas, causando uma degeneração do tipo mais deprimente tanto nas classes baixas como nas superiores'. Gobineau não hesitou em tirar conclusões generalizadas, observando num relatório oficial sobre a escravidão que os brasileiros nativos não eram 'nem trabalhadores, nem ativos e nem fecundos' (SKIDMORE, 2012, p. 70).

Outro expoente do racismo científico, o zoólogo e geólogo suíço Louis Agassiz (1807-1873), também fez duras críticas à sociedade brasileira oitocentista, cujos defeitos também advinham, segundo ele, da heterogênea composição racial encontrada nessa população. Agassiz comandou a Expedição Thayer, que, entre os anos de 1865 e 1866, realizou um amplo registro fotográfico dos tipos raciais encontrados no Rio de Janeiro e na Amazônia. Três anos após ter deixado o Brasil, ele escreveu, junto com a esposa, um relato da viagem, no qual não poupava críticas à mistura entre diferentes raças observada no território brasileiro.

> Que qualquer um que duvida dos males dessa mistura de raças, e se inclina, por mal-entendida filantropia, a botar abaixo todas as barreiras que as separam – venha ao Brasil. Não poderá negar a deterioração decorrente da amalgama das raças, mais geral aqui do que em qualquer outro país do mundo, e que vai apagando, rapidamente, as melhores qualidades do branco, do negro e do índio, deixando um tipo indefinido, hibrido, deficiente em energia física e mental. (apud SKIDMORE, 2012, p. 72).

As teorias raciais ganharam enorme vulto no Brasil justamente durante o período de desmantelamento do escravismo, sendo realocadas na semântica interpretativa da sociedade brasileira produzida pelos próprios nacionais. A partir da década de 1870, pensadores brasileiros começaram a enfrentar os dilemas da construção da nacionalidade fazendo referência ao conceito de raça então em voga. As teorias raciais conseguiram penetrar dentro dos institutos de ensino superior de todo país e influenciaram, de maneira decisiva, o pensamento de boa parte da elite da época, bem como obtiveram uma forte difusão na opinião pública em geral. "Nos discursos do dia a dia, na representação popular, nos jornais de circulação diária, é quase corriqueiro o argumento que traduz a ciência em termos populares e encara a raça como uma questão de importância fundamental nos destinos da nação" (SCHWARCZ, 1995, p. 245). Porém, como o debate norte-americano e europeu geralmente se centrava, conforme acabamos de mencionar, na ideia de tipos raciais puros, tornava-se um desafio a aplicação, na realidade multirracial brasileira, de muitos dos pressupostos enraizados nas teorias hegemônicas.

Dessa maneira, a absorção desse pensamento não pôde ser realizada de forma mecânica pelos intelectuais brasileiros. Ao apropriarem-se das análises surgidas no hemisfério norte, eles acabaram, na verdade, formulando uma forma original de se pensar a nação segundo termos raciais. Invertendo as interpretações que previam a "degeneração" como resultado inevitável da mestiçagem, emergiram, no contexto brasileiro, teses sustentando a possibilidade de se "branquear" o país através da miscigenação de espécies raciais distintas. Nunca houve, no Brasil, uma abordagem homogênea das teorias raciais. Os postulados nelas presentes são largamente hegemônicos no debate entre os "homens de ciência" brasileiros até a década de 1910, além de constituírem a base da ideia de nação que estava se construindo. Os pensadores nacionais estavam de acordo em torno do primeiro axioma do racismo científico: a humanidade está divida em raças, sendo que essas diferenças raciais conformam uma hierarquia biológica, ocupando, os brancos, a posição superior. As classificações raciais poderiam variar, refletindo a multiplicidade de taxonomias dentro do próprio debate internacional. A referência ao grupo superior assumia igualmente formulações diversas: poderia falar-se ora de brancos, ora de arianos, ora de europeus, ora de dolicocéfalos. O sentido da hierarquia biológica não era, todavia, contestado.

As divergências entre os racistas científicos brasileiros iniciavam, contudo, na discussão sobre a mistura de raças e as possibilidades de degeneração dela decorrentes. O médico legisla maranhense, mas radicado na Bahia, Nina Rodrigues (1862-1906) acreditava, por exemplo, que a miscigenação, da forma como estava operada no Brasil, levaria a uma crescente degeneração e, mais ainda, à impossibilidade de constituição de um povo civilizado.

Para ele, a mistura de negros com brancos acarretaria no prevalecimento dos defeitos dos primeiros. Já Sílvio Romero (1851-1914), advogado e crítico literário, pensava exatamente o oposto. Segundo esse autor, o hibridismo racial acarretaria o desaparecimento da população de cor e ao consequente embranquecimento paulatino do conjunto da população.[14] Essa teoria, também conhecida como "teoria do branqueamento", adquiriu importantes contornos políticos em um momento em que a discussão acerca dos rumos da nação estava, ao mesmo tempo, vinculada ao debate sobre as maneiras de se enfrentar o já inevitável fim do escravismo.

Baseada, portanto, na convicção de que o elemento considerado racialmente superior, isto é, o branco, predominaria nos processos de mistura de raça, a teoria do branqueamento defendia a necessidade do Brasil se transformar, ao longo do tempo, em um país de maioria branca. Somente assim a nação estaria apta a galgar um padrão civilizatório superior. Tanto no campo intelectual como no campo político, diversos agentes passaram a advogar que a grande presença de negros era um dos principais entraves do Brasil rumo ao progresso, sendo necessário atingir-se uma proporção bem maior de brancos no conjunto da população. Essa convicção ganhou força a ponto de ser decisiva nas disputas políticas acerca da abolição, haja vista que ela trouxe novas expectativas para uma sociedade sem escravos. Segundo os postulados da teoria do branqueamento, ao se livrar do escravismo, uma instituição arcaica, o Brasil poderia remodelar a sua composição racial e, assim, constituir-se verdadeiramente como uma nação moderna e civilizada.

É nesse sentido que a ideia de "branqueamento" passou a fazer parte dos discursos dos movimentos que defendiam o fim do

14 Para uma análise das divergências presentes no racismo científico brasileiro, ler Costa (2006, p. 151-194).

regime servil. A maioria dos estadistas e intelectuais abolicionistas estava comprometida com um processo "evolucionista" em que, uma vez eliminada a escravatura, o elemento branco triunfaria aos poucos. Nabuco, por exemplo, nunca escondeu o seu desejo de ver um Brasil mais branco. Assim como outros abolicionistas, esse último, inclusive, apostava ser possível acelerar a "evolução" da sociedade brasileira. Para tanto, havia o consenso de que a elaboração de uma política capaz de atrair imigrantes europeus era o melhor caminho a ser seguido.

> Em primeiro lugar, os europeus poderiam contribuir para reduzir a carência de mão de obra decorrente da eliminação do trabalho escravo, tanto mais necessária porque a taxa de reprodução da população de libertos era considerada insuficiente para atender às necessidades de mão de obra. Em segundo lugar, a imigração europeia ajudaria a apressar o processo de branqueamento no Brasil. Foi surpreendente ver Nabuco falar sem rodeios sobre essa questão. O que os abolicionistas queriam, explicou ele em 1883, era um país 'onde, atraída a fraqueza das nossas instituições e pela liberalidade do nosso regime, a imigração europeia traga sem cessar para os trópicos uma corrente de sangue caucásio vivaz, enérgico e sadio, que possamos absorver sem perigo' (SKIDMORE, 2012, p. 62-63).

Devido a esse tipo de argumento, vários autores (SCHWARCZ, 1995; ORTIZ, 1982; HOFBAUER, 2003) citam a política de subsídio estatal à vinda de imigrantes, implantada pelo governo paulista na década de 1880, como uma estratégia que faz parte do projeto maior de "embranquecimento" da nação. De acordo com Azevedo (2000), a propaganda imigrantista ganhou força entre os políticos paulistas justamente quando se acirraram os conflitos entre escravos e abolicionistas, por um lado, e fazendeiros e feitores, do outro.

Os atos de desobediência e insubordinação cometidos por escravos ameaçavam a política de domínio senhorial e geravam uma preocupação sobre como seria organizado o trabalho nas propriedades cafeeiras após o término da escravidão. Não tardou para que, sob o filtro do racismo científico, a ideia de inferioridade racial fosse empregada para explicar a baixa propensão ao trabalho supostamente verificada entre os cativos. Os debates em torno da abolição costumavam sempre levar em conta a seguinte questão: os ex-escravos estariam habilitados ao trabalho livre? Para muitos, a vadiagem e a propensão à criminalidade presentes entre os negros, como bem demostravam os recentes levantes, fugas e crimes cometidos por eles em toda a província, eram provas cabais de que eles eram sujeitos avessos à racionalidade presente no trabalho livre. A agitação escrava e abolicionista das décadas de 1860 e 1870, somada à difusão das teorias raciais, culminou na descrença, sobretudo pela parte dos fazendeiros e de autoridades do Estado, na adaptação dos libertos ao regime de trabalho livre.

Ao naturalizar os comportamentos, os postulados raciais deslegitimaram a condução de medidas educativas e repressivas que visassem a socialização de ex-escravos, e da população nacional livre como um todo, ao trabalho livre.[15] A atração de trabalhadores estrangeiros, tidos como naturalmente aptos às formas civilizadas de trabalho, apareceu, nesse contexto, como uma alternativa política para a modernização da economia cafeeira e, em uma visão mais geral, da própria nação. Tornou-se a fazer, a partir de então, uma clara associação entre o trabalho livre, aquele que representaria o

---

15 As propostas quanto ao aproveitamento dos ex-escravos como assalariados eram quase sempre apresentadas com ressalvas. De um modo geral, elas afirmavam a necessidade de se impor a prática do trabalho constante via mecanismos normativos, como planos educacionais e leis que regulamentassem a contratação de serviços.

progresso do país, e o trabalho imigrante. A vinda de trabalhadores europeus casava-se, desse modo, com o desejo de membros das classes dirigentes em promover uma "desafricanização" do Brasil. Tudo o que representava o "progresso" - a abolição da escravidão, a introdução do trabalho livre, a derrubada do regime monárquico etc. - quase sempre se ligava a perspectivas propriamente raciais sobre o desenvolvimento do país.

> Chama a atenção o fato de que todos os projetos políticos que visavam abolir a escravidão, vinculavam a implementação da 'abolição' à ideia da importação de mão de obra europeia (= 'branca'). Baseados numa concepção já mais 'naturalizada' de 'negro' e 'branco', os 'espíritos progressistas' da época estavam convencidos de que a 'mão de obra branca' seria mais produtiva que a 'mão de obra negra'. 'Branco já não simbolizava mais exclusivamente valores morais-religiosos nem só o *status* de liberdade: agora a cor branca seria também projetada na ideia de progresso (HOFBAUER, 2003, p. 79-80).

Política imigratória e marginalização dos negros

Não sem acalorados debates, os deputados imigrantistas conseguiram aprovar, junto ao Parlamento paulista, propostas que visavam colocar em prática projetos de atração de imigrantes para as fazendas do oeste paulista. Antes mesmo da abolição se consolidar, porém, os fazendeiros paulistas já buscavam a contratação de trabalhadores livres fora do país. Primeiramente, houve tentativas individuais de contratação desses trabalhadores. O pioneiro na contratação de imigrantes para o trabalho nas lavouras paulistas de café foi o Senador Vergueiro, influente político do Império e proprietário de fazendas nas regiões de Rio Claro e Limeira. No sistema de contratação elaborado por este fazendeiro, intitulado de "parceria", o fazendeiro ficava encarregado de arcar com todas as despesas referentes ao transporte dos trabalhadores, bem como em adiantar uma remessa de dinheiro para o sustento inicial das famílias no novo país e para a compra de ferramentas e utensílios necessários ao trabalho. Todas essas despesas iniciais seriam ressarcidas pelos imigrantes, com juros, no decorrer do seu trabalho nas plantações. A ideia presente nesse regime de trabalho era a divisão do lucro advindo pela comercialização do café entre o fazendeiro e os imigrantes, os quais ficavam encarregados de todo o trabalho referente ao cultivo e à colheita do produto ao longo do ano. O sistema logo sucumbiu diante das suas próprias limitações. Os imigrantes perceberam não ser rentável o ressarcimento das despesas empenhadas em sua vinda, assim como muitos deles se achavam "roubados" pelos fazendeiros nas contas finais sobre a repartição dos lucros. Fugas das fazendas e greves passaram, então, a se tornar algo comum entre os estrangeiros. Os fazendeiros, não contentes com tal situação, resolveram abolir tal regime de trabalho.[16]

Com o fracasso desses primeiros esforços, foi graças à intervenção estatal, junto com a adoção do sistema de colonato como regime de trabalho, que a imigração para as fazendas paulistas transformou-se em um movimento de grande escala. Num primeiro momento, o governo de São Paulo, mostrando grande influência dos fazendeiros de café, passou a financiar metade da passagem dos imigrantes, embora estes ainda ficassem responsáveis por reembolsar o dinheiro mais tarde. Posteriormente, em 1884, ficou decidido que o Estado ficaria encarregado de custear integralmente, sem a necessidade de reembolso, o transporte dos trabalhadores estrangeiros que viessem a se fixar nas lavouras.

---

16 Para um relato sobre o sistema de parceria e a vinda dos primeiros imigrantes que se fixaram nas fazendas de São Paulo, bem como uma descrição das fugas e greves entre eles, ver Davatz (s./n.).

Criou-se então um órgão especializado na atração de trabalhadores estrangeiros, a Sociedade Promotora da Imigração, e com ele monta-se toda uma estrutura para atrair, transportar e instalar imigrantes. Havia agenciadores profissionais nos principais países que cederam trabalhadores para o Brasil, bem como houve a instituição, na cidade de São Paulo, da Hospedaria dos Imigrantes, local onde os recém-chegados se dirigiam e ficavam hospedados até serem contratados por algum fazendeiro do interior. O transporte do porto de Santos até São Paulo e dali para o interior também era todo subsidiado. Estima-se a vinda de dois milhões de estrangeiros para São Paulo até 1927, data de encerramento da política de subsídio para imigrantes, sendo grande parte desse contingente destinado para os cafezais do interior (ANDREWS, 2007, p. 171).[17]

Como se pode perceber, a política imigratória estava voltada não para todo tipo de imigrante, mas sim para aqueles cujo perfil estava de acordo com os postulados raciais hegemônicos. As propostas de imigração chinesa, apresentadas em boa parte do país ainda durante a década de 1870, foram prontamente rejeitadas, na maioria das vezes sob a alegação da suposta "degeneração" que assolava essa "raça".[18] Soma-se a isso o decreto firmado em 1890 (logo após a consolidação da República, portanto), o qual proibia,

17 De 1887 até 1900, os italianos formavam a grande maioria desses trabalhadores; já no período 1900-1927, os espanhóis e portugueses se apresentam como as principais nacionalidades desse fluxo. Para mais números acerca da vinda de imigrantes para as fazendas do oeste paulista, consultar Thomas Holloway (1984, p. 73).

18 Logo no início do século XX, essas concepções racistas tiveram que ser revistas pelos fazendeiros de café. A partir do momento que Itália e Espanha proibiram a migração para o Brasil, devido exatamente às más condições de vida e trabalho encontradas nas fazendas cafeeiras, eles tiveram que recorrer à imigração japonesa para conseguir mais mão de obra.

sem autorização prévia do Congresso Nacional, a entrada de africanos e de asiáticos no país (HOFBAUER, 2003, p. 89). Sendo assim, enquanto se incentivava e promovia, de um lado, a imigração de certas regiões, barrava-se, por outro, a entrada de indivíduos oriundos de outras partes do mundo. Tal fato demonstra a opção de se mudar o perfil étnico-racial da população, com intuito de se apagar – ou pelo menos amenizar – o passado colonial e escravocrata, agora encarado como símbolo do atraso.

Tratando especificamente do caso paulista, há que se levar em conta todas as contradições que permeavam a institucionalização do racismo. Alguns intelectuais sempre tentaram impor uma visão genérica e romântica para os fazendeiros, propagando uma imagem dos imigrantes como o mais puro símbolo do progresso e da civilização. Esse tipo de constatação encontrava, muito provavelmente, certa resistência, pois muitos fazendeiros, como se pôde perceber logo acima, não tiveram, durante a metade do século XIX, experiências completamente satisfatórias com os trabalhadores imigrantes. O receio de alguns em relação aos estrangeiros não chegava perto, todavia, do medo suscitado pela "onda negra" que assolava as fazendas. A "incivilidade" dos negros assustava muito mais que qualquer outro tipo de estereótipo carregado pelos trabalhadores europeus entre os brasileiros.

O trabalho de Azevedo (2004) apresenta de forma clara as tensões e os conflitos presentes no processo abolicionista, demonstrando como as teorias raciais, o liberalismo e o ideal positivista de progresso foram operacionalizados a partir das experiências relacionais dos agentes históricos. A autora, ao mesmo tempo em que enfoca a ação e a visão de escravos, libertos e abolicionistas, abre espaço para as interpretações forjadas por fazendeiros e autoridades do Estado em relação a esses mesmos fenômenos. É interessante notar, ao longo do livro, como o escravismo encontrou apoio em diversos setores (mas principalmente entre alguns fazendeiros) resistindo fortemente às forças que pressionavam para o seu término. O subsídio à imigração também não se apresentou como uma unanimidade, uma vez que havia parlamentares e fazendeiros interessados em aproveitar o trabalho de ex-escravos e de outros trabalhadores nacionais.

O resultado final foi que, no oeste paulista cafeeiro, a imigração subsidiada prosperou e, como não poderia ter deixado de ser, trouxe profundas consequências para ex-escravos e seus descendentes. Após a consolidação de um projeto imigrantista, o destino dos negros, algo tão debatido durante todo o século, foi apagado das discussões presentes na Assembleia Legislativa de São Paulo, preocupada tão somente em concretizar a política de imigração (AZEVEDO, 2004). É comum encontrar, dentro da historiografia, menções à posição subalterna ocupada pelos afro-brasileiros durante o pós-abolição. Chiara Vangelista (1991), ao estudar o mercado de trabalho do oeste paulista, afirmou que a ocupação de colono, a principal atividade dos latifúndios cafeeiros, era destinada somente aos trabalhadores estrangeiros. Os brasileiros, principalmente os negros, encarregavam-se das atividades marginais do processo produtivo constituído nos cafezais. Essas ocupações destinadas seriam, em grande medida, tarefas sazonais e, ao contrário do sistema de colonato, eram remuneradas de forma individual, seja com pagamento mensal ou diário. A maioria dos trabalhadores nacionais teria como destino o trabalho como camarada – ocupação que se encarregava de diversos afazeres, todos eles complementares ao plantio de café, como o trato do gado, cuidado do pasto e dos pomares, conserto de caminhos etc. – ou então as ocupações manuais com tarefas mais específicas, como as de carroceiro, podador, pedreiro etc. Todas estas atividades eram subsidiárias ao cultivo do café e necessitavam, se comparadas com a ocupação de colono, de uma quantidade menor de mão de obra.

Esse processo de subalternização dos ex-escravos é explicado, dentro da historiografia, de diversos modos. José de Souza Martins

(1973), por exemplo, apontou para o fato da preferência nutrida pelos fazendeiros quanto aos imigrantes estar calcada na visão segundo a qual esses trabalhadores eram os portadores de uma ética adequada ao trabalho livre. Seriam os imigrantes europeus, na visão da elite agrária do café, os indivíduos que encarnavam os atributos morais propícios ao trabalho livre: amor ao trabalho, poupança, "docilidade". A classificação do imigrante, mais especificamente do italiano, como "agente do progresso", como único sujeito capaz de praticar o trabalho livre, teria sido determinante para a formatação do mercado de trabalho abordado.

Para alguns, essa preferência tinha um forte viés racial. Além dos autores já citados, que discorrem acerca do racismo implícito na política imigratória, há outros que, estudando especificamente o oeste paulista cafeeiro, não são reticentes em concluir que as adscrições raciais desempenharam um papel fundamental na conformação do mercado de trabalho das fazendas de café. Estudando o município de Rio Claro, Warren Dean (1977, p. 165-166) sustenta a tese de que a posição subalterna dos negros se devia a uma latente discriminação racial. De acordo com ele, os trabalhadores europeus eram tidos pelos fazendeiros como lavradores mais produtivos, o que explicaria a sua posição de destaque dentro da divisão de atividades.

Um dos pioneiros dentro dos estudos raciais pós-abolição foi Florestan Fernandes. Seu livro *A integração do negro na sociedade de classes* (1978) tornou-se um clássico e, até hoje, é fonte de intensos debates. A proposta dessa obra é entender a (não) inserção dos negros na economia movida pelo trabalho livre, tomando como foco o Estado de São Paulo. Fernandes concluiu que a "herança da escravidão" é o principal fator para se entender a experiência dos ex-escravos após o término definitivo do regime escravista. Segundo ele, a escravidão deixou heranças profundas para a população de ascendência escrava, sobretudo no que se refere às estratégias de mobilidade social. A escravidão teria relegado muitos afro-brasileiros a uma situação praticamente anômica. De acordo com Fernandes, o escravismo tendia a produzir sujeitos desvinculados de uma série de normas sociais, praticamente contrários aos comportamentos disciplinados.

Devido ao passado como escravos, os negros, já a partir do fim do século XIX, evitavam qualquer tipo de coerção e passavam a trabalhar somente o necessário para o próprio sustento, sem maiores ambições. A fuga de um estilo de vida semelhante ao da escravidão explicaria, na visão de Fernandes, o alto índice de alcoolismo, de criminalidade e de trabalho informal entre os afrodescendentes. Essas práticas sociais, por sua vez, não seriam condizentes com uma sociedade de classes, o que teria relegado os afro-brasileiros a uma posição marginal dentro mercado de trabalho pós-abolição. Uma das principais questões apresentadas por Fernandes diz respeito à família. Segundo ele, a escravidão fez com que os afrodescendentes se tornassem avessos às regras para a conduta sexual, bem como ficassem sem um imperativo cultural que os incentivasse na formação de unidades familiares. As redes de parentesco seriam muito instáveis entre eles, desfavorecendo-os na competição com imigrantes, haja vista que não podiam mobilizar recursos através de laços familiares ou então infundir em seus filhos valores conducentes à mobilidade social. As relações escravistas teriam deixado, nas palavras de Fernandes, os negros "perdidos uns dos outros".

Fernandes deixa implícito, portanto, que a marginalização dos ex-escravos deveu-se a uma postura alternativa dos mesmos em relação à economia pautada pelo trabalho livre. Esse livro do sociólogo foi alvo de críticas ao longo dos anos, sobretudo (mas não somente) por historiadores que constataram a existência e a importância de sólidas relações familiares entre os escravos que vivenciaram as últimas décadas da escravidão paulista. Contrapondo uma bibliografia que via os escravos como indivíduos incapazes de estabelecer relacionamentos estáveis, Slenes (1999) sustentou a tese de que os cativos constituíam unidades familiares duradouras e, em alguns casos, extensas. A formação de uma família era requerida por suscitar uma maior autonomia frente às relações de dominação enfrentadas no cativeiro. As relações familiares, além de possibilitar um espaço autônomo de moradia, seriam importantes para a transmissão e reinterpretação da experiência escrava entre as gerações, sendo a base relacional para a formação de memórias, projetos, visões de mundo e identidades. Muitos dos comportamentos atribuídos aos afro-brasileiros por Fernandes, sobretudo aqueles associados à sua suposta "anomia", foram também negados pela historiografia posterior à sua obra, assim como a sua ideia estática de "legado da escravidão".

George Andrews (1998, 2007) foi um dos primeiros a explicar a marginalização dos afro-brasileiros no mercado de trabalho do oeste paulista a partir das interações concretas entre fazendeiros e libertos, ressaltando, além disso, a força política dos primeiros dentro da conjuntura nacional. Como sabemos, a situação que se consolida no oeste paulista é bem diferente daquela encontrada nos engenhos do Recôncavo baiano e nas fazendas de café do Vale do Paraíba. A chegada de trabalhadores imigrantes, via subsídio estatal, conferiu um poder de barganha muito maior aos fazendeiros daquela região, fazendo com que eles dispensassem o trabalho de boa parcela de seus antigos escravos. Para Andrews, é correto salientar o caráter racial presente na política imigratória que trouxe uma grande quantidade de trabalhadores para esse contexto. De acordo com ele, era um desejo dos fazendeiros a substituição de escravos negros por trabalhadores brancos. Nesse sentido, o racismo desempenhou, sem dúvida, um papel relevante na contratação dos novos empregados. Porém, este papel, se analisado de maneira isolada, tende a ter o seu real efeito distorcido.

> Seja como for, o racismo sozinho é totalmente insuficiente para explicar a aparente rejeição dos afro-brasileiros pelos patrões paulistas após a abolição.

> Atitudes racistas ocorriam em todo o Brasil, mas não impediram o emprego de afro-brasileiros em outras regiões quase no mesmo grau em que isso aconteceu em São Paulo. E, durante a década de 1840 e 1850 [quando são trazidos os primeiros imigrantes para a região], a crença dos fazendeiros na superioridade racial dos trabalhadores europeus não evitou a imediata rejeição desses trabalhadores assim que estes começaram a se organizar e ativamente resistir às condições do seu trabalho nas fazendas de São Paulo (ANDREWS, 1998, p. 135).

Para Andrews, há outros fatores que devem ser considerados quando se examina a marginalização dos negros no oeste paulista pós-abolição. Combinados com o processo de racialização das relações sociais desse período, eles oferecem, na visão do autor, maiores evidências explicativas para tal fenômeno. Segundo o autor, a imigração subsidiada pelo Estado, e o consequente inchaço da oferta de trabalhadores trazido por ela, exoneraram os fazendeiros da necessidade de negociar com os libertos as reivindicações apresentadas por eles para continuarem trabalhando nas propriedades (idem, p. 176). De acordo com ele (2007, p. 170), os ex-escravos, como ressaltado anteriormente, procuravam, após a conquista da liberdade, preservar uma certa autonomia no trabalho, demandando horários mais curtos e flexíveis e não aceitando o emprego de mulheres e crianças nos trabalhos agrícolas. Essa concepção acerca da vida econômica teria, por sua vez, prejudicado diretamente a competitividade dos afrodescendentes em relação aos imigrantes, os quais eram considerados como mais propensos ao trabalho na agricultura. Nesse sentido, a força política dos fazendeiros, tornando possível a atração dos trabalhadores desejáveis, foi essencial para que os estigmas auferidos pelos ex-escravos funcionassem apropriadamente como marcadores sociais hierarquizadores dentro do mercado de trabalho abordado.

Os argumentos de Andrews parecem fazer muito sentido, sobretudo quando se leva em conta as tensões, observadas em outras conjunturas, que estavam imersas nas negociações entre fazendeiros e ex-escravos. O autor ainda escreve que o próprio regime de trabalho instalado nas fazendas do oeste paulista, o chamado colonato, foi arquitetado sem levar em consideração as demandas ambicionadas pelos libertos. Esse regime de trabalho era a base do sistema produtivo das fazendas de café dessa região, sendo o colono o responsável por cuidar diretamente do cultivo e colheita da planta. Segundo Holloway (1984), as duas principais formas de pagamento recebidas pelo colono se resumiam ao pagamento efetuado em forma monetária e aquele realizado por meio de remunerações de caráter não monetário. O primeiro consistia no rendimento que a família, tratada em conjunto, recebia pelo cultivo anual dos pés de café (uma quantia fixa, determinada em contrato e fixada durante o início de cada ano de trabalho), mais o pagamento efetuado pela quantidade de café colhido, que era proporcional à quantidade apanhada. Os pagamentos não monetários recebidos pelo colono expressavam-se na disponibilidade, dentro da propriedade, de uma moradia e de uma porção de terra para o plantio de alimentos e a criação de alguns animais, seja para consumo próprio ou para a venda em pequena escala. Tais condições parecem, à primeira vista, exprimir relações de trabalho condizentes com os anseios dos ex-escravos, uma vez que o cultivo de uma lavoura própria, o recebimento de rendimentos monetários e a possibilidade de manter seus laços familiares eram exigências de muitos deles. Todavia, o colonato também estabelecia a necessidade de se empregar o trabalho de mulheres e crianças diretamente no trabalho agrícola. Na colheita, e em algumas situações até mesmo durante o período de cultivo das plantas, o trabalho de mulheres e de crianças mais novas eram essenciais para a família de colonos. E a utilização de mulheres e filhos nos trabalhos da lavoura, ressalta Andrews, era um dos aspectos mais abominados por aqueles que vivenciaram o cativeiro.

> Tanto os fazendeiros como os ex-escravos viam o trabalho feminino e infantil como um componente integrante da instituição recentemente abolida da escravidão. Os fazendeiros estavam determinados a manter esta prática, e os ex-escravos estavam determinados a pôr um fim nisso. Os fazendeiros prevaleceram, principalmente importando trabalhadores imigrantes que, não tendo uma história de escravidão nas fazendas aceitavam incluir as mulheres e as crianças no contrato de colonato. Famílias de italianos, de espanhóis e de outros europeus substituíram os afro-brasileiros nas grandes propriedades, com consequências devastadoras para a mobilidade ascendente a longo prazo do afro-descendentes em São Paulo (ANDREWS, 2007, p. 170).

Conforme está implícito nessa afirmação de Andrews, depara-se, mais uma vez, com disputas em torno da definição de trabalho livre. Alguns autores preferem salientar as vantagens puramente econômicas que o colonato trazia para os fazendeiros, os quais, contratando o trabalho de toda uma família e permitindo a ela produzir diretamente grande parte dos seus meios de subsistência, economizavam nos gastos monetários pertinentes ao processo produtivo (SALLUM Jr., 1982, p. 159). Outros autores, por sua vez, preferem conduzir suas explicações para a visão que os imigrantes firmaram acerca desse regime de trabalho. Zuleika Alvim, por exemplo, ressalta que a organização do trabalho em torno da unidade familiar também interessava aos próprios imigrantes. Sua pesquisa procura demonstrar que o trabalho em família era um dos valores que os italianos estavam dispostos a conservar após a chegada ao Brasil, além de ser uma maneira de se conseguir o sustento de todos.

> Os contratos de trabalho estabelecidos na lavoura cafeeira estavam calcados na mão de obra familiar. Se responderam a uma imposição da facção de cafeicultores do oeste paulista, também convinham aos imigrantes italianos, pois era uma forma de trabalho próxima a desenvolvida no país de origem. Além disso, o trabalho de todos era a única possibilidade de sobrevivência do grupo. Assim, para compreender as relações estabelecidas nas fazendas de café não basta analisar os contratos entre empregadores e empregados, ou as formas de pagamento; é preciso buscar o interesse recíproco existente entre trabalho e trabalhadores (ALVIM, 2000, p. 397).

É interessante pensar que os fazendeiros também atribuíam um estatuto moral ao trabalho familiar. Alguns estudos afirmam que esse caráter estritamente familiar vigente no colonato não pode ser tributado puramente a uma racionalidade econômica dos fazendeiros da região, empenhados simplesmente em maximizar seus ganhos. Segundo Verena Stolcke (1982), o colonato não foi instituído meramente por "forças ligadas ao mercado", mas também devido a um "familismo" presente tanto entre fazendeiros como nos trabalhadores imigrantes, sendo que ambos enxergavam a necessidade de apresentar a família como um grupo coeso em torno da cooperação no trabalho.

No que diz respeito aos libertos, é muito provável que os grandes proprietários do oeste paulista, pautados na experiência como senhores de escravos, não os enxergassem como capazes de introduzir a gramática familiar nas relações de trabalho. Analisando as últimas décadas da escravidão nas lavouras de café do Sudeste, Robert Slenes (1999) é contundente ao revelar que os fazendeiros da região eram míopes quanto à formação de laços familiares entre seus próprios escravos, enxergando-os, na maioria dos casos, como "promíscuos". Há que se considerar que, findo o regime escravista, essa percepção foi, possivelmente, ainda mais acentuada, haja vista os pressupostos raciais-moralizantes que estavam em alta entre as elites do período. Tudo isso leva a crer que os afro-brasileiros não se apresentavam, na visão de diversos fazendeiros, como aptos ao trabalho como colonos, o que seria mais um elemento na explicação da preferência pelos imigrantes.

O colonato, desse ponto de vista, foi arquitetado dentro de disputas que ultrapassavam a mera questão da eficiência do regime de trabalho. E tais tensões estavam imersas nos conflitos morais eminentes durante a virada do século XIX para o século XX, dos quais muitos gravitavam em torno da conexão de determinadas relações familiares com o trabalho livre, bem como, pelo lado dos ex-escravos, estavam relacionados diretamente aos projetos de vida traçados por eles.

Realçar esses conflitos é fugir de interpretações lineares acerca do processo histórico. Geralmente enxergado sob a ótica da transição, o abolicionismo e o trabalho livre quase sempre são descritos como uma espécie de devir histórico, o qual se desenvolve de forma lenta e gradual pelo século XIX.

> Além de sugerir linearidade do processo histórico, a abordagem sobre a transição limita a discussão aos aspectos econômicos da substituição dos escravos pelos trabalhadores livres, quase sempre desconsiderando que os 'livres', em sua maioria, haviam sido escravos ou descendiam destes. A escravidão foi muito mais que um sistema econômico; ela moldou condutas, definiu hierarquias sociais e raciais, forjou sentimentos, valores e etiquetas de mando e obediência. Em todos os locais onde existiu, seu final foi marcado por tensões sociais agudas, desentranhando antigas demandas e, ao mesmo tempo, forjando novos significados e expectativas de liberdade (FRAGA FILHO, 2006, p. 26-27).

Termos como "transição", "substituição" e "passagem" tentam conferir historicidade ao processo histórico que culmina no fim definitivo da escravidão. A derrocada do escravismo deve ser encarada, entretanto, como um processo eminentemente político, e não simplesmente como um conjunto de medidas racionais tomadas por aqueles que dirigiam o país na época. Ela passa por uma série de disputas em torno de determinados conceitos e concepções e, mais do que isso, pela aplicabilidade concreta desses últimos. Disputas as quais estavam presentes nas ruas[19] e nas fazendas, bem como nos espaços institucionalizados do Parlamento e dos tribunais.

Até a década de 1990, os estudiosos da escravidão tratavam, com muita frequência, o período posterior – o do trabalho livre – como um pano de fundo conceitual do escravismo, muitas vezes visto como indiferenciado do anterior. O trabalho escravo podia ser analisado em termos econômicos, sociais e políticos, mas o trabalho livre costumava ser definido simplesmente como o fim da coação e não como estrutura de controle da mão de obra que precisasse ser analisada de um modo distinto (COOPER, HOLT, SCOTT, 20, p. 42).

Não podemos, na verdade, construir um binarismo a partir de duas categorias diferentes, por mais que elas se apresentem como opostas. Chalhoub (2010), ao analisar a precariedade estrutural da liberdade na sociedade brasileira oitocentista, demonstrou como os limites entre escravidão e liberdade eram muitas vezes tênues. Além disso, noções distintas de liberdade e trabalho livre estiveram em luta durante todo o século XIX, assim como diversas percepções acerca do que é liberdade foram construídas por múltiplos sujeitos. Não se pode associar, direta e mecanicamente, liberdade ao trabalho livre, bem como não se deve opor, direta e mecanicamente, liberdade e es-

19 Angela Alonso (p. 101-102), ao discutir a teatralização da política na propaganda abolicionista, afirma que as celebrações, passeatas e protestos abolicionistas contavam com grande mobilização popular.

cravidão. Essa cristalização dos conceitos de trabalho e de liberdade acaba por atribuir ao processo abolicionista uma coerência e uma racionalidade não condizentes com as disputas que o conduziram.

O pós-abolição e suas dinâmicas

Uma vez encerrada a escravidão, tem-se a impressão de que liberdade e cidadania apresentam-se como questões finalmente resolvidas. Todavia, o pós-abolição é, pelo contrário, o período histórico no qual esses *construtos* serão novamente redefinidos enquanto objeto de disputa política. No caso das sociedades pós-emancipação, seria errôneo encará-las como uma ruptura radical. No entanto, também não é correto afirmar que a abolição foi apenas a formalização de uma situação que já estava resolvida.

> Sabe-se que a abolição não inaugurou nenhuma categoria sociológica. Conforme assinalei, os libertos e livres já eram maioria entre a população negra, mesmo em províncias com maior concentração de escravos como a Bahia. Nem por isso a assinatura da 'lei Áurea' foi um mero ato burocrático da princesa Isabel. Se não tivemos categorias sociológicas novas, as mudanças nos referenciais culturais, já evidenciados à medida que as alforrias aumentavam, ganharam peso com a abolição. [...] a ideia de liberdade era a um só tempo preenchida com significados próprios aos que almejavam e por uma 'bagagem de práticas sociais costumeiras' (ALBUQUERQUE, 2009, p. 40).

Se não inaugurou nenhuma categoria sociológica, a abolição, por outro lado, eliminou categorias que eram fundamentais para a dinâmica das sociedades escravistas. Isso porque ela não representou somente o fim de uma relação de propriedade, mas também a perda das referências fundamentais na constituição da identificação de escravos e senhores de terra. A certeza de que o mundo social não podia ser interpretado a partir do binômio senhor/escravo comprometia vínculos pessoais e referências de autoridade, e não somente relações de trabalho. Não eram apenas os trabalhadores que os proprietários perdiam, mas a sua própria posição hierárquica estava em jogo. Havia todo um "lugar social" construído desde o período colonial em torno dessas duas categorias.

O "lugar" é uma dessas expressões que, mesmo quando utilizadas de maneira implícita, traduzem normas de sociabilidade assimétricas, as quais, sendo referendadas ou contestadas, atualizam-se cotidianamente. É construindo e conhecendo tais "lugares" que as pessoas estabelecem relações, reconhecem formas de pertencimento e estruturam disputas próprias ao jogo social (ALBUQUERQUE, 2009, p. 33). Muitos ex-senhores, ao fim da escravidão, viram-se fora desse lugar que estruturava toda a lógica da arquitetura social. Com o fim definitivo do escravismo, portanto, foram suspensas diversas regras que balizavam as disputas de poder entre senhores/brancos e negros/subalternos (ALBUQUERQUE, 2009, p. 125-126).

O grande desafio presente no pós-abolição é justamente pensar uma sociedade sem escravidão depois de séculos de existência da mesma. Estima-se que, tomando o país como um todo, a lei de 13 de maio libertou poucos negros em relação à população de cor. Entre 1873 e 1887, o número de cativos se teria reduzido, considerando todo o território nacional, de 1.541.345 para 723.419 (ALBUQUERQUE, 2009, p. 96).[20] A importância histórica da lei Áurea não pode, todavia, ser mensurada simplesmente em termos numéricos. "O impacto que a extinção da escravidão causou numa sociedade constituída a partir da legitimidade da propriedade de pessoas não cabe em cifras" (IDEM, p. 97).

20 Devido à expansão da economia cafeeira, a escravidão apresentava, no oeste paulista, um peso demográfico muito maior em relação ao restante do país.

A abolição do cativeiro teve um caráter traumático devido ao seu caráter irreversível e desarticulador para as antigas relações de subordinação e controle social. *Senhor* e *escravo* eram termos relacionais, os quais adquiriram sentido contrapondo-se e sendo (re) construídos a partir de séculos de uma história de subordinação. Sendo assim, a extinção desse binômio trouxe instabilidade para as interações fundadas em antigas normas, bem como ameaçou – sem eliminá-las definitivamente – velhas políticas de sujeição e exclusão social. A abolição não pode, desse ponto de vista, ser abordada como a conquista da liberdade irrestrita e nem muito menos como uma completa fraude, mas como um momento de tensão e de disputa sobre os sentidos da cidadania e da liberdade para a população negra.

> A liberdade e seus significados – para ex-escravos, ex-africanos livres, libertos por alforria, ingênuos (nascidos no pós-1871), tutelados e para a população de livres e pobres em geral – foram constantemente redefinidos. Por um lado, pelo imaginário e pelo desenho de uma sociedade projetada para se tornar 'civilizada' e 'igualitária' com o advento da República e, por outro, por experiências concretas, vivenciadas em áreas urbanas e rurais no Brasil entre o último quartel do século XIX e a primeira metade do século XX, nas quais valores como igualdade e cidadania foram cotidianamente contestados (GOMES, CUNHA, 2007, p. 9).

A liberdade não deve ser encarada como um valor absoluto e totalmente dissociado da escravidão, mas sim um ideal construído a partir das diversas apropriações realizadas sobre a sua própria definição.[21] Em cada conjuntura específica, os limites e possibilida-

21 Muitos historiadores, ao superenfatizarem a agência/autonomia escrava, passaram a abordar os escravos como "naturalmente" propensos à resistência e

des da liberdade eram (re)negociados segundo complexos jogos de poder. Esses conflitos em torno da liberdade dos ex-escravos, comuns a todas as sociedades pós-emancipação, foram definidos por Thomas Holt (1992) como "o problema da liberdade" – *the problem of freedom*, em inglês. Para os libertos, esse "problema" se resumia em afirmar suas novas liberdades políticas e econômicas a partir do novo estatuto jurídico-social adquirido. Do outro lado, porém, havia aqueles que ainda estavam ligados ao escravismo, sobretudo senhores de terra, os quais estavam interessados em limitar essas liberdades, bem como criar novas formas de subalternização e dependência para a população negra.

De acordo com os postulados clássicos do liberalismo, uma sociedade sem escravidão significaria, além da libertação dos escravos do cativeiro, igualdade de direitos civis e políticos, ou seja, a cidadania. Porém, como vimos, até mesmo nos discursos de vários líderes abolicionistas brasileiros, fim do cativeiro e igualdade entre brancos e negros nunca foram sinônimos. Após a abolição se completar, restaria ainda saber que tipo de liberdade e de cidadania caberia aos ex-escravos.

> O ponto crítico aqui, de qualquer modo, é que em meados do século XIX a liberdade, para a maioria dos brancos de ambos os lados do mundo atlântico, envolvia pertencer a um corpo político. Pertencia-se

---

à luta pela liberdade. Ao dicotomizar "agência" e "poder", esse tipo de análise não leva em conta o fato de a subjetividade ser construída a partir de contextos históricos socialmente hierarquizados. No caso dos processos abolicionistas, a "luta pela liberdade" se configura a partir da metade do século XVIII, quando escravos passaram a se apropriar dos ideais de liberdade que começam a circular no universo Atlântico. A liberdade, nesse sentido, não era intrínseca à condição escrava. Para uma crítica aos estudos que superutilizaram a ideia de agência/autonomia escrava, ler Johnson (2011).

> a uma comunidade como cidadão e através da cidadania; os cidadãos, como um coletivo, constituíam e, em teoria, governavam a sociedade da qual faziam parte. Com esta mudança, e sem importar até que ponto pode ter sido real na prática, os problemas da manumissão e da emancipação foram redefinidos. À questão de como os escravos se tornariam trabalhadores livres acrescentou-se o problema do que provocaria sua nova relação com a sociedade como um todo. Seriam eles também cidadãos? (COOPER, HOLT, SCOTT, 2005, p. 58).

Embora os momentos e as características específicas dos cenários político-ideológicos fossem diferentes, a questão do ex-escravo como cidadão teria de ser abordada, ainda que na negativa, em todas as sociedades pós-abolição. No caso brasileiro, a discussão acerca de quem seriam cidadãos plenos dominou a agenda liberal na segunda metade do século XIX. Até o encerramento legal da escravidão em 1888, diversos juristas enfrentaram o desafio de conferir direitos civis em uma sociedade escravista. Poucos, como o liberal e escravista Antônio Rebouças, consideravam ser possível a existência conjunta de escravos e cidadãos. Para vários outros, tal qual Nabuco de Araújo, cidadania e escravidão constituíam realidades jurídicas inconciliáveis. Devido a isso, não presenciamos a existência de um Código Civil enquanto a escravidão persistiu (ALBUQUERQUE, 2009, p. 122).[22]

Magistrados, jornalistas e políticos continuaram, de forma ainda mais persistente, interrogando a relação entre liberdade e direitos civis durante o pós-emancipação. E os eventos que suce-

22 Nem com a abolição criou-se, de imediato, um Código Civil. Apenas em 1917 houve uma codificação civil, realizada a partir do silêncio sobre o passado escravista.

deram à abolição – ou melhor, a forma como tais eventos foram interpretados – foram decisivos para moldar a forma como se analisava essa relação. Assim que a lei de 13 de maio foi promulgada, a principal esperança das elites econômicas e políticas era a de que não se desenrolasse nenhum tipo grave de perturbação da ordem pública. Os abolicionistas mais otimistas imaginavam que a abolição representaria um novo tempo, de reformas econômicas e morais, mas sem grandes prejuízos sociais.

Se não criaram a tempestade avassaladora imaginada pelos escravistas, as atitudes de alguns libertos também não terminaram por deflagrar um clima de absoluta paz. Sobretudo no que diz respeito às áreas agrícolas onde a imigração subsidiada não vingou, como é o caso da economia açucareira nordestina e das fazendas de café do Vale do Paraíba, fazendeiros tiveram problemas em negociar novas relações de trabalho com seus antigos escravos. Os ex-escravos, na tentativa de se distanciarem cada vez mais da antiga condição social, acabaram por delimitar concepções distintas acerca da vida econômica e passaram a não aceitar muitas das exigências impostas por seus ex-senhores. Eles desejavam, agora como livres, poder controlar o ritmo e as condições do próprio trabalho, manter unidas as suas famílias e comunidades, obter acesso a pequenos lotes terras, vender produtos nos mercados locais etc.

Examinando a trajetória de ex-escravos dos engenhos do Recôncavo baiano, Walter Fraga Filho faz a seguinte afirmação:

> As trajetórias individuais e familiares de libertos mostram que, de variadas maneiras, as vivências da escravidão se projetaram sobre o período pós-abolição, definindo e orientando escolhas, atitudes, expectativas e projetos de liberdade. Assim, é possível desvendar significados e sentidos da liberdade para os que emergiram do cativeiro. E, aqui, não se trata de comunidade ou ruptura com velhos padrões de

> comportamento; essas noções simplificariam bastante a complexa dinâmica das relações e dos conflitos que emergiram na Bahia pós-escravista. Trata-se, na verdade, de perceber, na dinâmica das relações cotidianas, como as vivências passadas poderiam retornar em formas de lembranças, memórias e aspirações (FRAGA FILHO, 2006, p. 25).

Para Fraga Filho, a experiência do cativeiro permanece fornecendo os parâmetros para as escolhas e decisões do pós-abolição, porém esses parâmetros estavam sendo renegociados no novo contexto. De acordo com esse autor (2006, p. 28), os libertos tentaram modificar as relações com os ex-senhores por meio da afirmação de antigos direitos, sem deixar de recusar situações que agora consideravam degradantes. Através de palavras ou de comportamentos, escreve Fraga Filho, os afro-brasileiros procuravam cada vez mais se afirmarem como cidadãos livres e, consequentemente, se afastarem da antiga condição de escravo. Em diversos engenhos, eles negaram-se, após a libertação, a receber ração diária e a trabalhar sem remuneração, bem como reivindicavam a manutenção de roças próprias dentro dos limites das fazendas, um direito conquistado ainda durante os tempos do cativeiro.

As sujeições e privações impostas durante o escravismo balizavam a liberdade almejada pelos libertos não somente no contexto baiano, mas também nas mais variadas sociedades que vivenciaram o processo abolicionista que culminou com o fim do escravismo moderno. Rejeitar os papéis inerentes à antiga posição, e ainda assegurar e ampliar reivindicações anteriormente conquistadas, significava a delimitação concreta dos sentidos da liberdade. Como é possível de se imaginar a partir do estudo Fraga Filho, a confirmação dessa nova condição passava, fundamentalmente, pela renegociação dos termos sob os quais estavam assentadas as relações de trabalho. A atribuição de sentidos à noção liberdade – e, logicamente, ao novo estatuto social que ela representa – implicava, portanto, na necessidade de se estabelecer uma outra gramática para as interações entre patrão-empregado. Essa gramática deveria se distanciar das antigas relações senhor-escravo, resguardando margens de autonomia que fossem consideradas justas pelos afro-brasileiros. Sujeitar-se a certos mecanismos de controle poderia ser visto, na maioria dos casos, como um retorno à escravidão, justamente no momento em que esta instituição já tinha alcançado o seu fim.

Sem conseguir formular uma política imigratória semelhante à processada no estado de São Paulo, fazendeiros baianos, do mesmo modo que aqueles situados no Vale do Paraíba, tiveram sérios problemas em negociar com seus ex-escravos após a derrocada do escravismo. Alguns fazndeiros, carregados de exagero, pronunciavam-se como se estivessem passando por uma guerra civil, graças aos "excessos" cometidos pelos negros libertos (FRAGA FILHO, 2006, p. 105-106). Fraga Filho (2006) mostra que a abolição do cativeiro, em 1888, foi um momento carregado de significados e esperanças de melhores dias, tanto para os negros e mestiços que emergiram da escravidão como para seus descendentes. Os ex-cativos baianos objetivavam alargar alternativas de trabalho, dentro e fora dos antigos engenhos. Como ressaltado anteriormente, no seio das antigas comunidades formadas no tempo da escravidão, os libertos tentaram modificar as relações com os ex-senhores, afirmando antigos direitos e defendendo outros. Os castigos físicos deveriam cessar definitivamente, assim como eram exigidas remunerações monetárias e novas formas de alimentação (FRAGA FILHO, 2006, p. 14-15).

As definições de liberdade e controle tinham seus conteúdos negociados em conjunturas específicas, mas, ao afirmarem-se como livres, muitos ex-escravos passaram, de um modo geral, a expressar-se numa linguagem que não agradou em nada os antigos senhores. Na mente de fazendeiros, e também de políticos e de alguns intelectuais, as pretensões dos negros libertos pareciam inconcebíveis com o novo modelo de trabalho. Logo não tardou, sendo assim, para que a recusa ao trabalho em condições semelhantes a do cativeiro fosse compreendida como tendência ao ócio e à vadiagem. Para os ex-senhores, mostrava-se conveniente acreditar que essa recusa era produto da falta de inclinação dos ex-escravos ao próprio trabalho em si.

Somava-se a isso as festas e sambas promovidos por libertos em comemoração ao 13 de maio, encontros que preocupavam seriamente os temorosos com as possíveis desordens advindas da desagregação do escravismo. Principalmente entre aqueles que foram contrários à abolição, começou a surgir uma série de dúvidas relacionadas à adaptação dos antigos cativos à vida em liberdade. Seriam os ex-escravos capazes de viver fora dos limites e controles impostos pela escravidão? Como iriam comportar-se pessoas não acostumadas à liberdade? Será que, agora sob a condição de homens livres, eles não abusariam dos excessos? Muitos já tinham respostas prontas para essas perguntas. Após a derrocada definitiva do escravismo, era comum encontrar declarações que ressaltavam a incapacidade dos libertos em levar uma vida moralmente digna através do trabalho. Sua suposta tendência ao ócio era exaltada por aqueles que divergiam do fim do escravismo.

Conforme mencionado anteriormente, ainda durante os últimos anos de escravismo, a futura condição social e a cidadania reservada às "pessoas de cor" – como eram geralmente denominados os não brancos – já haviam se tornado uma preocupação. Diante da propagação dos ideais abolicionistas, da rebeldia dos cativos e da ingerência do Estado imperial nas relações escravistas, aumentavam-se as tensões e incertezas acerca do desfecho da questão servil. No Brasil de fins do século XIX, a suposta tendência ao ócio e à vadiagem dos trabalhadores nacionais se explicaria, por sua vez, cada vez mais em termos raciais. No imediato pós-abolição, a categoria "vadio" parecia uma referência bem delimitada para se classificar os negros. Os ex-escravos não pareciam, aos olhos de antigos senhores e de autoridades públicas, dignos da condição de cidadãos. Sambas, festividades e o ócio, ou seja, a própria prática da vadiagem, provavam isso. Na visão deles, as celebrações não oficiais da abolição eram uma forma de exaltação à lógica do não trabalho, evidenciando a sobreposição liberto/negro/vadio.

Essa foi uma construção política que acabou por esvaziar muitos dos ganhos reais dos últimos libertos a buscarem se igualar à antiga população livre. As construções discursivas oficiais tenderiam cada vez mais a trabalhar politicamente os estereótipos de "vadiagem" e "preguiça" para os trabalhadores negros e de "morigeração" e "trabalho" para o imigrante europeu. Houve então a implantação de leis antivadiagem em diversos Estados brasileiros, cujo objetivo específico era o combate "aos vícios advindos da herança da escravidão" (FRAGA FILHO, 2006, p. 157-159).[23] Além do veto para a chegada de mais africanos, citado anteriormente, observa-se, durante a virada do século XIX para o século XX, uma clara perseguição a qualquer tipo de manifestação cultural considerada de origem africana. Para se colocar um fim às "incivilizadas" práticas que agregavam grupos de negros, o Estado brasileiro aplicou uma política de repressão à capoeira, ao samba, ao candomblé, enfim, a tudo o que lembrasse a cultura afro-brasileira (ANDREWS, 2007, p. 152-158).

Empenhadas em manter sua posição social, as elites que conduziram a formação da república elaboraram, em diferentes níveis,

---

23 No sul dos Estados Unidos, além dos *black codes* (código legal que proibia o casamento e a coabitação interracial, bem como negava aos negros o direito ao voto, de se candidatarem a algum cargo público, de serem convocados como júris e de portarem armas), leis antivadiagem, que visavam especificamente a limitação da mobilidade dos afro-americanos, foram aprovadas em diversos estados (FOLLETT, FORNER, JOHNSON, 2011, p. 3).

uma série de ações de cunho de racista. A política imigratória implementada pelo governo paulista, assim como essas legislações que acabamos de citar, são um exemplo disso. Portanto, não é verdade que o Estado moderno brasileiro não incentivou o racismo. Pelo contrário, a partir de uma heterogeneidade de conflitos sobre a sua atuação, ele foi uma instituição essencial na reconfiguração do racismo a partir de fins do século XIX.

> O que Omi e Winant denominam o 'Estado racial' abrange não somente as leis que racializam, discriminam ou visam combater o racismo; inclui também todas as categorias raciais e entendimentos diferenciados das raças sociais institucionalizados em todos os órgãos do Estado em todos seus níveis, além das consequências racialmente diferenciadas das políticas do Estado. Como esses autores enfatizam, o Estado racial muitas vezes é internamente contraditório, com alguns órgãos trabalhando contra os projetos raciais de outros. As tentativas explícitas de mudar o regime racial, como a abolição da escravidão, tipicamente partem do ou envolvem o Estado, mas isso não significa que todas as partes do Estado trabalhem em harmonia. Uma parte importante da história da reprodução do racismo na época da abolição brasileira são as tentativas de instâncias do Estado local, sobretudo as câmaras municipais e os delegados de polícia, de amenizar as consequências da abolição para os grandes fazendeiros. Outro aspecto do Estado racial é a falta de reconhecimento, muitas vezes proporcional, da história de dominação racial e da continuidade da disciminação em várias formas, resultando em políticas universalistas do Estado como consequências racialmente diferenciadas (MONSMA, 2016, p. 59).

> Uma vez que o Estado é a forma política do mundo contemporâneo, o racismo não poderia se reproduzir se, ao mesmo tempo, não alimentasse e fosse também alimentado pelas estruturas estatais. É por meio do Estado que a classifcação de pessoas e a divisão de indivíduos em classes ou grupos é realizada. Os regimes colonialistas e escravistas, o regime nazista, bem como o regime do *apartheid* sul-africano não poderiam existir sem a participação do Estado e outras instituições como escolas, igrejas e meios de comunicação. O Estado moderno é ou o Estado racista – casos da Alemanha nazista, da África do Sul antes de 1994 e dos Estados Unidos antes de 1963 –, ou Estado racial – determinados estruturalmente pela classifcação racial –, não havendo uma terceira opção. Com isso, quer dizer Goldberg que o racismo não é um dado acidental, mas é um elemento constitutivo dos Estados modernos (ALMEIDA, 2019, p. 87).

Na Bahia, falava-se mais na urgência de se reformular novas políticas de domínio, de se restaurar o "poder moral" dos ex-senhores, justificando, assim, a adoção de medidas repressivas em relação aos ex-escravos e seus descendentes (ALBUQUERQUE, 2009, p. 121). Pesquisando a relação entre as classes populares e as autoridades públicas da cidade do Rio de Janeiro durante a virada do século XIX para o século XX, Chalhoub (2001, p. 67-68) percebeu que havia se firmado um certo consenso sobre os libertos nesse período: visto como sujeitos que não portavam nenhuma noção de justiça, respeito à propriedade ou liberdade, era de se esperar que vivessem, daqui em diante, sem trabalho, bebendo e furtando. Os vícios advindos da condição anterior de escravo impediam, na percepção da maioria, os ex-cativos de levarem uma vida condizente com os padrões civilizados. Tornou-se comum, então, a adoção de medidas repressivas contra esse grupo, visando a imposição dos valores do trabalho e de outros pressupostos morais a ele relacionados.[24] Além do mais, a constituição republicana de 1891 prosseguiu com o veto ao voto dos analfabetos, condição sob a qual se encontrava a grande maioria da população negra.

Interpretadas sob a luz dos ideais que moviam os anseios modernizantes de algumas elites de fins do século XIX, as exigências de muitos ex-escravos se apresentavam como incompatíveis não apenas em relação ao novo modelo de trabalho, mas, mais profundamente, com o próprio desenvolvimento da civilização em nosso país. Antes visto como algo degradante e reservado aos escravos, o trabalho transformou-se no principal elemento a ser valorizado, sendo um dos preceitos essenciais na atribuição de um estatuto moral elevado. Junto a ele, no entanto, foi associada uma série de valores familiares. Para fazendeiros e autoridades públicas do período, a família conjugal era vista como base da nação e como o espaço social produtor de uma mão de obra dedicada, honesta e disciplinada.

> A construção de uma ideologia positiva do trabalho veio acompanhada, além de um comportamento laborioso propriamente dito, da difusão de regras higiênicas para os habitantes da cidade e de 'bons' costumes morais. Famílias organizadas, dentro dos padrões médicos, seriam fundamentais para formação do trabalhador, pois incentivariam valores como a assiduidade e responsabilidade. O trabalhador ideal seria aquele que já saísse de casa com os hábitos da rotina doméstica, com as responsabilidades do lar e sem

---

24 Nesse mesmo trabalho, Chalhoub cita a propalada necessidade, para a instalação de uma nova ordem social no país, de uma ressignificação dos conceitos de ócio e trabalho, enxergados como, respectivamente, os polos negativo e positivo dos ideais civilizatórios (2001, p. 72-75). O autor ainda salienta a profunda associação, delineada na época, entre a categoria trabalho e outras adjacentes, tais como "progresso", "ordem" e "família" (2001, p. 48).

> vícios sexuais, pelo menos para evitar o nascimento de crianças ilegítimas. Um trabalhador livre das obrigações domésticas não se adaptaria facilmente à disciplina do trabalho (ESTEVES, 1989, p. 26-27).

A moralidade familiar era vista como fundamental para a construção adequada de um mercado de trabalho livre no país. A abolição, para além de uma reforma meramente econômica, representava também uma reforma moral. A suposta vadiagem dos libertos, caracterizada por meio dos abandonos dos antigos locais de trabalho, dos ex-escravos que agora vagavam pelas estradas e cidades, dos sambas que promoviam etc., era considerada, para muitos, a prova cabal de que eles não se enquadravam no perfil de cidadãos.

De uma forma geral, pode-se dizer que, posteriormente ao fim definitivo da escravidão, os estereótipos que dissociavam os afro-brasileiros dos atributos morais tidos como inerentes à prática do trabalho livre, presentes já durante a segunda metade do século XIX, foram expandidos. Tal desvinculação acabou por prejudicar diretamente a população negra nos processos de competição dos mercados de trabalho que se formaram a partir da abolição. Vistos como moralmente incompatíveis em relação às modernas relações de trabalho e, mais amplamente, à nova ordem social e política, os ex-escravos e seus descendentes enfrentaram heterogêneos mecanismos sociais de exclusão após a conquista da liberdade. As relações de trabalho no pós-abolição refletiram, desse modo, as disputas em torno das concepções de raça e política presentes em cada contexto. As estruturas de trabalho estavam ligadas às tradições herdadas do escravismo e às definições acerca do trabalho livre.

Havia todo um conjunto de julgamentos morais inscrito, inclusive, na concepção de cidadania gestada durante o fim do século XIX e início do século XX. Uma verdadeira cruzada foi montada para combater a suposta vadiagem das classes populares, com interesse especial para os recém-egressos do cativeiro. Diversos agentes ligados ao poder público, desde juristas e juízes, passando por policiais e delegados, até médicos e agentes sanitários, buscavam fixar determinados atributos morais por meio dos projetos que executavam. A cidadania pressupõe a participação em uma comunidade política onde todos os membros possuem direitos e deveres iguais. Na sua acepção clássica, o conceito de cidadão tem como base a ideia abstrata de indivíduo presente no pensamento liberal, ou seja, o indivíduo entendido como pessoa autônoma e autocentrada. A visão geral acerca dos libertos durante o pós-emancipação, todavia, tornava-os, aos olhos da maioria, um grupo cujas atitudes não estavam em consonância com essa concepção de indivíduo. Encarados como pessoas portadoras de uma sexualidade potencialmente transgressora e de uma inerente tendência ao ócio e ao alcoolismo, negros e negras passaram a ser estereotipados como a encarnação contrária da conexão família-trabalho-cidadania.

Portanto, embora não houvesse se consolidado, no Brasil, um sistema de leis segregacionistas tal qual ocorreu nos Estados Unidos, presenciamos por aqui políticas e iniciativas que acabaram por limitar a mobilidade e a associação dos antigos escravos, restringindo, portanto, a liberdade civil e política dos mesmos. A dúvida sobre se o fim do cativeiro deveria representar o pleno exercício da liberdade para todos permanecia. Tal questionamento vinha sempre acompanhado do desejo de conservarem determinadas prerrogativas senhoriais, isto é, de manter na sociedade pós-abolição algumas das normas sociais que balizavam o escravismo.

Richard Follett (2011), estudando as tensões ocorridas entre ex-escravos e antigos senhores nas plantações do estado de Louisiana, região sul dos Estados Unidos, afirma que os valores escravistas, assim como as forças políticas ligadas a eles, formaram um grande entrave para a consolidação das promessas de liberdade e cidadania que circulavam nesse contexto.

> The postbellum labor question and the problem of freedom were sharply influenced by the history of slavery. Indeed, just as enslaved people entered free society with skills and attitudes hewn from bondage, slaveholders approached freedom with their own values, experiences, and ideologies rooted to a history of racial and class exploitation. These ideological, material, and experiential 'legacies of enslavement' proved exceptionally durable and shaped the contours of post-emancipation society across the rural South. In particular, the densely racialized and gendered values of plantation slavery did not disappear with the constitutional amendments of Reconstruction. As historian Thavolia Glymph observes, former slaveholders invested in and were 'riveted to (socially, psychologically, and economically) the existence of a subordinate race.' Although freed people attempted to decouple this narrative by affirming their right and identities as individuals and citizens, southern whites conflated blackness with slavery (or dependency at the very least), and they retained trenchant assumptions on the immutability of race (FOLLETT, 2011, p. 53-54).

Ao se deparar com discursos políticos e colunas de jornais do Brasil da virada do século XIX para o século XX, é comum encontrar argumentos contrários à aplicação do mesmo princípio de liberdade aos negros egressos da escravidão (ALBUQUERQUE, 2009). Entre as formas de garantir a manutenção de relações assimétricas estava a limitação, mesmo que através de formas veladas, da cidadania a ser exercida pelos afro-brasileiros.

> Dentro da arena dos juristas, o discurso liberal inviabilizava que o sentido do termo *senhor*, herdado da escravidão, fosse confundido com o de cidadão. Nada parecido com o Código Negro foi posto em pauta de modo enfático no Brasil. Fora da zona jurí-

> dica, a racialização da sociedade garantia que as 'relações absurdas' [de senhor-escravo] fossem postas como naturais. Naquele momento de comoção pelo ato da princesa, os desregramentos festivos, o abandono das fazendas e a insubordinação dos libertos passaram a ser 'reconhecidos' pelas elites políticas como indícios da incapacidade supostamente inata dos negros de compartilhar os princípios do mundo dos livres e, consequentemente, de exercer a cidadania. Afinal, se os negros se mostraram suscetíveis aos 'vícios e paixões desregradas' [...] como poderiam o usufruir 'o tratamento decente que se dá ao cidadão'? (ALBUQUERQUE, 2009, p. 123-125).

É nesse sentido que convém pensar a cidadania negra do pós-abolição como uma cidadania subalternizada. O que se imagina ruptura ou corte entre estatutos sociais distintos – o do *escravo* e o do *cidadão* – constitui, na realidade, uma rede de temporalidades diversas, porém internamente conectadas. Em seu interior se abrigam muitas formas de ser e reconhecer-se como livre e cidadão e, principalmente, de vivenciar tais condições nas relações de trabalho, nos mecanismos de participação política, nas estratégias de produção de subjetividade e identidade (GOMES, CUNHA, 20017, p. 10). Ao se abolir as palavras "senhor" e "escravo", a condição senhorial dos brancos, construída ao longo de séculos, era também eliminada da gramática de relações sociais. Convinha, agora, tentar recriar, de outras maneiras, as hierarquias sociais que elas representavam.

Para acentuar o caráter tênue, provisório e contingente da cidadania auferida à população negra, alguns autores passaram a designá-los como quase-cidadãos.

> A ideia de acentuar e sublinhar o caráter provisório do estatuto da cidadania – o título de quase-cidadão – se justifica por um desejo. Dar ênfase à compreen-

são de casos e experiências de recusa do projeto disciplinar que institui juridicamente a figura do cidadão e do nacional. Essas práticas estão longe de constituir exemplos de resistência ou crítica social envoltos num discurso político único, e muito mais presente em situações aparentemente triviais experimentadas no cotidiano do trabalho, na relação com o Estado e as instituições oficiais, nas relações interpessoais vivenciadas em espaços domésticos, enfim, a todo momento em que esteve em jogo o poder do exercício da igualdade para homens e mulheres marcados por origem social ou cor.

O que significa ser de fato livre e igual, se essas condições estiverem destituídas de prerrogativas políticas (e sobretudo jurídicas) que concedem aos sujeitos possibilidades concretas de exercê-las? Por isso nos referimos à trivialidade como algo aparente. Talvez os elementos mais esquecidos nas análises sobre a pós-emancipação no Brasil sejam aqueles que dizem respeito às esferas e às dimensões de poder. O debate sobre as experiências de liberdade delineado pelos vários autores que compõem este livro coloca em relevo facetas diversas da distribuição desigual de poder numa sociedade pós-escravista e as linguagens utilizadas para referi-las. Desse modo, podemos explorar um pouco mais o que Nogueira chamou de evitação e que por vezes foi traduzido como silêncio. Formas de preterição, subordinação, humilhação e dominação nada aleatórias e que resultaram em formas mais ou menos explícitas do que Vena Das chamou de 'sofrimento social' – condição na qual se encontram populações que, por sucessivas gerações ou catástrofes de grande impacto social, estão sujeitas a reiteradas formas de subordinação, instabilidade e tribulação. É no plano da liberdade e da igualdade que florescem os mecanismos mais perversos,

> porque envoltos em retóricas fluidas, de preterição e evitação (GOMES, CUNHA, 2007, p.14-15).

Pensar o caráter subalterno da cidadania negra no pós-abolição é remeter-se, por sua vez, à construção da moderna noção de raça enquanto marcador social da diferença. No século XIX, conforme mencionado anteriormente, constituiu-se um discurso cientificista que, fundindo biologia e cultura, passava a reconstruir, no imaginário social, o negro enquanto um "outro" inferior. Nesse sentido, as formas modernas de racialização das relações sociais presumem uma política de exclusão e acomodação, fundamentada em premissas biológicas e na sedimentação do discurso da supremacia branca. No Brasil, e também em outros países marcados pela escravização de africanos e seus descendentes, a construção da cor (entendida enquanto expressão de características propriamente biológicas) como elemento estruturante de desigualdades sociais esteve intimamente associada ao processo de desarticulação do domínio senhorial.

O processo emancipacionista brasileiro foi marcado por uma profunda racialização das relações sociais, levada a cabo por diferentes atores e instituições (ALBUQUERQUE, 2009). Através dela, formas de distinção social criadas durante o escravismo puderam ser redefinidas, reafirmadas ou superadas. Tendo por base os postulados raciais, todos os não brancos tornaram a pertencer, aos olhos de muitos, a um único grupo. Sendo assim, a moderna noção de raça – novidade confortável, pois fundada naquilo que a antiga forma de domínio tinha de mais visível – foi instrumentalizada por diversas categorias sociais, mas, na maioria das vezes, ela tornou-se funcional para a manutenção das hierarquias sociais constituídas durante a escravidão – as quais eram agora interpretadas como assimetria biológica. A diferenciação entre escravos e negros livres, por mais frágil que pudesse ser, deixa de ter sentido durante o pós-abolição.

A "população de cor", essa categoria genérica, passa a ser a principal fonte discursiva para a construção de uma alteridade racial.

> No período, a raça foi, pouco a pouco, sendo incorporada como uma maneira genérica de aglutinar antigas diferenças de etnia, de origem ou de filiações de outro tipo que organizavam a vida social no regime escravista. Naqueles anos, a noção se encaixava como uma luva aos anseios de ex-senhores angustiados. Flexível, pertencia simultaneamente à natureza e à história; biologicamente inferiores, e ainda infantilizados, embrutecidos ou corrompidos pelos séculos de servidão, os negros podiam permanecer legitimamente em posição subalterna, sem que isso comprometesse o edifício liberal do abolicionismo e da República (CUNHA, 2009, p. 18).

Algumas autoras chegam a afirmar que o racismo moderno só pode ser entendido enquanto tal a partir do fim do escravismo.

> (...) na época da imediata pós-emancipação um sábio dito popular circulou pelas ruas do Rio de Janeiro. 'A liberdade é negra, mas a igualdade é branca'. A citação se referia à liberdade recém-conquistada pelos negros, com a abolição da escravidão, mas indicava, igualmente, a persistência dos severos padrões de desigualdade no país, problema que ainda aflige os basileiros. Ademais, as decorrências desses pressupostos tinham, entre outros, o poder de perpetuar estruturas de dominação do passado, colocando em seu lugar novas formas de racialização, as quais buscavam justificar biologicamente diferenças que eram históricas e sociais. (...) A emergência do racismo é, portanto, uma espécie de 'troféu da modernidade'. Se a presença de negros em espaços de pretígio social já era basicamente vedada, ou muito dificultada pela escravidão, perma-

> neceu bastante incomum no começo de nossa história republicana. Por isso, o sistema escravocrata só aparentemente restou fincado no passado. (...)
> Com a entrada do século XX, e diferentemente do que a propaganda republicana divulgou, a exclusão social voltou a crescer no Brasil; os negros sendo sistematicamente apartados das políticas e das benesses do Estado. Essa longa história também explica como, paradoxalmente, o racismo é filho da liberdade, pairando, ainda hoje, um grande interdito no que se refere à expansão de direitos para tais populações, que são vitimizadas no país com relação aos direitos à saúde, educação, trabalho, moradia, transporte e segurança (SCHWARCZ, 2019, p. 31-32).[25]

No Brasil de fins do século XIX, o processo de racialização, embora muitas vezes velado, tornou-se fundamental para o estabelecimento de critérios diferenciados de cidadania e para a construção de lugares sociais qualitativamente distintos. A racialização foi, a um só tempo, o sinal mais evidente da derrocada do escravismo e das tentativas em se garantir que o edifício social arquitetado durante a escravidão fosse, mesmo que parcialmente, preservado, mantendo-se, dessa maneira, privilégios e fronteiras sociais.

As sociedades pós-abolição constituíram-se, portanto, como arenas de conflitos específicos. Conflitos em torno de diferentes formas

---

25 Outra obra importante, que contesta a versão segundo a qual o racismo é uma tradição herdada da escravidão, é o livro de Anthony Marx (1998). Segundo ele, no pós-abolição, mais importante do que o passado de escravidão, colonialismo e miscigenação, é a forma como as elites do país conseguiram impor uma determinada interpretação dessa história, o que culminou, no caso brasileiro, na institucionalização da ideia de "democracia racial". Para ele, mesmo sem instituir um regime legal de segregação, o racismo é uma das bases da formatação, no Brasil, de um Estado-Nação moderno.

de exploração do trabalho, de classificações e identidades racializadas e da limitação e/ou ampliação de direitos de cidadania serão variáveis centrais e comuns às diversas sociedades escravistas. Terminado o escravismo, muitos fazendeiros e ex-escravos tentaram utilizar-se das mesmas estratégias que adotavam nos tempos de escravidão, mas tentando estabelecer novas formas de distinção social. Deve-se, nesse sentido, prestar atenção nas maneiras como diferentes sujeitos sociais enfrentaram as incertezas de seu tempo. Diante delas, eles geraram múltiplas respostas que podiam negar, negociar, reafirmar ou inverter antigas hierarquias sociais. A problemática do pós-abolição, se assim podemos chamá-la, refere-se às maneiras através das quais ideias como trabalho, liberdade, cidadania e raça eram operacionalizadas para afirmar, limitar ou negar o novo estatuto sociojurídico dos afro-brasileiros. Inscritos nas disputas travadas durante o processo de abolição do escravismo, tais conceitos, associados ao liberalismo, seja em sua vertente política ou econômica, foram ressignificados a partir da experiência social concreta de determinados sujeitos sociais.

Negros e negras, por sua vez, não foram atores passivos nesse processo. Para os libertos, a liberdade não foi apenas uma miragem. Ela foi desenhada tanto nas suas dimensões simbólicas quanto através da agência dos sujeitos envolvidos. Diversas pesquisas (ALBUQUERQUE, 2009; RIOS & CASTRO, 2004; COOPER, HOLT, SCOTT, 2005) perceberam que, de um modo geral, os últimos escravos acabaram por se apropriar de maneira específica e diversa dos sentidos embutidos nos ideais liberais, buscando definir os seus próprios significados do que seria liberdade. Redefinição que estava orientada por uma releitura das relações escravistas anteriores, pois estratégias, costumes e identificações elaboradas antes da abolição ainda informavam os conflitos pós-1888. Seus projetos alternativos não deixaram de ser, contudo, estigmatizados e transformados em marcadores sociais excludentes.

LIBERDADE EM AFIRMAÇÃO

Apresentaremos nesta parte duas trajetórias de vida ligadas à escravidão, as quais trilharam diferentes caminhos em direção à liberdade. A primeira delas refere-se a Felício, um escravo muito próximo do Conde do Pinhal, fundador do município de São Carlos e um dos principais fazendeiros de café da região. Ele construiu um vínculo forte com seu senhor, tornando-se feitor muito jovem e presenciando toda a história de ascensão da economia cafeeira no oeste paulista. Sua consistente relação com o seu superior, todavia, não o impediu de trilhar um tortuoso caminho durante o pós-abolição. Também analisaremos a trajetória de Maria Leontina, filha de uma escrava e do seu respectivo senhor. Maria, embora não fosse considerada filha legítima de seu pai, conseguiu, não sem determinados custos emocionais, usufruir dessa relação de parentesco para conseguir uma vida de liberdade menos precária. Por fim, também esboçaremos algumas considerações acerca da "economia onomástica" presente na escolha dos sobrenomes de libertos que residiam em São Carlos, mostrando como esses sujeitos buscavam institucionalizar, através de um novo nome, as relações interpessoais que davam sentido à sua liberdade. O objetivo, portanto, é delinear quais eram as formas de controle e as hierarquias sociais que circulavam pelos recursos e benefícios que fluíam por essas relações.

Trajetórias e relações interpessoais

Nas últimas décadas, os estudos que dissertam acerca de trajetórias individuais e familiares obtiveram um lugar de prestígio na produção sociológica e historiográfica. Tal êxito, por sua vez, está diretamente relacionado às mudanças de perspectiva teórica ocorridas dentro do campo das Ciências Humanas. Durante toda a primeira metade do século XX, houve, nas Ciências Sociais, uma tendência a se explicar a sociedade a partir de "grandes teorias", quase todas elas propondo uma análise totalizante da realidade social. No caso da História, esse é um período marcado pela hegemonia da Escola dos *Annales*, onde se procurava priorizar uma história das estruturas, as quais explicavam as ações humanas segundo determinações normativas. De acordo com essas abordagens, apenas as dimensões estruturais de longa duração, em suas regularidades e permanências, seriam capazes de recuperar os grandes movimentos das sociedades, escapando à superficialidade dos fatos.

Durante a década de 1960, observa-se, todavia, o início de uma descrença em relação a esses modelos totalizadores de explicação histórica e sociológica. Visando recuperar a *feição humana* dos processos históricos, buscava-se agora demonstrar as tensões existentes entre a ação humana e as estruturas sociais. Houve, nesse sentido, uma retomada das reflexões sobre a ação individual na história, com a volta da narrativa e do acontecimento enquanto aspectos fundamentais.

> O objeto da história, portanto, não são, ou não são mais, as estruturas e os mecanismos que regulam, fora de qualquer controle subjetivo, as relações sociais, e sim as racionalidades e as estratégias acionadas pelas comunidades: as parentelas, as famílias e os indivíduos.
> [..] o olhar se desviou das regras impostas para as suas aplicações inventivas, das condutas forçadas para as ações permitidas pelos recursos próprios de cada um: seu poder social, seu poder econômico, seu acesso à informação (CHARTIER, 1994, p. 98).

A ascensão dos estudos de trajetória faz parte desse movimento de reconfiguração do pensamento sociológico e historiográfico.

A partir da década de 1970, não foram raras as pesquisas histórico-sociológicas que se dispuseram a delinear biografias e histórias de vida, sendo o intuito delas, quase sempre, o de se compreender o contexto social através do qual elas foram produzidas. Trazendo uma nova maneira de se abordar o passado, elas desafiaram as narrativas históricas tradicionais.

Do mesmo modo, toda essa produção trouxe uma série de reflexões acerca das implicações teórico-metodológicas advindas da escolha de se estudar a história de indivíduos e grupos familiares específicos. Para o sociólogo Pierre Bourdieu (1996), por exemplo, um dos principais obstáculos para aqueles que se encarregam em esboçar uma história de vida é o viés literário clássico sobre a existência humana, que quase sempre acaba por moldar os relatos biográficos. Segundo ele, a biografia, tal qual ela é apresentada em diversas análises, propõe-se a ser a escrita de uma vida, sendo esta última considerada um conjunto coerente e organizado de fatos. Assim, a trajetória é traçada seguindo uma ordem cronológica de eventos ocorridos de forma lógica, desde um começo (o nascimento ou momento onde se inicia "a parte interessante" da história de um sujeito ou de uma família) até chegar ao seu fim. Tudo aquilo que é descrito passa, nesse sentido, a ser enxergado como um caminho unidirecional até o fim da história.

Prosseguindo com sua crítica, Bourdieu afirma que, ao produzir uma história de vida, comumente se inclina, portanto, a tratar a vida como um determinado tipo de história. Mais precisamente, aquela versão tradicional de história entendida como o relato coerente de uma sequência de acontecimentos com significado e direção. Isso seria, para ele, a conformação a uma ilusão retórica. Os fatos narrados nas biografias tendem a parecer muito mais raciocinados do que de fato o foram, dando a impressão, ao leitor, de que saíram, desde o começo, de um projeto consciente do protagonista da história. Seria como pensar que toda a trajetória tem um sentido único, que tudo aquilo que foi vivenciado não poderia ser de outra forma. Os relatos das histórias de vida costumam, escreve Bourdieu, descrever a vida como um caminho orientado por um começo, um meio e um fim. Tratam os acontecimentos como etapas de um desenvolvimento necessário, onde o autor, selecionando fatos significativos, estabelece conexões entre eles para dar coerência à trajetória delimitada. Nesse tipo de enfoque, as incertezas, inseguranças e inércias possivelmente vivenciadas são deixadas em segundo plano.

Seguindo nessa mesma direção, Giovanni Levi (1996), um dos principais historiadores da reconhecida micro-história italiana, também realizou ponderações acerca dos estudos biográficos tradicionais. De acordo com ele, o pesquisador não pode conceber os sujeitos históricos como pautados por uma racionalidade limitada, satisfazendo-se com modelos que associem cronologia ordenada, personalidade coerente e estável, ações sem inércia e decisões sem incertezas. Segundo Levi, há que se levar em conta o caráter fragmentado do sujeito e os momentos contraditórios de sua constituição. A vida não seria uma formação linear, sem descontinuidades. Tal afirmação não significa, no entanto, que as histórias individuais sejam incompatíveis com a compreensão da influência de determinado contexto histórico nas ações de cada sujeito.

Diferentemente de Bourdieu, que centra suas observações acerca das biografias nas determinações estruturais, Levi percebe uma relação permanente e recíproca entre biografia e contexto. Para ele, nenhuma realidade normativa é suficientemente estruturada para eliminar todas as possibilidades de escolha, interpretação, manipulação e negociação das regras sociais. Incertezas e desvios predominam em toda relação social, na qual os atores não contam com guias normativos capazes de prever ou limitar, sem ambivalências, os efeitos dos seus atos. A importância da biografia seria exatamente o de mostrar as incoerências das realidades normativas e seu efetivo funcionamento, o qual permite a diversificação das práticas individuais. Na visão de Levi, estudando as trajetórias individuais, pode-se encarar as normas socialmente constituídas enquanto uma jaula flexível e invisível, dentro da qual se exercita a liberdade condicional de cada um.

Especificamente no que tange às relações interpessoais, a Sociologia sempre as tratou a partir dos conceitos intercambiáveis de capital social e redes sociais. A noção de "capital social" ganhou difusão no meio acadêmico a partir da década de 1980, face à sua larga utilização por parte de sociólogos, antropólogos, economistas, cientistas políticos e planejadores. Seu destaque advém tanto de sua vinculação a conceitos derivados da teoria social quanto de sua associação a disciplinas como a economia, que tem como cerne a ideia de capital. Dependendo da filiação teórico-metodológica, ele pode ganhar distintas definições.

De um modo geral, pode-se dizer que o conceito não incorpora qualquer ideia verdadeiramente nova para os sociólogos. A indicação de que o envolvimento e a participação em grupos podem trazer consequências positivas para o indivíduo já está presente na obra dos sociólogos clássicos. Segundo Alejandro Portes (1995), a originalidade e o poder heurístico da noção de capital social provêm, na verdade, de duas fontes: em primeiro lugar, o conceito incide sobre as consequências positivas da sociabilidade, colocando de lado as suas características menos atrativas; em segundo lugar, enquadra essas consequências positivas em uma discussão mais ampla sobre o capital, chamando atenção para o fato de que formas não monetárias possam ser fontes de poder e influência. A primeira análise sistemática empreendida por um sociólogo acerca do conceito de capital social foi realizada por Bourdieu. Foi ele também que cunhou a primeira definição para o termo.

> Capital social é o conjunto dos recursos reais ou potenciais que estão ligados à posse de uma rede durável de relações mais ou menos institucionalizadas de interconhecimento e de inter-reconhecimento mútuos, ou, em outros termos, à vinculação a um

> grupo, como o conjunto de agentes que não somente são dotados de propriedades comuns (passíveis de serem percebidas pelo observador, pelos outros e por eles mesmos), mas também que são unidos por ligações permanentes e úteis.

Como ele próprio enfatiza, essas ligações não se reduzem às relações objetivas de proximidade no espaço geográfico ou mesmo no espaço econômico e social, posto serem, inseparavelmente, fundadas em trocas materiais e simbólicas e cuja prática supõe o reconhecimento dessa proximidade. As redes sociais não são, portanto, um dado natural, tendo de ser construídas através de estratégias de investimento orientadas para a institucionalização das relações de grupo, utilizáveis como fonte digna de confiança para obter outros recursos.

As redes sociais podem ser consideradas um conjunto de relações que institui vínculos entre dois ou mais indivíduos, ou seja, elas são estruturas de relações, as quais constituem uma das dimensões das relações sociais. "De maneira geral, uma rede é um conjunto de atores ligados por uma relação; uma rede caracteriza, assim, o sistema formado pelos vínculos diretos e indiretos (os contatos dos meus contatos) entre os atores. Por analogia, é uma forma de interação social que põe atores em contato [...]" (STEINER, 2006, p. 77). Essa estrutura de relações possui um caráter processual: existem diversas trajetórias relacionais viáveis, sendo possível se estabelecer novos vínculos com outros atores no decorrer do tempo. A natureza dos laços sociais tecidos pelos indivíduos, cabe salientar, é orientada pelos contextos sociais em que essas relações se efetuam (SANTOS, 1991, p. 109).

Devido a isso, as combinações de relacionamentos são informadas por diversas lógicas de sociabilidade (relações familiares, de vizinhança, de gênero, étnico-raciais, religiosas etc.). Estas últimas, entretanto, não são compartimentos estanques, previamente determinados, mas formas de inteligibilidade cujas normas e sentidos são constantemente ressignificados, dependendo do contexto relacional em que cada indivíduo ou grupo se insere.

> O aspecto mais importante, privilegiado segundo essa perspectiva [a perspectiva de redes sociais], são as relações entre os indivíduos, e não os atributos de cada um deles. O ponto fundamental é buscar, a partir de cada indivíduo, a identificação de sua rede de relações. Assim, o conceito de redes concebe a sociedade como um conjunto de relações e introduz uma dimensão da estrutura social entendida como estrutura de relações, o que é bastante diferente de imaginá-la como estruturada segundo categorias agregativas (TRUZZI, 2008, p. 214).

O conceito de redes sociais tornou-se muito útil particularmente para as abordagens sociológicas dos mercados, sobretudo dos mercados de trabalho. Segundo tal enfoque, os laços que unem uns indivíduos a outros são fontes importantes na obtenção de recursos – informação, confiança, prestígio e rendimentos monetários, por exemplo – dentro da lógica de produção social de mercados de trabalho. As redes sociais constituem uma forma de mediação social que pode ser instrumentalizada tanto por empregadores como por empregados na constituição de mercados de trabalhos (STEINER, 2006, p. 85).

No entanto, para além dessa visão instrumental acerca do capital social e das redes sociais, também convém salientar os aspectos não tão positivos advindos dessas relações. Os vínculos relacionais, ao criarem certos laços de sociabilidade entre um grupo de pessoas, permitem, além de oportunidades, a circulação, por exemplo, de formas de controle social (POWELL & SMITH-DOERR, 1994). Analisando o desenvolvimento do conceito de capital social – este entendido como a capacidade dos indivíduos em garantir benefícios advindos da sua localização em redes sociais –, Portes (1998, p. 15) destaca o fato de essa noção sugerir não somente as consequências positivas da sociabilidade, mas também o caráter normativo e excludente das redes sociais.

Dependendo da quantidade, do conteúdo e da intensidade dos laços, o indivíduo inserido em determinada teia de relações passa a ter de negociar, muitas vezes de maneira implícita, não somente garantias, mas também obrigações potenciais (PORTES, 1995, p. 9). O mais importante, nesse sentido, não seria nem tanto demarcar uma rede, mas sim demonstrar como as relações estabelecidas dentro dela disponibilizam possíveis vantagens e desvantagens, além de como fluem os recursos sociais e com quais consequências (POWELL & SMITH-DOERR, 1994, p. 368; MIZRUCHI, 2009, p. 151). Neste trabalho em especial, não ficaremos presos a nenhum desses conceitos. Apenas estaremos atentos às implicações sociais decorrentes desse caráter normativo e excludente apresentado pelas relações interpessoais, enfatizando como a negociação por benefícios faz parte de um complexo jogo de poder.

Ligação nominativa de fontes

Para a realização do estudo proposto, será utilizado o que Slenes denominou de "ligação nominativa das fontes", ou seja, propõe-se "perseguir" os sujeitos a serem estudados em diversas fontes nominativas compiladas durante um determinado espaço de tempo. Essa forma de abordagem dos documentos permite um olhar longitudinal sobre a situação dos indivíduos pesquisados, disponibilizando uma série de informações acerca da trajetória dos mesmos. Pesquisas recentes foram bem-sucedidas ao utilizar este método na análise da trajetória de ex-escravos do Recôncavo baiano.

> Ao cruzar informações dos registros cartoriais, instituídos após a instauração da República, com listas de escravos anexas aos inventários ou registros paroquiais de batismos, foi possível acompanhar indivíduos e grupos familiares ao longo do tempo. As informações

> sobre localidades em que nasceram e residiram, os nomes das propriedades em que trabalhavam, os nomes e sobrenomes dos pais, avós e padrinhos ofereceram pistas importantes para refazermos os percursos individuais e as redes sociais em que estavam inseridos os indivíduos (FRAGA FILHO, 2006, p. 23).

Em suma, esse método permite a coligação e sistematização de fontes que, quando examinadas de maneira isolada, parecem fazer pouco sentido. Cruzando registros cartoriais de nascimento com fontes documentais produzidas na época da escravidão, Fraga Filho conseguiu reconstituir trajetórias individuais e familiares de ex-escravos e seus descendentes.

> Esses procedimentos podem ser multiplicados, e por certo, fragmentos ou retalhos de experiências espalhados em diversas fontes documentais ajudariam a recompor outras fascinantes histórias. É esse procedimento metodológico adotado ao longo deste trabalho para refazer os itinerários percorridos por escravos e libertos nos engenhos. Por meio da 'microanálise' desses indícios, é possível perceber como laços de solidariedade entre escravos de um mesmo engenho e redes familiares formadas no tempo da escravidão foram preservados e ampliados no pós-abolição. Além disso, podemos vislumbrar lógicas sociais e simbólicas que nortearam escolhas individuais e grupais (FRAGA FILHO, 2006, p. 25).

Esse tipo de abordagem está focado, portanto, no percurso relacional de ex-escravos, ou seja, possui um caráter dinâmico e processual, enfatizando a construção de relacionamentos ao longo do tempo.[1]

---

1 Outro estudo que consegue, por meio da utilização do mesmo método, realizar uma interessante análise da trajetória de escravos que se tornaram liber-

Para tanto, parece ser algo fundamental a consulta a uma diversidade de fontes documentais. Levando isso em conta, realizou-se um levantamento nominal dos negros situados nas principais fazendas cafeeiras de São Carlos durante 1907, ano em que foi compilado um recenseamento municipal, a fim de se investigar como se desenrolaram as relações interpessoais desses sujeitos até esse momento. Sendo assim, foi realizado o cruzamento dos dados obtidos através da consulta a esse recenseamento com as informações contidas em outras fontes nominativas, tais como registros paroquiais de casamento e de batismo, inventários *post-mortem*, registros civis de casamento e de óbito, cartas de alforria, registros de compra e venda de escravos etc. Com as fontes acima citadas, procura-se tornar viável o exame das redes de relações tecidas por alguns dos negros que viviam em São Carlos durante a virada do século XIX para o século XX. Apesar dessas fontes retratarem apenas uma parcela das relações interpessoais tecidas ao longo da trajetória dos indivíduos estudados, elas podem fornecer informações relevantes sobre os principais laços formados, bem como acerca da intensidade e dos conteúdos sociais que orientavam esses vínculos.

Supõe-se que o recenseamento de 1907, por exemplo, por se tratar de um registro histórico comprometido com o levantamento do perfil dos habitantes do município, apresente uma interessante fotografia da população são-carlense do período e, sobretudo, caracterize-se como uma fonte nominativa muito abrangente. Na Europa, os recenseamentos populacionais se desenvolveram conjuntamente com a consolidação dos Estados-Nação, onde desem-

---

tos é o de Regina Xavier Freira (1993). Ricardo Pirola (2011) também utilizou a ligação nominativa de fontes (abordando um conjunto de documentos bem semelhante ao de nossa pesquisa, diga-se de passagem) para compreender as relações interpessoais que conectavam os escravos envolvidos em uma tentativa de levante em Campinas, no ano de 1832.

penharam o papel de produzir um conhecimento útil, baseado em critérios científicos, sobre as populações. O Brasil importou essa ideia e incorporou a sua própria dinâmica na atribuição daquilo que deveria ser mensurado pelas estatísticas. Sabe-se que os primeiros levantamentos censitários começaram a ser realizados no Brasil a partir do século XVIII, durante a administração do Marquês de Pombal. Esses levantamentos são, de certo modo, uma continuidade das antigas listagens da população masculina apta a servir às necessidades militares da colônia. Eles surgem, portanto, com o intuito de, em um momento crítico das tensões entre a América Portuguesa e a América Espanhola, fornecerem informações sobre as potencialidades militares dos habitantes da primeira.

Tal pretensão, por sua vez, ainda estava em sintonia com as ambições modernizadoras presentes na administração pombalina: era necessário conhecer melhor a população para se melhorar a arrecadação estatal. Além disso, esses recenseamentos, de quebra, serviam para melhor controlar os estratos sociais tidos como perigosos.[2] O Departamento Geral de Estatística (DGE) assumiu, entre 1870 e 1820, a dúbia função, assim como aconteceu com as agências de outros países, de combinar a autoridade da ciência e do Estado na produção de um conhecimento que seria utilizado pelo próprio Estado, ou seja, combinava uma missão descritiva com a fabricação de informações que seriam utilizadas politicamente (LOVEMAN, 2009, p. 436). Representando a própria racionalização das instituições estatais, esse instituto deveria se encarregar de avaliar o nível de "progresso" alcançado pela nação brasileira, com o intuito de se formular políticas públicas que estivessem em sintonia com os anseios modernizantes da época.

---

2 Para uma melhor discussão sobre as ambições presentes nos primeiros recenseamentos realizados no Brasil, ver Nadalin, 2004, p. 47-48.

Ao analisarem recenseamentos provinciais compilados em São Paulo durante o século XIX, autores destacaram o grande interesse das autoridades governamentais em conhecer a população que governavam. Com o grande enriquecimento da província e com a crise do trabalho escravo, o contexto histórico apontava para profundas mudanças na região.

> Um olhar sobre a legislação e os relatórios de presidentes de províncias brasileiras durante o período imperial revela o interesse e a preocupação das autoridades do império e dirigentes provinciais em conhecer o efetivo populacional e as demais estatísticas socioeconômicas, geofísicas e administrativas nacionais e regionais. As autoridades tinham consciência da necessidade de organização de censos periódicos, da sua importância para a administração geral e local e para a execução de políticas públicas (BASSANEZI & BACELLAR, 2002, p. 113).

Pode-se inferir que, no início do século XX, com a chegada massiva de imigrantes, esse anseio pela obtenção de um maior conhecimento sobre o conjunto da população somente aumentou. Cabe destacar que o recenseamento realizado em São Carlos coletou dados referentes apenas aos habitantes do município. Ao contrário do acontecido com os levantamentos provinciais executados durante o Império, ele nada fala sobre características geofísicas, o que parece vir ao encontro do desejo de se inteirar sobre o contingente populacional que passou por uma mudança significativa a partir da chegada de milhares de imigrantes.

O conteúdo presente no recenseamento são-carlense é constituído pelo nome completo da pessoa recenseada e mais oito variáveis a ela referentes: idade, profissão, estado civil (casado, solteiro ou viúvo), sexo (homem ou mulher), cor (branco, preto ou mulato), proprietário (sim ou não) sabe ler? (sim ou não) e nacionalidade (brasileiro, italiano, português, espanhol, alemão, turco e "diverso") (*sic*). Além disso, também é conferido a cada recenseado um número individual de registro. Não se tem notícias sobre a existência de levantamentos tão completos em outros municípios que compunham a fronteira do café. O fato de o referido recenseamento conter números relativos à variável "cor", por exemplo, aponta para a riqueza de informações nele contida. De acordo com Mara Loveman (2009, p. 438), embora a composição racial fosse uma das preocupações dos organizadores dos levantamentos estatísticos, devido à visão racializada acerca do progresso que se consolida durante o período republicano, a categoria "cor" foi eliminada dos recenseamentos nacionais durante o início do século XIX. A autora ressalta a preocupação do DGE em monitorar o "embranquecimento" da população após o início do fluxo migratório. O instituto passa, então, a dar mais atenção para o mapeamento das origens nacionais.[3]

Em relação à ausência de categorias raciais nos censos do começo do século XX, a autora, citando declarações de funcionários do DGE, afirma que havia um consenso entre os burocratas segundo o qual a maioria das pessoas não teria conhecimento exato sobre a própria procedência racial. O fato é que, durante esse período, foi tomada uma série de medidas que acabaram por tentar esconder a ancestralidade africana de parte dos habitantes do país. Sendo assim, o documento trabalhado é um dos poucos a registrar dados que são praticamente imprescindíveis na busca da possível ascendência escrava de trabalhadores da época. Disponibilizando o nome completo da pessoa, bem como sua ocupação e "cor", o recenseamento são-carlense apresenta-se como uma fonte de alta

3 O recenseamento de São Carlos, conforme descrito acima, denota atenção especial às principais nacionalidades que compõem o fluxo migratório para o Brasil a partir da metade do século XIX. As demais nacionalidades são classificadas como "diversas".

relevância para delimitarmos os indivíduos que terão a sua trajetória relacional e ocupacional estudada.

Após pesquisar uma série de dados sobre os afro-brasileiros compilados no recenseamento municipal de 1907, iniciamos a busca por maiores informações em outras fontes nominativas, principalmente nos registros paroquiais de casamento e de batismo. Tais fontes são utilizadas com frequência pelos estudiosos que pesquisam os laços constituídos por escravos e, por isso, são praticamente fundamentais para a pesquisa a ser realizada. As relações de compadrio e as escolhas de parceiros para o matrimônio demonstram ligações essenciais quando se trata de compreender as alianças e os vínculos estruturados tanto por cativos como pela população como um todo. De um modo geral, eventos como o nascimento (batismo), casamento e morte são vistos pela historiografia como ritos de passagem que, por meio de rituais (confraternizações/eventos), reforçam determinados vínculos e convenções sociais.

O batismo é um dos sagrados sacramentos da Igreja Católica. Sua história, que, como mito, remonta à passagem bíblica, diz que Jesus Cristo foi batizado por João Batista nas águas do rio Jordão. O significado que adquire é de um rito de purificação pela água, no qual o pecado original que todos herdaram de Adão e Eva é purgado quando as águas, durante o rito, atingem o corpo e, assim, limpam a alma. O compadrio, por sua vez, seria uma forma de se estender as relações de parentesco para além dos laços consanguíneos (MAIA, 2010, p. 36).

> A percepção é de que o batismo foi um elemento importante para entender as teias que uniam os escravos entre si e também com o mundo dos livres. O cativeiro, além de estar permeado por casamentos formais e uniões consensuais e estáveis, estaria também associado a uma imbricada rede de laços afetivos e de interesse, elaborada em torno de políticas de

> convivência construídas a partir de um embate mais ou menos explícito entre senhores e seus escravos (BACELLAR, 2011, p. 1).

O compadrio, desse modo, não era um relacionamento restrito à esfera religiosa, mas estendia as suas significações para todo o campo social. As expectativas e reciprocidades encerradas na relação de compadrio faziam com que, para muitos cativos, ela representasse uma esperança de se conseguir a liberdade. A maior parte dos historiadores que pesquisaram registros paroquiais envolvendo escravos é reticente em destacar a importância do estabelecimento de alianças estratégicas entre aqueles que sonhavam com alforria. Desse modo, os escravos reinterpretavam o compadrio, dando a ele sentidos diversos daqueles atribuídos pela Igreja e por outros grupos sociais (MAIA, 2010, p. 38). Mesmo quando não se passava de uma mera formalidade, isto é, não sinalizava nenhuma espécie de vínculo afetivo anterior, o compadrio implicava em uma série de reciprocidades após a sua institucionalização (REIS, 2008, p. 275).[4]

Ao nos depararmos com os registros de casamento, evidenciamos o fato de que, para esse tipo de cerimônia, não era aplicada a denominação "padrinho", mas sim o termo "testemunha". A grande maioria dos estudos que se utilizam da ideia de "compadrio", por seu turno, delimita como material de pesquisa apenas os registros de batismo. Parece haver um consenso, nesse sentido, de que a relação entre noivos e testemunhas, expressa nas inscrições dos assentamentos de casamento, não se encaixa na definição de "compadrio" proposta para conceituar essa forma específica de vínculo

---

4 Segundo Reis, era comum nas paróquias baianas acontecer de, na falta de padrinhos, fazendeiros recrutarem padrinhos de outras cerimônias para batizarem seus escravos. Mesmo sem tanta afinidade, esse padrinho teria, em princípio, os mesmos compromissos de proteção e promoção com todos os seus afilhados.

social institucionalizado. Muito provavelmente, as testemunhas não estavam sujeitas às mesmas reciprocidades simbolicamente instituídas dentro das interações entre padrinhos/afilhados e compadres/comadres. O que podemos alegar é o fato de a escolha dessas testemunhas não ter sido efetuada de modo aleatório, ou seja, a opção por tais testemunhas demonstrava, muito provavelmente, preferências e afinidades dos noivos.

No decorrer da pesquisa, localizamos alguns casamentos coletivos de escravos. Em praticamente todos eles, os casamentos apresentavam testemunhas diferentes entre si. Seria muito mais fácil, caso elas fossem algo secundário, estabelecer as mesmas testemunhas para todos os matrimônios. A cerimônia de casamento também era, desse modo, um momento de cristalização de alianças, embora pudesse não ter a mesma força do compadrio. As testemunhas do matrimônio simbolizavam, pelo menos em boa parte dos casos, laços sociais constituídos previamente, o que é essencial para os objetivos deste estudo.

A análise de inventários e testamentos também revela pistas sobre as preferências de certos senhores quanto à escravaria que possuíam. Esses documentos permitem-nos apreender as relações de reciprocidade firmadas entre trabalhadores e fazendeiros.

> Durante a vigência da escravidão no Brasil, era comum as pessoas alforriarem escravos em testamentos como forma de caridade, mostra de gratidão por trabalhos ou por terem sido escravas concubinas, ou ainda por ser a prole mulata do próprio testamenteiro. Os testamentos podem ser inquiridos para se conhecer as razões e as formas de alforria concedidas, mas nem tanto sobre o número total de cativos do testador, pois as referências ao conjunto do plantel são raras e esparsas [...].
>
> Para o estudo da escravidão, os inventários se revelam instrumentos preciosos, pois o conjunto do plantel escravista do falecido é nomeado, listado e avaliado entre os bens semoventes (FURTADO, 2009, p. 111).

Inventários e testamentos não podem ser encarados apenas como importantes testemunhos acerca da morte, mas também da vida do testador/inventariado, em sua dimensão material e espiritual. No caso específico aqui abordado, eles ajudam na identificação e localização de determinadas pessoas ao longo do tempo. Essa fonte pode auxiliar, portanto, na compreensão de como as sociabilidades encerradas na relação senhor-escravo foram capazes de desenvolver vínculos pessoais entre esses sujeitos.

Além do mais, entre aqueles que, nos últimos anos, têm se dedicado ao estudo das relações escravistas e das sociedades pós-emancipação, estabeleceu-se um consenso metodológico segundo o qual há performances dialógicas presentes no processo de produção social de cada documento oficial. As escrituras reconhecidas e/ou produzidas por autoridades formais, sejam elas estatais ou eclesiais, deixaram de ser percebidas como um puro e simples ato de imposição unilateral do suposto polo dominador. Essa última percepção argumentava contra a possibilidade de se poder, na pesquisa com esses documentos, encontrar indícios das ações daqueles que estavam sendo registrados. A confecção dos protocolos narrativos contidos em um dado registro é agora vista como um processo de mão dupla, em que os conceitos e a lógica subjacentes à instituição que o produz interagem com os anseios e estratégias dos escriturados. Nomes, idades, valores e origens, antes encarados muitas vezes como meras variáveis dentro dos enredos monolíticos da formalidade, passaram a ser importantes dentro das reavaliações firmadas por escravos, libertos e negros livres acerca de suas posições sociais. Os documentos notariais, como registros de compra e venda de escravos, cartas de alforria, inventários e testamentos, foram, por exemplo, essenciais para a afirmação de determinados estatutos sociais entre os cativos e libertos.

O reconhecimento jurídico por meio do ato escrito consolidou-se como um dos principais meios de validação de determinadas condições sociais, principalmente quando se tratava de concretizar, ou então consolidar, a liberdade em relação ao cativeiro. Conforme observado anteriormente, o universo do Direito institucionalizado, embora expressasse relações assimétricas e um conjunto de saberes desconhecido, atravessou a experiência de muitos afro-brasileiros que vivenciaram os últimos anos de escravidão e o período posterior à abolição. Por vezes solicitando, indiretamente, a manumissão através das cartas de alforrias e dos testamentos, em outras sendo julgados pelos mecanismos da Justiça devido a fugas e agressões, ou até mesmo tentando legalizar suas relações, eles tentaram fazer valer suas pretensões.

Aqueles que estavam envolvidos na institucionalização dessas pretensões, desde senhores, juízes e delgados até notários de cartórios, buscaram, por sua vez, barrar essas pretensões por meio da criação de novas formas de distinção social. O repertório de ações e conflitos envoltos nas definições de escravidão e de liberdade ultrapassou, sem dúvida, o espaço formal dos documentos escritos, mas é de se esperar, entretanto, que eles tenham deixado pistas acerca das disputas imersas nesse complexo jogo de poder.

A decepção de Felício

Felício nasceu escravo. Ou melhor: foi escravizado assim que nasceu. De acordo com as informações que coletamos, seu nascimento ocorreu por volta de 1847. Não sabemos exatamente o local, mas presumimos que ele tenha nascido na região de Piracicaba. Isso porque Felício foi um dos poucos escravos a ter escrito uma carta que se tornou registro histórico,[5] na qual pode contar um pouco de sua trajetória e da relação que mantinha com seu senhor. A referida correspondência data de 11 de agosto de 1917, quando

5 A cópia original da carta encontra-se digitalizada em: http://www.casadopinhal.com.br/arquivo.

Felício contava com presumíveis 70 anos de idade. Ela foi endereçada a Antônio Carlos Botelho, neto de Antônio Carlos de Arruda Botelho, o Conde do Pinhal, fazendeiro da região de São Carlos e um dos fundadores do município. Felício foi escravo do Conde durante boa parte de sua vida e, conforme se perceberá a seguir, mantinha um estreito vínculo social com o fazendeiro. "Nem o snr que é neto não acha tanta falta de seu avô como eu", escreveu ele. Anexada à carta, estava uma fotografia do Conde, a qual o ex-escravo guardava consigo até então. A história de ambos faz parte da própria história da economia cafeeira de São Carlos.

De acordo com o conteúdo da carta, Felício "entrou em companhia" do Conde ainda em Piracicaba, quando este, em 1852, se casou com D. Francisca Theodora de Arruda Botelho. A região de Piracicaba faz parte de uma fronteira mais antiga do Estado de São Paulo, a qual se consolidou como área de grande lavoura a partir do cultivo da cana-de-açúcar já na virada do século XVIII para o século XIX. Por volta de 1850, os fazendeiros de Piracicaba começavam a inverter seus investimentos na agricultura do café, sendo que a cidade havia se consolidado como um importante mercado comercial, tanto consumidor como distribuidor, para outras regiões do Estado. Isso fez com que se fixassem no município famílias de grandes proprietários de terra e de escravos.

Da maneira como está escrito na carta, dá-se a entender que o pequeno Felício, então com cerca de 5 anos de idade, pertencia, na verdade, à família da noiva. Outro indício de que ele era propriedade de Francisca Theodora está no inventário da própria esposa do Conde, realizado em maio de 1863, onde Felício está arrolado como o escravo mais valioso (2 contos e 600 mil réis) em uma lista que contava com quase 50 cativos. No entanto, para além da questão da propriedade, Felício parece que construiu, ao longo dos anos que trabalhou para eles, outro tipo de relação com o casal: "Eu estimava esse casar [o Conde e D. Francisca] como se fosse pae e mãe meu. Deus perdoe algum erro delle e della que tenha sua alma no Glória". Ao dizer essa frase, Felício sintetizou uma analogia que seria muito utilizada, posteriormente, pelos estudiosos da escravidão.

Entre os estudos acerca dos últimos anos do escravismo no Brasil, ganhou destaque a temática das relações interpessoais tecidas entre senhores e cativos. De acordo com as pesquisas realizadas, para além de uma mera relação de trabalho e/ou de propriedade, superiores e subordinados firmavam, não raras vezes, laços sociais entre eles. A construção desses vínculos, por sua vez, seria fundamental para o entendimento da dinâmica social do regime escravista brasileiro. A obra pioneira nesse sentido é, sem dúvida, *Casa-Grande & Senzala*. O livro de Freyre aborda as relações escravistas a partir do conceito de patriarcalismo. Segundo ele, o patriarcado é um sistema de vida sexual e familiar cujo centro de poder residiria no senhor branco, o qual comandava o conjunto de ações de seus subordinados dentro das terras que lhe pertenciam. "A força concentrou-se nas mãos dos senhores rurais. Donos das terras. Donos dos homens. Donos das mulheres" (FREYRE, 2006, p. 38).

A noção de patriarcalismo – não somente para Freyre, mas para todos os autores que dela se utilizam – sustenta-se na ideia de que o senhor tinha poder sobre o escravo, assim como o marido tinha direito sobre a mulher e o pai sobre o filho. Essa prerrogativa senhorial constituía a força moral do senhor sobre seus subordinados escravos, mulher e filhos, mas também a parentela e agregados. Assim, ao se comparar os papéis sociais do pai e do marido com o do senhor de escravos, abre-se espaço para pensar a relação proprietário-escravo a partir da construção de determinadas expectativas de tratamento dependendo do lugar ocupado nessa relação. Ao senhor, assim como ao pai e ao marido, cabia as funções da punição e da proteção, enquanto os escravos, similarmente aos filhos(as) e esposas, deviam obediência e fidelidade. Para Freyre especificamente, esse modelo patriarcal teria moldado a gramática de sociabilidade dos latifúndios escravistas.

Em sua obra mais famosa, Freyre focaliza suas análises na relação entre a família do senhor e aqueles escravos que circulavam constantemente pela casa-grande – criadas, cozinheiras, amas-de-leite, mucamas, lavadeiras, filhos(as) pequenos dessas escravas etc. Diferentemente dos escravos do eito, que viviam mais afastados e apenas entravam em contato com o senhor para receber ordens de trabalho, os escravos que vivenciavam a rotina da casa-grande acabavam por estabelecer uma dinâmica relacional mais intensa com as famílias brancas. Na visão de Freyre, o maior contato desses cativos com seus senhores fez com que eles adquirissem um papel importante no conjunto de tramas sociais tecidas na sociedade escravista brasileira. Em muitos casos, os escravos da casa-grande teciam vínculos com seus superiores a ponto de serem considerados uma extensão da família do senhor. Daí a analogia com a noção de patriarcalismo.

Ao longo dos anos, surgiram várias críticas à ideia freyriana de patriarcalismo. A principal delas reside no fato do sociólogo ter tomado como base de suas análises os engenhos pernambucanos e, partir da realidade ali encontrada, interpretá-la como o modelo de família existente em todo o Brasil. De acordo com essa visão, a família extensa descrita por Freyre não existiu sozinha; ela dividiu, na história brasileira, espaço com outras formas de configuração familiar e, por isso, não pode ser classificada como o modelo familiar único na formação da sociedade brasileira. Como se pode perceber, essa crítica tem por base a heterogênea composição familiar encontrada nas diversas regiões do país em distintos momentos históricos. No entanto, a definição de patriarcalismo elaborada por Freyre está além da questão da extensão da família. Conforme mencionado anteriormente, o patriarcado refere-se a uma determinada gramática de sociabilidade, a qual é atravessada por relações de poder específicas, as quais estão centradas na posição social do senhor de terras.

> O patriarcalismo de Gilberto Freyre, concebido a partir do estudo dos engenhos de Pernambuco, tem grande força teórica porque sintetiza a arquitetura do poder gestado no conjunto das relações que ligavam os principais chefes da elite econômica aos seus familiares, aos seus (muitos) escravos, e à população de livres pobres que habitavam seus domínios e o entorno. Isso não significa afirmar a ausência de diferenças no interior da família senhorial, da escravaria e do grupo de livres pobres (MACHADO, 2006, p. 168).

Pode-se questionar a noção de patriarcalismo por ela apresentar-se, em muitos casos, como um conceito de dominação demasiadamente genérico, o qual pouco contribui para o entendimento de contextos específicos. Também se deve criticar a abordagem de Freyre a partir do momento que ele considera o poder patriarcal como uma forma de aproximação entre senhor-escravo que acaba por apaziguar as hierarquias constituintes desse binômio. Lendo a obra do sociólogo pernambucano, percebe-se que, à medida que determinados cativos constroem um vínculo com seus proprietários, parece ocorrer uma atenuação das fronteiras sociais entre essas duas categorias.

> Desde logo salientamos a doçura nas relações de senhores com escravos domésticos, talvez maior no Brasil do que em qualquer outra parte da América. A casa-grande fazia subir da senzala para o serviço mais íntimo e delicado dos senhores uma série de indivíduos – amas de criar, mucamas, irmãos de criação dos meninos brancos. Indivíduos cujo lugar na família ficava sendo não o de escravos mas o de pes-

> soas de casa. Espécie de parentes pobres nas famílias europeias. À mesa patriarcal das casas-grandes sentavam-se como se fossem da família numerosos mulatinhos. Crias. Malungos. Moleques de estimação. Alguns saíam de carro com os senhores, acompanhando-os aos passeios como se fossem filhos. Quanto às mães-pretas, referem as tradições o lugar verdadeiramente de honra que ficavam ocupando no seio das famílias patriarcais. Alforriadas, arredondavam-se quase sempre em pretalhonas enormes. Negras a quem se faziam todas as vontades: os meninos tomavam-lhe bênção; os escravos tratavam-nas de senhoras; os boleeiros andavam com elas de carro. E dia de festa, quem as visse anchas e enganjentas entre os brancos de casa, havia de supô-las senhoras bem-nascidas; nunca ex-escravas vindas da senzala (FREYRE, 2006, p. 434).

Conforme é perceptível na descrição e nos termos utilizados por Freyre, a questão do patriarcalismo escravo deixa de ser, a partir de um dado momento, uma analogia com as relações familiares para se tornar as próprias relações familiares. Historiadores questionarão essa perspectiva de Freyre quanto ao estabelecimento de relações de proximidade entre escravos e senhores. Robert Slenes (1997, p. 271), por exemplo, analisando as relações escravistas no oeste paulista cafeeiro, salientará a necessidade, por parte dos cativos, de se cultivar laços morais com pessoas de recursos, principalmente com seus proprietários, a fim de obter vantagens para si e para os filhos. Porém, diferentemente de Freyre, Slenes ressaltará os interesses dos próprios fazendeiros nesse tipo de relação. Segundo ele, os senhores de escravos do oeste paulista impunham sua dominação não somente pela força, mas também por meio da distribuição de favores e privilégios. Eles instituíam, junto da ameaça e da coação, um sistema diferencial de incentivos.

De acordo com Slenes, a proposta dessas ações era a de tornar os cativos cada vez mais dependentes, sobretudo por meio de obrigações morais como a gratidão. Melhores condições de trabalho, maiores chances de se conseguir alforria e a atenuação dos castigos físicos eram "privilégios" dos escravos que mantinham boas relações com seus proprietários. Tal situação, todavia, nem sempre acabava trazendo apenas benefícios. Essa maneira de se distribuir gratificações fazia com que os cativos ficassem subordinados a seus próprios projetos domésticos, pois as chances de melhorar de vida estavam atreladas aos laços de lealdade com seus superiores. Em suma, a lógica patriarcal, ao incentivar a aproximação do cativo para com o senhor, poderia, em muitos casos, acentuar ainda mais a dependência, tanto material como moral, dos subalternos.

Chalhoub foi outro autor que tratou das relações de dependência entre senhores e escravos utilizando-se da ideia de patriarcalismo. Por meio da análise da obra do escritor Machado de Assis,[6] Chalhoub (2003) afirmará que o patriarcalismo tornou-se a ideologia hegemônica na sociedade brasileira do século XIX. Mesmo reconhecendo os problemas pertinentes a tal conceito, o autor utiliza a ideia de patriarcalismo enquanto uma política de domínio que garantia a produção e a subordinação de dependentes. De acordo com ele, essa política de domínio estava assentada na inviolabilidade da vontade senhorial e na ideologia da produção de dependentes. O autor fala em inviolabilidade porque, segundo ele, a vontade do chefe de família, do senhor-proprietário, não pode ser contestada, uma vez que é essa vontade que organiza e dá sentido às relações sociais que a circundam.

---

6 Não entraremos no mérito de avaliar se o exame que Chalhoub faz dos escritos de Machado Assis está correto. Críticos afirmarão que o historiador projeta na obra do escritor a sua própria visão do que seria escravidão. Neste trabalho, o que nos interessa é exatamente a formulação, exposta por Chalhoub, acerca dos nexos entre escravidão e paternalismo.

A escravidão seria a situação de máxima dependência nessa sociedade em que o centro da política de domínio é a produção de dependentes. Senhor e escravo seriam os dois extremos de uma cadeia que começa na "independência absoluta", gozada pelo senhor, e termina na escravidão, na submissão completa, que seria a característica do cativo. Nesse tipo de representação, o subalterno é sempre visto como dependente, sendo o escravo o mais dependente dos dependentes. A um só tempo, a escravidão era, nesse sentido, a máxima dependência e o parâmetro que hierarquizava qualquer outro tipo de dependência. É a partir dessa perspectiva que, segundo ele, devem ser pensadas as relações interpessoais tecidas entre senhores e escravos.

> [o paternalismo] trata-se de uma política de domínio na qual a vontade senhorial é inviolável, e na qual os trabalhadores e os subordinados em geral só podem se posicionar como dependentes em relação a essa vontade soberana. Além disso, e permanecendo na ótica senhorial, essa é uma sociedade sem antagonismos sociais significativos, já que os dependentes avaliam sua condição apenas na verticalidade, isto é, somente a partir dos valores ou significados sociais gerais impostos pelos senhores, sendo assim inviável o surgimento das solidariedades horizontais características de uma sociedade de classes. Todavia, já há cerca de três décadas de produção acadêmica na área de história social para demonstrar que, se entendido unicamente no sentido mencionado, o paternalismo é apenas uma autodescrição da ideologia senhorial; ou seja, nessa acepção, o paternalismo seria o mundo idealizado pelos senhores, a sociedade imaginária que eles se empenhavam em realizar no cotidiano. Em textos famosos, escritos desde o início da década de 1970, Thompson e Genovese – este abordando um contexto em que também havia escravidão –, e depois muitos outros historiadores, mostraram que a vigência de uma ideologia paternalista não signifi-

> ca a inexistência de solidariedades horizontais e, por conseguinte, de antagonismos sociais. Em outras palavras, e para citar Rebecca Scott, outra especialista na história da escravidão, subordinação não significa necessariamente passividade, e 'os historiadores vêm encontrando numerosas maneiras de examinar as iniciativas dos escravos sem desconsiderar a opressão, de explorar a criação de sistemas alternativos de crenças e valores no contexto da tentativa de dominação ideológica, de aprender a reconhecer a comunidade escrava mesmo constatando o esforço contínuo de repressão a algumas de suas características essenciais'. As palavras de Scott ajudam a pensar não só a situação dos escravos, mas também a dos dependentes em geral, em sociedades em que havia a hegemonia política e cultural do paternalismo (CHALHOUB, 2003, p. 98).

Para Chalhoub, havia, no caso brasileiro, uma conexão estrutural entre a escravidão, isto é, o controle social exercido sobre trabalhadores escravos, e a política de domínio do paternalismo. Um dos aspectos centrais da política paternalista residia no fato da ação de alforriar ser uma prerrogativa exclusiva dos senhores. A liberdade, portanto, era uma concessão do senhor. Dito de outro modo, cada escravo tinha conhecimento que, excluídas as fugas e outras formas radicais de negação do cativeiro, sua esperança de liberdade dependia do tipo de relacionamento que mantivesse com seu senhor. A ideia era convencer os escravos de que suas chances de conseguir a liberdade passavam necessariamente pela obediência e fidelidade em relação aos proprietários. Além disso, se levarmos em conta o direito dos senhores em revogar alforrias já concedidas por motivos de ingratidão e o caráter condicional da maioria das cartas de liberdade, a concentração do poder de alforriar exclusivamente nas mãos dos senhores fazia parte de uma ampla estratégia de produção de dependentes, de transformação de ex-escravos em negros libertos ainda fiéis e submissos a seus antigos senhores.

No universo ideológico, se assim podemos dizer, a escravidão orienta a percepção de todas as relações desiguais como relações de dependência. Ela transforma a própria experiência da liberdade em algo que pouco tem a ver com autonomia ou direito à mobilidade, mas sim com segurança na dependência – ou com menor precariedade na dependência. De acordo com Chalhoub, quando você postula, assim como fez Roberto Schwarz, uma separação radical entre escravidão e favor, entre escravos e dependentes, tem-se uma dificuldade para entender como essa sociedade de fato funcionava. Chalhoub afirma que a sociedade brasileira do século XIX tinha na escravidão, e na consequente produção cotidiana de dependentes e de desigualdades sociais, sua principal forma de se organizar.

Em sua carta, Felício deixa espaço para a compreensão das expectativas de conduta que informavam a relação entre senhor e escravo através da lógica patriarcal. Na correspondência, o ex-escravo traça o vínculo construído com o Conde sempre a partir de uma perspectiva que demonstrasse a sua fidelidade ao senhor e, ao mesmo tempo, da posição e dos privilégios que desfrutava junto a ele. Quando passou a conviver com Antonio Carlos de Arruda Botelho, ainda muito jovem, Felício foi copeiro e logo passou a trabalhar na loja de secos e molhados que o Conde possuía em Piracicaba. Conforme descrito por ele, o trabalho exigia responsabilidades e confiança, mas, por outro lado, também possibilitava algumas regalias.

> Seu avô cazou com sua avó estabeleceu em Piracicaba um armazem de seccos e molhados. Eu de tanta atividade fui copero delle hia arrumar quarto delle encontrava Cinco mil reis aqui dez acola. Eu sempre dizia a elle eu tomo conta daqui acho guardo vem, outro vai o carrega e eu fico comprometido.

> Depos elle acho tãi sufficiente a minha pessoa me poz para cacheiro de barcão na loja. As couza miuda eu vendia mas quando era conta grande chamava elle na loja Eu quando era noite entregava a chave da loja a elle e chegava cedo eu abria a loja espanava e depois sentava na cadeira como um fidalgo a esper de quem viesse comprar, um anno levei esta vida assi depois elle abrio uma padaria eu com um preto que elle tinha e ahi ajustou um mestre francez para nos ensinar a fazer pão [...].

Felício fez questão de ressaltar que lidava diretamente com dinheiro do Conde, seja na loja ou na própria casa, mas nunca fez questão de roubá-lo. Nas entrelinhas, o ex-escravo buscava enfatizar que sempre agiu com lealdade perante o seu senhor, como era de se esperar de um escravo de confiança. Assim funcionavam, pelo menos do ponto de vista ideal, os códigos morais que regiam a lógica de reciprocidade dessa relação assimétrica.

Não durou muito, todavia, a vida de escravo urbano de Felício. Após permanecer cerca de oito meses como padeiro, ele se mudou junto com o Conde para as terras da família Arruda Botelho nos "sertões de Araraquara". Esse era o nome da região onde, entre os anos de 1785 e 1786, Carlos Bartholomeu de Arruda Botelho, avô do Conde, adquiriu duas sesmarias, uma por nomeação da Coroa e outra por meio de compra. Devido à grande presença de araucárias, árvore cuja semente é o pinhão, a junção dessas propriedades passou a ser chamada de sesmaria do Pinhal. Foi um dos filhos de Carlos Bartholomeu, o coronel Carlos José Botelho, também conhecido como "Botelhão", que construiu a primeira Casa de Morada na porção de terras herdada do pai, formando assim a fazenda do Pinhal. Seis meses antes do falecimento do "Botelhão", em 1854, a sesmaria foi dividida entre os filhos e coube ao futuro Conde a propriedade da fazenda.

Não se sabe como realmente se procedeu esse processo de partilha. Na carta escrita por Felício, há a menção a uma negociação envolvendo a mudança do Conde para a fazenda Pinhal, ocorrida ainda quando o "Botelhão" estava vivo, a qual não agradou um dos irmãos.

> [...] dahi 8 mez seu tio defunto snr João Carlos foi la na caza do Conde para cazarse com D. Mariquinha Coelho. Então elle formou uma viage até Limeira e as onze da noite cheguemos ao Pinhal seu briza avo falou que elle faz do negocio. A que for molhado eu vendo e a loja miuda na Araraquara, seu brisa avô respondeu ahi tropa e carro ahi tivemos dos dias e peguemos a tropa e carro e elle chegou la vendeu a padaria e o armazem e a fazenda e imfardemo e levamos para Araraquara. E seu tio ficou mal com elle um anno. Os dous já morreu Deus que tenha sua alma na Glória.

Nas palavras de Felício, deixa-se transparecer que o "negócio" supracitado tem a ver a apropriação da fazenda Pinhal por parte do Conde. Mesmo sem saber detalhes sobre a referida negociação, o descontentamento do irmão, ao que tudo indica, está relacionado a um possível interesse do mesmo na propriedade.

O fato aqui é que a vinda de Antonio Carlos de Arruda Botelho trouxe profundas consequências tanto para a vida de Felício como para a região como um todo. A formação de uma população estável iniciou-se, no território aonde viria a se formar o município de São Carlos, ainda na primeira metade do século XX, quando surgiram as primeiras fazendas comerciais. Durante esse período é que surgem propriedades, tocadas pelo braço escravo, que se dedicarão ao cultivo de cana-de-açúcar e de gado. Quando da vinda da família do Conde, predominava na fazenda Pinhal essa forma de agropecuária, embora já houvessem sido plantados os primeiros pés de café na década de 1840. Dois anos depois, em 4 de novembro de 1857, ocorre a fundação oficial de São Carlos do Pinhal, vila que até então pertencia ao município de Araraquara. O vilarejo obteve esse nome devido ao fato de estar localizado aos redores da capela de São Carlos, que foi construída a partir da doação de terras feita pela família Arruda Botelho durante os tempos da sesmaria. O nome da capela também está conectado com a família do Conde, uma vez que São Carlos Borromeu é o santo padroeiro da mesma.

Na segunda metade do século XIX, a cafeicultura se torna a principal atividade não somente da propriedade do Conde e dos arredores de São Carlos, mas de toda a economia do oeste paulista. O café tomou para si o domínio das paisagens locais e, em seguida, contribuiu decisivamente para a ascensão econômica da região no fim do Império. A ascensão da economia cafeeira foi também a responsável pelo processo de autonomia político-administrativa que culminou, em 1880, com a elevação de São Carlos à categoria de município independente. O Conde do Pinhal foi muito ativo politicamente em toda essa conjuntura. Eleito deputado provincial pelo Partido Liberal em 1864, ele foi sempre um grande incentivador da autonomia da região de São Carlos, que ampliara vertiginosamente suas plantações de café durante o período. Após ter participado da Guerra do Paraguai, sendo nomeado, inclusive, Comandante Superior da Guarda Nacional, o Conde voltou suas atenções para o desenvolvimento local da economia cafeeira.

Para tanto, foi responsável direto pela integração de São Carlos à malha ferroviária do Estado de São Paulo. No início da década de 1880, a Companhia Paulista havia manifestado interesse em ampliar seus trilhos além de Rio Claro, município localizado entre Limeira e São Carlos, mas o traçado proposto era contrário aos interesses de alguns fazendeiros. Depois de negociações com o governo e diante das pressões de cafeicultores, encabeçadas por Antonio Carlos de Arruda Botelho, que na época era deputado provincial, a Paulista abdicou da concessão de prolongamento da ferrovia. Sendo assim, em 1882, o Conde comprou, com capital próprio e de outros fazendeiros, parte dessa concessão, elaborou um novo projeto e a estrada de ferro pôde, enfim, ser concluída. Eles formaram, então, a Companhia do Rio Claro de Estradas de Ferro, sendo o trecho entre Rio Claro e São Carlos inaugurado em 1884, ano em que se encerrava o mandato do Conde como presidente da Câmara provincial.[7] Ao conectar o município ao porto de Santos, a chegada da ferrovia em São Carlos foi o passo decisivo para que as plantações de café do município pudessem consolidar definitivamente a sua ascensão.

Nesse espaço de tempo, o Conde do Pinhal constituiu outras fazendas em suas terras, todas elas contando com o trabalho de Felício. "Eu fui companhero de abrir a fazenda de seu pae. Eu fui companheiro de abrir a fazenda S. Antonio. Fui companhero de abrir o parmitar. Fui companhero de abrir fazenda Serra. Fui companheiro de abrir a fazenda Boa Vista." À medida que a economia cafeeira prosperava, surgia ao mesmo tempo a necessidade de mais mão de obra. Assim como a família Arruda Botelho, vários dos fazendeiros que abriram fazendas na região de São Carlos eram provenientes de municípios mais antigos do Estado de São Paulo, como Piracicaba, Itu e Campinas. Tal qual o caso de Felício, alguns deles não abriram mão de trazer escravos de outras propriedades que lhes pertenciam. No entanto, a expansão da lavoura cafeeira exigia a compra de mais cativos. "[...] dahi a cinco mez e compro 6 escravo a 11 mez compro 16 escravo 12 dahi a doze mez 28 escravo [...]", escreveu Felício sobre a crescente necessidade de mais escravos encontrada pelo seu senhor.

Conforme mencionado anteriormente, foi o comércio interprovincial de escravos que abasteceu a economia cafeeira do oeste

---

7 Essa companhia foi vendida, em 1889, para a Rio Claro Railway Co., que depois a revendeu à Cia. Paulista de Estradas de Ferro.

paulista com mais cativos. São Carlos não foi exceção. O Conde viajava com certa frequência ao Rio de Janeiro, onde se concentravam os comerciantes de escravos, sobretudo no "Mercado do Valongo", maior mercado de cativos do país durante a época. Era lá que se encontravam cativos comprados de diversas províncias do país, mas principalmente do Nordeste. Em carta datada de julho de 1876, isto é, em um momento em que o comércio interprovincial já dava sinais de crise, o proprietário são-carlense descrevia a grande oferta de cativos presente na capital imperial. "Estou na dúvida de comprar escravos, visto que se não conseguir o arranjo que pretendo das letras, não os comprarei para não me envolver: há muito escravo para vender e os fracos estão baratos" (BOTELHO, 2000).

Felício acompanhou o seu senhor em diversas dessas viagens. Em uma dessas idas ao Rio de Janeiro, inclusive, o Conde adquiriu aquela que seria a sua futura companheira, uma escrava de nome Joaquina. "[...] sendo a rapariga Joaquina minha mulher para ser criada de Sinha." Ela foi, por muitos anos, cozinheira e criada na casa de Antonio Carlos de Arruda Botelho. Brandão (2012) cita passagens de um livro de memórias da família Botelho nas quais o talento culinário da escrava é elogiado por aqueles que frequentavam essa propriedade.

> D. Francisca Theodora, primeira espôsa do Coronel Antonio Carlos e mãe do senador e célebre cirurgião Dr. Carlos Botelho, faleceu quando, em viagem de negócios, adquirindo escravos para a sua Fazenda do Pinhal. Entre esses escravos – conta o Felício – encontrava-se a futura mulher dêste, a escrava Joaquina, que foi cozinheira durante longos anos do Pinhal. Ignoro se tiveram filhos [...] O cotidiano da Casa [Pinhal] era movimentado. Trabalhava no fabrico do pão, queijo, doces e biscoitos. Os queijos eram feitos por Joaquina, mulher de Felício e, de-

> pois, por Maria Quitéria e eram afamados (citado por BRANDÃO, 2012).

Felício e Joaquina casaram-se em 12 de maio de 1862 e, ao que tudo indica, não tiveram filhos. As testemunhas do matrimônio foram Miguel, um escravo do próprio Conde, e um homem livre chamado Francisco de P. Flor. Felício foi escolhido pelo Conde para ser feitor desde muito jovem. A princípio, auferir de tal posição não foi algo que lhe agradou. "Eu quando tinha 14 annos elle [o Conde] acho o sufficiente pra ser feitor eu chorei nos pez delle que não queria ser feitor mas elle disse que escravo faz o que a senhoria manda (...)". É provável que essa indisposição de Felício esteja ligada ao fato da ocupação de feitor predispor um relacionamento tenso com os outros escravos. De um modo geral, cabia ao feitor disciplinar os cativos, sendo ele a materialização do poder do senhor na ausência deste último. No entanto, se os cativos mais próximos dos fazendeiros eram os que desfrutavam de maiores benefícios, eles também não podiam dispensar a amizade, ou pelo menos a consideração, de seus parceiros escravos. Caso contrário, corriam o risco de sofrerem atitudes de revanchismo. Isso era muito comum quando cativos exerciam a função de feitor. Muitos escravos não gostavam de receber ordens de outro escravo, pois, pelo menos do ponto de visto legal, os dois gozavam do mesmo estatuto social. Sendo assim, vínculos com outros escravos não podiam ser dispensados nem mesmo por aqueles que desfrutavam de uma melhor posição perante os senhores.

É bem possível que Felício não se considerasse apto, aos 14 anos de idade, a tomar de conta de outros cativos, vários deles muito mais velhos. A fala do Conde, no entanto, ao promulgar que "escravo faz o que a senhoria manda", era uma forma de demarcar o lugar social de Felício naquela relação, por mais que ele se sentisse próximo do seu proprietário. Como assinalou Slenes (1997), os cativos do oeste paulista viviam em um mundo de força e de favor, onde deviam tomar o máximo de cuidado na construção de suas redes de afinidades. A escolha de parceiros e a execução de estratégias de vida nem sempre correspondiam, tomando as relações de sociabilidade desses sujeitos um caráter imprevisível. Felício parece que conseguiu equilibrar suas relações de modo a continuar a desfrutar da confiança do Conde e, ao mesmo tempo, preservar laços com outros cativos.

De acordo com a documentação pesquisada, ele não deixou, ao longo dos anos, de institucionalizar vínculos com a escravaria pertencente ao Conde. No dia 14 de fevereiro de 1869, por exemplo, Felício e João, também cativo do Conde do Pinhal, foram testemunhas do casamento de "Rofino" e Thereza, escravos africanos que pertenciam ao mesmo senhor.[8] Menos de um ano depois, em 9 de janeiro de 1870, Felício, agora juntamente com sua esposa Joaquina, batizaram o supostamente primeiro filho desse casal, um menino de nome Bonifácio. Felício e Joaquina também batizaram, no dia 31 de janeiro de 1870, a filha de Eduardo e Maria, cativos de Carlos José Botelho, filho do Conde. Passados quinze dias, Felício e Joaquina tornaram-se padrinhos novamente, agora de Joana, filha de Eduardo e Maria, outro casal de escravos do Conde.

Concomitantemente ao estabelecimento desses vínculos, Felício conseguiu manter uma relação estreita com o seu senhor, a ponto de ser reconhecido pela sua fidelidade ao mesmo. De acordo com Brandão (2012), um livro do neto do Conde traz relatos de membros da família acerca de Felício, os quais o classificam como o "escravo de confiança, grande, fiel amigo do Conde do Pinhal, por quem nutria verdadeira estima e veneração". Segundo esses registros, ele "apelidava-se", a princípio, de Felício de Arruda, passando a se

8 Todos os registros de casamento e batismo citados ao longo deste trabalho fazem parte do Acervo da Cúria Diocesana de São Carlos.

chamar, posteriormente, Felício de Arruda Botelho. Com o passar do tempo, ele preferia mesmo é ser chamado de Felício do Conde do Pinhal. Exageros à parte, Felício logrou, ao que tudo indica, construir relações interpessoais capazes de abrirem brechas para que ele se movimentasse nas teias de dependência da escravidão. Durante boa parte de sua vida, ele conseguiu, dentro do possível, amenizar certas opressões advindas do cativeiro. Ocupou o cargo de feitor por um longo período, casou-se, viajava com o senhor, alfabetizou-se. A maioria dos escravos não alcançava essas condições. Para tanto, além de um contexto individual e familiar que lhes autorizasse, era preciso ter habilidade social para lidar com complexos jogos de poder.

A vigência do enredo da dominação paternalista não significava que os subordinados estavam passivos ou eram incapazes de perseguir objetivos próprios. Tratava-se de uma arte arriscada, que ratificava a ideologia paternalista na aparência mesmo quando a contestava nas entrelinhas. Arte de sobrevivência em meio à tirania e à violência, exercida no centro do perigo, a busca dos escravos por melhores condições de vida envolvia a capacidade de atingir objetivos importantes utilizando de forma criativa – e reforçando, ao menos aparentemente – os rituais associados à própria subordinação. Assim se processava a atuação política dos escravos no cotidiano.

> A ideologia de sustentação do poder senhorial incluía a imagem de que aquela era uma sociedade em que os pontos de referência – ou seja, de atribuição e formulação de consciência de lugares sociais – definiam-se todos na verticalidade. No mundo construído por tal ideologia, mundo sonhado, a medida do sujeito são as relações pessoais nas quais está inserido. Não existe lugar social fora das formas instituídas – formalmente, mas também pelo costume – de hierarquia, autoridade e dependência. Os sujeitos do poder senhorial concedem, controlam uma espécie de economia de

> favores, nunca cedem a pressões ou reconhecem direitos adquiridos em lutas sociais. Fora dos referenciais da verticalidade, haveria apenas pulverização, átomos sem existência social. Em outras palavras, na ideologia do paternalismo, tomada em seus próprios termos, de modo transparente, é central o sentido de encobrimento de interesses e solidariedades horizontais entre os "dominados", "subordinados", "subalternos", "dependentes" – ou sei lá o que mais, e cada um escolha a expressão que lhe aprouver. O que interessa é notar que, em semelhante acepção, o paternalismo é apenas o mundo idealizado pelos senhores, a sociedade imaginária que eles sonhavam realizar no cotidiano – sonho impossível (CHALHOUB, 2003, p. 195).

Os escravos circulavam habilmente no interior da lógica senhorial, galgando suas estratégias e, dessa maneira, subvertendo a política de domínio. Eles alcançam seus próprios objetivos mantendo os senhores presos à crença enganosa de que tudo deriva exclusivamente da vontade deles senhores. Assim, corroem os alicerces da política de domínio paternalista, embora na aparência a estivessem reforçando. Os escravos, baseados em suas experiências nas relações verticais com seus senhores, conseguiram, algumas vezes, valer-se do discurso hegemônico da classe senhorial para conseguir benefícios pessoais e, assim, redimensionar a sua realidade de dependência.

No cotidiano da dominação, o próprio proprietário não podia enxergar seus dependentes como passivos. Para governar os seus escravos, o senhor de terras e de gente tinha de lidar politicamente com os mesmos. Isso significa que deveria observá-los como sujeitos políticos capazes de impor limites às suas práticas de dominação – como os castigos físicos, por exemplo – e como agentes de determinadas demandas – a liberdade seria, no caso dos escravos, a principal delas. O senhor de escravos tinha a prerrogativa da violência; podia torturar seus trabalhadores, comprá-los e vendê-los, bem como decidir sobre a libertação dos mesmos. Porém, também percebia que essas prerrogativas eram regradas por tensões cotidianas e informadas pela percepção que os escravos tinham de sua própria condição, o que impunha certos limites ao modo como esse domínio era exercido. Na visão de Chalhoub, nenhum senhor de escravos jamais poderia impor suas prerrogativas sem reconhecer no escravo um sujeito político, com o qual ele tinha de lidar. Os proprietários tinham, necessariamente, de levar isso em conta na barganha da lealdade dos seus subalternos.

O próprio Conde do Pinhal, escrevendo em junho de 1864, alertava sua segunda esposa para tomar cuidado no trato com os escravos. "Não esteja a conservar muitos negros em casa." Possivelmente, o Conde percebia na sua ausência uma abertura para que escravos pudesse se rebelar, ainda mais estando em casa apenas a sua jovem esposa.

Em uma carta de fevereiro de 1865, ele faz uma clara associação entre o casamento dos escravos e o desempenho dos mesmos no trabalho. "É preciso não se descuidar de Felício assim como dos mais doentes, pois quanto menos atenção houver no tratamento deles maior será a demora deles em casar, e por isso mais prejuízo teremos em seus serviços." Permitir o casamento de cativos era uma das práticas presentes na economia de favores estabelecida entre senhores e escravos. Ao mesmo tempo em que a formação de uma família representava, para o cativo, menor privação material e emocional, ela instituía uma maior dependência para com o proprietário, que poderia retirar esse privilégio quando bem entendesse. Além do mais, indispor-se contra o casamento de um escravo poderia fazer com que este último pudesse passar a boicotar o trabalho e, em último caso, a fugir.

Como sabemos, o entendimento dos escravos como atores políticos torna-se um consenso ao longo da segunda metade do século XIX, quando as contestações ao regime escravista chegam ao seu ápice. A partir sobretudo da década de 1870, a política de domínio dos fazendeiros começa a entrar em colapso e o fim definitivo da escravidão não tardaria a achegar. Chalhoub (2010) demarca a Lei do Ventre Livre, promulgada em 1871, como um marco para a quebra da política de produção de dependentes que era aplicada até então pelos proprietários. Essa lei, segundo ele, colocou em xeque, ao permitir o pecúlio de escravos, a representação da alforria como uma dádiva do senhor, contribuindo assim para a falência daquele que era um dos pilares da instituição escravista: a autoridade moral dos senhores sobre os escravos. Conforme mencionado anteriormente, vigorava até então o princípio da inviolabilidade da vontade senhorial; cada conquista dos escravos – cultivo de uma roça própria, constituição da família, formação do pecúlio, alforria etc. – figurava como um privilégio individual concedido pelo senhor, o qual, em troca, demandava dedicação e fidelidade. A lei de 28 de setembro de 1871 transformou várias dessas concessões em direitos, sendo os senhores obrigados a reconhecê-los.

O deputado Perdigão Malheiro, contrário à aprovação da lei de 1871, proferiu, durante os debates legislativos, a seguinte frase: "Tirai ao pai este direito sobre o filho, tirai ao marido este direito sobre a mulher, proclamai a emancipação da mulher e dos filhos, onde irão parar as relações de família, a ordem social, e todas as suas conseqüências?" Chalhoub (2003) interpreta essa fala de Malheiro como uma preocupação acerca do fato de, ao se instituir a alforria forçada, a força moral do senhor sobre o escravo perder boa parte de sua eficácia. Afinal, a detenção do poder exclusivo de alforriar nas mãos dos senhores era essencial para garantir a subordinação dos escravos e a gratidão dos libertos, pois os negros deveriam transitar da escravidão para a liberdade em situação de dependência.

Malheiro dizia ainda que a alforria forçada consistia em ameaça não apenas à ordem econômica, mas também "à paz das famílias".

Para completar, temia ainda a manipulação da lei por vizinhos inimigos, podendo transforma-se até mesmo "arma eleitoral". Nesse ponto, o jurista enxergava perigo no fato de a lei permitir que o escravo recebesse doações e legados para constituir pecúlio. De acordo com ele, fazendeiros poderiam promover a alforria dos melhores cativos de seus desafetos, assim como utilizar tais doações destinadas à alforria para recrutar libertos dependentes, tramar votos e aliciar capangas nos períodos eleitorais. Para Chalhoub, Malheiro conseguiu, através desse discurso, delimitar exatamente o que estava em jogo, ou seja, um determinado modo de produzir subordinação social – de escravos, mulheres, filhos e dependentes. A ficção da inviolabilidade da vontade senhorial estava no centro dessa forma de reproduzir desigualdades. Com o rompimento de tal representação, consubstanciada na instituição da alforria forçada, a política de dominação paternalista sofria um considerável abalo.

É certo que Chalhoub subestima o fato de a possibilidade de se formar pecúlio estar, na maioria das vezes, também à mercê da própria vontade senhorial. Conforme salienta o historiador, a compra da alforria era uma prática que existia, como uma espécie de direito costumeiro, bem antes de 1871. Para acumular economias capazes de libertá-los da condição de cativo, os escravos necessitavam de trabalhos extras para ter acesso a bens monetários. Nem sempre, entretanto, a realização de tais trabalhos era de interesse dos senhores, quase sempre interessados em manter o monopólio sobre o trabalho de seus escravos. Mesmo que pudessem juntar economias de outras formas, o alto valor das alforrias também poderia impedir a liberdade a curto prazo. Como alternativa a esse cenário, muitos escravos recorriam ao pagamento de alforrias por meio de seus próprios serviços, o que representava a constituição de novas relações de dependência. Contraindo empréstimo com terceiros para comprar sua alforria, uma vez que não dispunha de outros recursos para arcar com o valor da dívida, o escravo poderia fazer contratos de locação de serviço com seu credor.

Ao conseguir dinheiro em troca de trabalho, parece que a condição social não costumava, em muitos casos, alterar-se significativamente. Os contratos os obrigavam a levar um cotidiano semelhante à antiga condição escrava. Tanto a duração do acordo, que poderia ser de alguns anos, quanto as atividades laborais, e até mesmo as penas para aqueles que descumprissem alguma cláusula dos contratos, eram resultado de negociações entre libertandos e credores. As condições dessa negociação, entretanto, poderiam ser muito desiguais e desfavoráveis para os recém-libertos. Esse tipo de contrato significava quase sempre um prolongamento da exploração do trabalho, uma vez que os libertos ainda eram submetidos a condições similares à escravidão. Em suma, nem sempre ser um homem livre significava ter acesso à liberdade, assim como nem sempre o escravo que conseguia comprar sua liberdade estava livre da situação de dependência.

Porém, sem deixar de considerar os limites dessa medida, também não podemos nos abster de pensar sobre o peso que a institucionalização do pecúlio em lei teve na limitação do poder privado, e portanto, unilateral, dos senhores. Parece que, após a instalação da lei de 1871, os proprietários tornaram-se mais flexíveis quanto à possibilidade dos escravos trabalharem em troca de dinheiro. Na fazenda Palmital, de propriedade de Antonio Carlos de Arruda Botelho, encontra-se uma lista, datada de 1885, com o registro de uma série de pagamentos feitos a cativos (BRANDÃO, 2012). Em um momento onde a dominação senhorial estava sendo contestada em diversos planos, essa monetarização do trabalho escravo durante os últimos anos da escravidão indica a necessidade, por parte dos senhores, de colocar o pecúlio como realidade possível, nem que seja apenas de forma aparente, para os cativos.

No caso específico de São Carlos, a derrocada do escravismo, como não poderia deixar ser, trouxe profundas consequências sociais, especialmente para o perfil demográfico da população. De acordo com um levantamento nominativo realizado na província de São Paulo durante o ano de 1886, dos 16.104 habitantes do município de São Carlos, 5.950 (37%) foram arrolados como pretos ou pardos. Mais da metade desse contingente (2.982), por sua vez, permanecia sob o jugo direto da escravidão. Outros 1.277 foram classificados como ingênuos, isto é, eram filhos(as) livres de mães escravas. Em sendo assim, temos que, apenas dois anos antes da abolição formal do cativeiro, no mínimo 80% (4.259) dos pretos e pardos de São Carlos mantinha uma conexão direta e/ou familiar com a escravidão. Segundo um relatório da então Presidência de São Paulo, divulgado em 10 de janeiro de 1888, São Carlos do Pinhal contava com 3.733 escravos. Na região, esse número era inferior apenas aos encontrados em Rio Claro (4.866), mas superior ao de Araraquara (1.811), de quem São Carlos fora desmembrada, Brotas (1.237), Descalvado (2.678) e Limeira (3.399). Ao todo, a província de São Paulo contava, às vésperas da abolição, com 167.491 cativos.

O perfil da população são-carlense começa a mudar, entretanto, a partir desse momento. Na década de 1880, ancorada na política de subsídio estatal, a vinda de estrangeiros para o trabalho nas lavouras de café do município tornou-se intensa. Entre os anos de 1893 e 1907, o município recebeu diretamente da Hospedaria de Imigrantes de São Paulo em torno de 26.918 trabalhadores estrangeiros, sendo que a maioria deles teve como destino as fazendas de café dessa localidade (TRUZZI & BASSANEZI, 2009, p. 200). Em 1895, São Carlos alcançou o primeiro lugar entre os municípios do interior paulista no número de atração dos imigrantes (idem, p. 58). É certo que eles começaram a chegar às fazendas de café do município antes mesmo da política imigratória elaborada pelo governo paulista. Provavelmente inspirado na experiência do Senador Vergueiro, o Conde, em uma iniciativa individual, alocou, no ano de 1876, cerca de 100 famílias alemãs em uma de suas fazendas. Antes disso, ainda em março de 1865, ele parecia já estar disposto a experimentar o trabalho de imigrantes. "São portadores desta pois dois moços alemães que vão juntos para trabalharem no campo; por isso logo que eles aí cheguem, mande-lhes dar cômodos embaixo do sobrado, trate-os bem e que vão trabalhando no campo com o Zeferino" (BOTELHO, 2000).

Foi somente após a adoção da política de subsídio, todavia, que o fluxo de estrangeiros redimensionou as características demográficas da região. Em 1886, os estrangeiros que habitavam o município correspondiam a apenas 12,7% do total da população. No entanto, de acordo com o recenseamento municipal compilado no ano de 1907, os imigrantes passaram a representar quase 40% do total de habitantes da região. Por outro lado, os pretos e mulatos (categorias raciais utilizadas nesse último levantamento) não ultrapassavam 12,5% desse contingente. Como se pode perceber, o percentual de negros diminuiu cerca de 25% em um relativamente curto período de tempo. Em 1898, dez anos apenas após a abolição, os imigrantes representavam cerca de 85% do total de trabalhadores rurais de São Carlos (TRUZZI, 2000, p. 56).

> Menos de duas décadas após a abolição do cativeiro, a população de São Carlos, que entre 1886 e 1907 quase duplicou, teve sua composição racial alterada significativamente, graças ao grande afluxo de imigrantes europeus e, provavelmente também, ainda que em bem menor grau, à saída de ex-escravos do município (TRUZZI & BASSANEZI, 2009, p. 200).

Até o início da década de 1930, mesmo com inconstâncias, o fluxo imigratório para São Carlos permaneceu bastante significativo. Os italianos formavam a maior parcela dos que se fixaram no município até 1904. A partir de então, assiste-se ao aumento dos números da imigração espanhola, a qual ultrapassa a chegada de italianos até a eclosão da Primeira Guerra Mundial. No pós-guerra, há um equilíbrio na composição nacional dos imigrantes que vieram para São Carlos (TRUZZI, 2000, p. 56-58). Contudo, a chegada massiva de imigrantes não significou, de imediato, a eliminação de toda mão de obra escrava. Assim como no oeste paulista como um todo, os primeiros estrangeiros trabalharam, até a eliminação do escravismo, ao lado de muitos escravos. Muitos desses últimos, inclusive, ainda permaneceram trabalhando nas lavouras (TRUZZI, p. 51-52), o que fez com que os negros constituíssem, no ano de 1889, mais da metade da mão de obra agrícola nacional no município (HOLLOWAY, 1984, p. 259).

Logo depois do 13 de maio de 1888, muitos libertos deixaram a fazenda Pinhal e se assentaram próximo à entrada da cidade de São Carlos, fundando o bairro de Vila Isabel, até hoje um dos principais espaços com concentração de negros no município (TRUZZI, 2000, p. 52). Todavia, nem todos os libertos deixaram a fazenda, sendo que outros, ao que parece, provavelmente retornaram depois de algum tempo. Em outubro de 1890, 22 libertos – ou prováveis libertos, uma vez que estavam identificados somente pelo nome próprio – receberam salários na fazenda Pinhal. Na fazenda Palmital, mais de dois terços dos ex-escravos lá permaneciam em 1889 (TRUZZI, 2000, p. 51-52).

De acordo com as cartas escritas pelo Conde, mesmo com a política imigratória em curso, o imediato pós-abolição foi um momento difícil. Em 1886, ele ainda nutria confiança na viabilidade do escravismo, haja vista que propôs à Assembleia Legislativa a revogação do imposto sobre a introdução de escravos novos na província. "Os jornais tanto da Corte como alguns da Província muito têm se ocupado de um projeto que apresentei à Assembleia de revogação do imposto sobre a entrada de escravos na Província. É conselho sem efeito, que nenhum incômodo me causa e por isso não se incomode com o que ler por aí" (BOTELHO, 2000). A suposta "ocupação" da imprensa com o projeto deve-se, com certeza, ao fato da persistência da escravidão já estar encontrando uma ampla resistência durante essa época.

Em fevereiro de 1888, porém, o Conde começava, diante dos embates políticos recentes, a demonstrar o seu pessimismo quanto à continuidade do regime servil. Escrevendo da fazenda Pinhal, ele afirma: "Tudo se acha ainda em sossego em relação aos escravos porém a vista do sítio em que estou me parece que não poderei deixar de fazer alguma coisa mais em favor deles". Ao final da colheita de café do ano de 1888, a primeira após o fim definitivo da escravidão, o Conde contabilizou os danos devido à falta de mão de obra: "O nosso prejuízo este ano é horroroso. Creio que teremos acima de 20 mil arrobas do café que não poderemos levantar do campo além do deterioramento na qualidade de outro tanto (BOTELHO, 2000)." A falta de trabalhadores prejudicava até mesmo a plantação de gêneros alimentícios para o próximo ano. No início de novembro, escreveu que "se não pudermos neste mês aprontar alguma roça ficaremos sem milho para comer para o ano em todas as fazendas".

Do ponto de vista da experiência dos ex-escravos, o pós-abolição é um momento de afirmação do novo estatuto jurídico-social. Muitos preferiram fazer isso através do desligamento das fazendas em que trabalhavam anteriormente. Continuar trabalhando e vivendo no mesmo local onde foram escravos representava, para eles, um prolongamento do cativeiro. Afastar-se da condição de escravo significava, nesse sentido, afastar-se das relações sociais que cristalizaram tal condição. Para os que optaram por essa decisão, a migração para áreas urbanas, até mesmo de outros municípios, constituiu-se como uma alternativa. É evidente, no entanto, que os projetos de vida delineados pelos libertos no pós-emancipação não dependiam exclusivamente do desejo e da vontade dos mesmos, mas sim das reais condições para que eles pudessem ser viabilizados.

Migrar para outras localidades, com o intuito de romper os antigos vínculos que os ligavam aos ex-senhores ou então em busca de novas relações de trabalho, foi uma forma de efetivar a liberdade. Devido às difíceis condições de sobrevivência, no entanto, muitos libertos que deixaram as fazendas acabaram retornando mais tarde. Essas escolhas migratórias ocorreram, ainda, em meio ou em contraposição aos desejos e planos de quem pretendia traçar para os libertos outros destinos. No Recôncavo baiano, por exemplo, antigos senhores, sentindo à falta de mão de obra que assolava as fazendas, procuravam impor velhas e novas condições de sujeição aos seus trabalhadores. As iniciativas dos libertos baianos, os quais almejavam ampliar as suas alternativas de sobrevivência fora dos limites dos antigos engenhos, chocavam-se com as pretensões dos fazendeiros em torná-los trabalhadores dependentes.

> Na verdade, as disputas entre ex-escravos e antigos senhores sobre 'direitos' de uso e acesso a recursos existentes nas propriedades, ou sobre alternativas de sobrevivência forjadas à margem da grande lavoura de cana, foram a face mais evidente de conflitos mais profundos ligados à definição dos limites e a possibilidades da condição de liberdade (FRAGA FILHO, 2006, p. 166).

Ao alcançarem a liberdade, pouquíssimos libertos contavam com recursos materiais suficientes para dar início a uma nova trajetória de vida. É nesse ponto que os recursos relacionais são de extrema importância. Estudos têm mostrado o caráter central das redes sociais para a ascensão social de ex-escravos. Examinando a trajetória de Domingos Sodré, um liberto africano que ascendeu socialmente por meio do candomblé, João José Reis (2008, p. 282-288) constatou a importância dos vínculos pessoais na biografia desse sujeito. A trama se passa na Bahia oitocentista, contexto o qual, como relata o historiador, Sodré soube interpretar e, a partir daí, construir um percurso que vai do cativeiro até a sua transformação em senhor de escravos. O ex-cativo foi capaz, na visão de Reis, de codificar as relações de força em que estava inserido e usá-las a seu favor. Sodré firmou uma série de alianças tanto com escravos e negros libertos como com pessoas livres e de posses. Suas redes sociais extra-africanas, relata o autor, foram essenciais para que ele pudesse circular pelo "mundo dos brancos", mesmo sendo africano. Possuindo como padrinhos pessoas respeitáveis na freguesia e tendo a sua casa frequentada por pessoas bem vestidas e engravatadas, Sodré conseguiu cultivar laços que o auxiliaram na expansão da sua clientela e na sua defesa perante as acusações de feitiçaria que sofreu.

Sodré foi, obviamente, uma exceção, sobretudo no que diz respeito aos escravos rurais. Aqueles que deixavam a propriedade onde trabalharam como escravos necessitavam de suporte (material, habitacional, informacional, emocional) para se fixarem em um outro local. Por isso que, para aqueles que nutriam um vínculo mais próximo com os senhores, a continuidade na fazenda onde foram escravos apresentava-se como uma possibilidade interessante. Para outros, essa talvez tenha sido a única opção. Nesse caso, a liberdade não era necessariamente o rompimento de relações com o antigo senhor, mas a sua redefinição em outros termos. São Carlos, no entanto, possuía o agravante de ter recebido uma grande quantidade de imigrantes, o que diminuiu consideravelmente a oferta de emprego para os negros nas fazendas da região. Conforme já ressaltado por Andrews (2002), isso minou o poder de barganha dos libertos no que se refere ao estabelecimento de novas relações de trabalho no pós-abolição.

Felício, o "escravo fiel do Conde", permaneceu, como era de se esperar, trabalhando na fazenda Pinhal após conseguir a sua liberdade. Ele e Joaquina, aliás, foram libertados um ano antes da abolição, através de uma carta de liberdade coletiva.

> "Carta de Liberdade: Pela presente concedemos carta de liberdade, com a clausula de prestação de serviços por dous annos, aos nossos escravos seguintes: (...)

ESCRAVO	ID	NRO	ESCRAVO	ID	NRO
Felício	40	2776	Joaquina	40	2761
Rufino	40	2716	Thereza	35	2774
João	40	2756	Brazilia	40	2762
Manoel	40	2763	Celestina	40	2786
Alfredo	23	2782	Josefa	34	2919

> Para documentos dos libertos acima mencionados mandamos passar a presente que assignamos Fazenda do Pinhal em vinte e tres de abril de mil oitocentos e oitenta e sete. Visconde do Pinhal. Viscondessa do Pinhal. Averbada a folhas setenta e sete. O Collector Aranha. O escrivão Silva Braga. Nada mais em dita carta de liberdade, cujo original me reporto em mão e poder do apresentante Liberatto de Mattos que a tornou a receber do que dou fé. S. Carlos do P [inh]al, 19 de 8bro de 1887. Eu Joaquim Jose da Silva, tabelião o escrevi. Liberato de Mattos. (FPM, 1887)".

Primeiramente, cabe destacar que todos os casais de escravos alforriados nessa carta formavam um círculo de cativos que estava já há um longo tempo sob a propriedade da família Arruda Botelho. Rufino e Thereza já foram aqui mencionados. Eles se casaram em 1869 e tiveram Felício como testemunha, além de terem entregado, um ano depois, o filho para Felício e Joaquina batizarem. Em 13 de junho de 1884, eles batizaram outro filho, de nome

Faustino, e tiveram como padrinhos o "Dr. José d'Arruda Botelho e D. Elisa Candida de Arruda Botelho", genro e filha do Conde, respectivamente. Rufino estava classificado "trabalhador de roça" e Thereza como "mocama". Manoel e Celestina, africanos, firmaram matrimônio em 6 de fevereiro de 1865. Eles tiveram um filho, Antonio, batizado no dia 24 de agosto de 1864, cujos padrinhos foram João e Brazilia. Alfredo e Josepha, o casal mais jovem, são naturais de uma "província do norte" e casaram-se em 1883.

Assim como Felício e Joaquina, portanto, pelo menos outros três casais libertados estavam há muito tempo trabalhando com o Conde, sendo que alguns deles possuíam vínculo com a própria família Arruda Botelho. Quatro desses casais tinham, de acordo com a carta de libertação, por volta de 40 anos de idade na época. Tal fato demonstra que o projeto de liberdade, que estruturava muitas das ações e estratégias delineadas pelos escravos, era algo que demandava tempo. A construção de um vínculo de confiança e lealdade, o qual pudesse ser recompensado com a alforria, não era algo que pudesse ser edificado da noite para o dia. Além do mais, nesse caso específico, devemos estar atento ao contexto em que a libertação foi estabelecida. Em 1887, a apenas um ano da assinatura da Lei Aurea, já se discutia apenas quando, e de que forma, a abolição definitiva se processaria. Com o fim iminente do escravismo, diversos fazendeiros passaram a alforriar seus cativos prediletos. O intuito dessa prática era manter a manumissão como um favor e/ou uma recompensa advinda do senhor, desvinculando-a da projeção de ser um direito outorgado pelo Estado.

Sem contar que a carta de libertação era condicional, pois exigia ainda mais dois anos de prestação de serviços por parte dos libertos. Dito em outras palavras, pode ser que, caso o regime servil brasileiro não estivesse se esfacelando, Felício, Joaquina e seus companheiros teriam demorado ainda mais tempo para conquistar a liberdade.

> [...] a política senhorial parece ter sido a de alforriar cativos em idade elevada. Isso, porém, não deve ser visto apenas como um cálculo econômico senhorial (o que parece, sim, ter sido importante na decisão de não alforriar crianças), mas também se deu razão desses serem cativos antigos na escravaria, que tiveram tempo de construir boas estratégias, cultivar a proximidade e o favor de seus senhores, construir relações horizontais e verticais fortes e efetivas (FARINATTI, 2012, p. 164).

Principalmente quando se trata dos proprietários que viviam em regiões onde a imigração não prosperou, havia fazendeiros interessados em manter o trabalho dos antigos escravos após a abolição. A falta de braços fazia com que nenhum deles pudesse se dar ao luxo de poder dispensar trabalhadores. No que se refere à política de alforria do Conde, é bem provável que ele reconhecesse a importância de ter por perto homens de confiança, como era o caso de Felício, quando da contratação de novos trabalhadores. Essa hipótese faz sentido principalmente se levarmos em conta que os fazendeiros, acostumados a lidar com escravos, ficaram receosos quanto ao fato de terem de lidar com uma grande quantidade de trabalhadores livres. A permanência de um feitor de longos anos seria, nesse sentido, essencial para bloquear parte das possíveis tensões que estariam por vir.

No entanto, quando se fala da permanência de ex-escravos trabalhando para o mesmo senhor, é preciso levantar a seguinte questão: após tantos anos de relação senhor-escravo, como se efetivaria a mudança para uma relação patrão-empregado? Conforme salientado anteriormente, os lugares sociais fixados nas categorias senhor e escravo estavam desparecendo, enquanto os referenciais sociais de termos como patrão e empregado estavam ainda se consolidando. E se consolidando através de constantes disputas. No caso dos antigos escravos, eles teriam, agora com o fim definitivo da escravidão, de negociar as condições de efetivação do seu novo estatuto de homem/mulher livre, uma vez que cidadania e liberdade não poderiam se resumir a meras formalidades jurídicas. Tal negociação, por sua vez, esbarrava nas tentativas dos fazendeiros em manter intactas as antigas hierarquias sociais (ALBUQUERQUE, 2009, p. 113; FRAGA FILHO, 2006).

A relação entre Felício e o Conde do Pinhal, mesmo sendo construída após vários anos de convívio, também pode ter sido abalada pelas tensões trazidas pelo pós-abolição. Na carta escrita pelo liberto, ele, como demonstrado até agora, exacerbou seus sentimentos de amizade e consideração para com o Conde e sua família. Ao final, entretanto, ele expôs um sentimento de frustração.

> Trabalhei com muita inteligencia e esperteza que eu não esperava dessa *ingratidão* [destaque nosso] que me fizeram dou graças a Deus dr Christiano me da um pedacinho de terra para esper que voces socoram com alguma couza. Eu quando eniciei a com o seu avo elle tinha so um preto quem que ajudou a comprar deu liberdade elle estava com mas de quinhentos preto quem ajudou a comprar Aceite muitas lembranças minha e de muitas lembranças a todos ahi o preto velho amigo Felicio (...)

Não sabemos exatamente a que ato de "ingratidão" Felício se refere. As correspondências trocadas pelo Conde com sua esposa deixam, todavia, algumas pistas acerca da trajetória de Felício e Joaquina. Em uma carta escrita por ele em 27 de outubro de 1891, o fazendeiro trata de informar a mulher, que se encontrava viajando, dos últimos acontecimentos ocorridos nas suas propriedades, sobretudo as tensas relações com os atuais empregados, entre eles Felício e Joaquina.

> Aqui chegando hoje encontrei a Elisia já com sinais de bebedeira e uma hora depois estava ela estirada bêbada na alcova da sala com 2 garrafas ao lado, sendo uma de vinho e outra de genebra, as quais recolhi no armário e deixei-a dormindo em paz. Acordando-se dali 2 horas, saiu pela porta ralhando muito com a Maria Preta e levando mais uma garrafa que não tínhamos visto, por isso eram 3 garrafas.
> Fiquei portanto com o cozinheiro e a Maria Preta, e esta com boa vontade porém sem orientação alguma. À vista disso mandei Felício dizer à mulher que já está na fazenda que viesse para olhar as coisas dentro de casa e o Felício imediatamente foi e falou porém até esta hora, 9 da noite, ainda ela não veio porém já mandei lhe dizer pelo Felício que ela não viesse mais, e que ficava-lhe proibida a entrada nesta casa.
> A Raimunda, a Roberta e a Laura estão nas suas casas tranquilamente sem me aparecerem. Não mandei e nem as mando chamar e desta vez se alguma delas aparecer amanhã é provável que eu as dispense do serviço. Quero que vejam que posso passar com a Maria Preta e dispensar elas. A Joaquina, que está proibida de entrar em casa, e só o fará em minha ausência ou sem o meu conhecimento (BOTELHO, 2000, p. 59).

Podemos perceber que Joaquina não desfrutava mais, três anos após a abolição, de trânsito livre na casa do Conde, o que leva a crer que ela não exercia mais a função de cozinheira na casa do fazendeiro. O motivo, como deixa a entender a carta, seria o fato dela não ter atendido a um chamado do fazendeiro. Não é possível perceber com clareza se ela continuava trabalhando, em alguma outra atividade, para o seu antigo senhor. Pode-se notar, contudo, que esse último estava tendo dificuldades para lidar com algumas trabalhadoras, especialmente com aquelas encarregadas dos serviços domésticos. Como já fora mencionado, a presença de mulheres escravas realizando uma diversidade de trabalhos domésticos era uma prática comum em todo o Brasil escravista, seja nas grandes propriedades rurais como nos centros urbanos. E era justamente nesse "território da domesticidade", para utilizar um termo empregado por Olívia Gomes Maria da Cunha, onde o vínculo entre sujeição e relações interpessoais tornava-se, a um só tempo, mais sutil e poderoso.

> Na fala de viajantes e comentaristas de meados do século XIX, o espaço doméstico, abrigo e refúgio das famílias, aparece associado às esferas privativas, íntimas e personalizadas das relações interpessoais. Todavia, como mostram Graham e Miriam Moreira Leite, nessas narrativas a descrição da intimidade dos espaços privativos da casa e das relações frequentemente familiares que ali se estabeleciam aparecia relacionada a referências ao trabalho braçal extenuantes, humilhação e violência física [...]. A *pessoalidade* que marca as relações de proteção e submissão, seja no trato entre parentes, afins ou criados, é descrita como um domínio avesso às leis. Em vez de sujeitas a regras previamente instituídas são as relações consagradas por costume, dever, afeto, honra, *reconhecimento* e *consideração* que regulam as relações sociais dentro dos lares. A singularidade da combinação entre as representações construídas em torno de um *espaço social* – a casa – e as relações sociais nela vivenciadas de maneira singular configuraria o território da *domesticidade*, em oposição aos domínios concebidos como públicos – reino do contrato, das leis e do poder sinalizado pelas marcas da masculinidade. Esses elementos, avessos à norma e à disciplina que grassavam no universo de moralidades públicas, contaminam a própria noção de trabalho realizado 'em casa' (CUNHA, 2007, p. 379).

Embora ainda estivessem presas a determinadas situações de dependência (sendo, em geral, o fato de habitarem na propriedade do patrão a principal delas), diversas criadas/empregadas tentariam, agora como livres, inserir novas temporalidades e mobilidades na sua relação com o trabalho.

> A harmonia e a paz doméstica implicavam a manutenção de laços de dependência sacralizados em relações desiguais de poder, experimentadas e ritualizadas em domínio de tipo privado, pessoal e, sobretudo, íntimo. No interior dos lares, a natureza dos antigos laços de sujeição e obediência foi reinterpretada tanto pelos *patrões* – ancorados em artifícios morais e jurídicos – quanto por *criados* – no uso aparentemente desordenado do espaço, do tempo e da propriedade alheias (CUNHA, 2007, p. 382).

Era justamente desse "uso aparentemente desordenado do espaço, do tempo e da propriedade alheias" que o Conde se queixava: criadas que não obedeciam ao seu chamado; que não apareciam para o trabalho quando requisitadas; que bebiam dentro da sua propriedade e depois saíam sem lhe dar satisfação. Acostumado a ter escravas para executar essa função, ele parecia exigir que suas empregadas, entre as quais estavam antigas cativas, trabalhassem quando ele bem entendesse. Porém, se não redefiniu radicalmente o papel das escravas domésticas, a abolição estabeleceria novas bases de negociação e conflito no espaço da casa. As principais disputas, como é possível perceber, giravam em torno do tempo de trabalho e do direito de mobilidade. Sem poder agora apelar (pelo menos não do ponto de vista formal) para antigos mecanismos de disciplinarização – açoites, separação de famílias por venda, alforria etc. –, o Conde via na ameaça de dispensa o único caminho, até o momento, para tentar evitar essa "desordem". No entanto, em 2 de novembro de 1891, passados seis dias da última carta, o fazendeiro voltou a escrever para sua esposa, dando a entender que arranjou a solução para uma de suas criadas.

> Ontem à noite apanhou-se a Elisia e a prendi em um quarto para mandar amanhã entregar à Justiça na cidade acompanhada das testemunhas. Ela ficará na cadeia não sei por quantos anos visto que o seu crime é de roubo, que é mais agravante. Assim mesmo tenho dó dela, coitada, é tão boa quando não bebe.

Primeiramente, cabe mencionar o fato de o Conde ter trancado a sua empregada em um quarto, privando-a da mobilidade assim como se fazia com os escravos na senzala. No entanto, nem tudo poderia, como nos áureos tempos do escravismo, ser resolvido somente no âmbito do poder privado do fazendeiro. A Justiça deveria ser acionada para mediar a situação. O crime de roubo apontado pelo Conde muito provavelmente se refere ao episódio quando ela ingeriu algumas de suas garrafas de bebida. Acusá-los de alguma prática ilícita era uma tática muito utilizada pelos fazendeiros como retaliação a seus subordinados por uma quebra na relação confiança que mantinham. Ao dizer que "o seu crime é de roubo, que é mais agravante", o Conde deixa a entender que, anteriormente, pretendia enquadrá-la em um outro tipo de infração. Possivelmente a acusaria de "vadiagem", denúncia, como vimos, muito empregada contra os libertos durante o pós-emancipação. O Conde, no entanto, não teria dificuldades em acusar Elisia de roubo, pois os próprios jornais locais associavam vadiagem, alcoolismo e criminalidade com o estilo de vida padrão de muitos libertos.

> Aproveitamos da occasião que essa noticia oferece para lembrar o Dr. Delegado de Polícia que seria bom organizar patrulhas mesmo de dia pelos subúrbios da cidade – onde há vendas em que constan-

> temente se vê magotes de vagabundos. Esses vagabundos são em geral pretos e pretas que ali passam o dia em completa ociosidade dando lugar ao vício da embriaguez. *Correio de São Carlos*, 10/01/1900.
> Por desordeiras e vagabundas foram presos ontem – ontem às 7 da manhã as pretas Gertrudes, Francisca, Cornélia e Domingas Maria, por tentar opor-se a prisão das mesmas foi preso também o preto Isaias dos Sanctos. *Correio de São Carlos*, 17/10/1900.
>
> Ainda bem, a polícia tem-se investido ultimamente de certa atividade. Já faz policiamento regular e tem realisado a prisão de gatunos e desordeiros... Ainda no domingo passado levou para a cadeia um preto e um preta, que, em sua casa, à rua urugayan, levar em toda noite a fazer barulho. Ainda bem. *O Oitavo Districto*, 17/01/1899.[9]

Na carta, o Conde ainda afirma ter "dó" de Elisia, haja vista ela ser "tão boa quando não bebe". A necessidade de punir severamente uma empregada da qual gostava está ligada ao fato do fazendeiro não poder deixar passar em branco os desvios de indisciplina. Ele precisava, publicamente, demonstrar que não aceitava condutas não condizentes, de acordo com sua visão, ao ambiente de trabalho. Utilizando-se de algumas das práticas presentes nos antigos mecanismos de disciplinarização, mas também buscando brechas no novo contexto, inclusive na Justiça e nas leis, os fazendeiros buscavam manter o controle sobre seus insubordinados trabalhadores. As disputas em torno das normas sociais consideradas legítimas para regulação da relação patrão-empregada confrontavam, portanto, duas concepções distintas: uma de liberdade, esboçada por antigas escravas, e outra de controle, delineada por ex-senhores.

---

9 Essas citações foram retiradas de Rizzoli, 2013.

Parece que o Conde do Pinhal continuou a sofrer com a suposta falta de disciplina de suas empregadas por um bom tempo. Em carta datada de 24 de janeiro de 1898, ele escreve para a Condessa que:

> A sua lavadeira Theodolinda não pára aqui e agora há mais de 8 dias que anda por São Carlos, os filhos pequenos no Palmital [outra fazenda de propriedade do Conde, localizada também no município de São Carlos], o Carlos sem trabalhar há 5 ou 6 dias e assim sendo eu tive de fazê-los desocupar o lugar, lembrando-me que você aí me disse que não daria a ela mais roupa a lavar, pela imperfeição do serviço e estrago das roupas (BOTELHO, 2000, p. 139).

Devido a esse suposto desregramento das criadas libertas, o Conde resolveu contratar algumas empregadas de origem italiana, as quais, como se pode perceber pelas palavras do próprio, não se davam bem com as criadas mais antigas. "Diga-me o que se faz das criadas italianas enquanto a nossa viagem. Me parece que não devemos deixar aqui porque não há dúvida que haverá briga entre a Josefa e a Julia e outras, e por isso me parece que devemos procurar prevenir isso."

Na mesma correspondência em que cita a prisão de Elisia, o Conde também faz menção a Felício. "O Padre Monteiro entendeu mal a minha carta, porém agora o que farei, se não deixar por lá o Felicio por mais um mês?" (BOTELHO, 2000, p. 48). Nesse sentido, cabe a pergunta: onde estaria Felício? De imediato, não temos nenhuma evidência. Ele poderia, como era de costume, estar fazendo algum tipo de serviço, em nome do Conde, para alguma igreja – por isso a menção ao padre. Ou então, em último caso, até mesmo ter sido afastado de São Carlos pelo Conde. Essa última hipótese surge como possível devido ao fato do fazendeiro já estar, como vimos pela correspondência, indisposto com Joaquina. Há a possibilidade, nesse sentido, do Conde, como forma de retaliação, tê-los mandado, a princípio por um tempo provisório, para outra de suas propriedades no estado de São Paulo. O certo é que o nome de Felício desaparece dos registros oficiais são-carlenses. Depois dessa última carta, ele não é mais citado nas correspondências do Conde. Seu nome também não está arrolado no recenseamento municipal de 1907.

A carta enviada por Felício ao neto do Conde foi escrita da cidade de Jaú, município onde a família Botelho também possuía terras. Felício diz que agradece a deus pelo fato do Dr. Christiano ter lhe dado um pedaço de terra. Ele estava se referindo muito provavelmente a Christiano Klingelhoefer, casado com Maria Carlota de Arruda Botelho, filha do Conde do Pinhal. Esse casal herdou algumas das terras que a família Arruda Botelho possuía em Jaú. É de se supor, desse modo, que a "ingratidão" mencionada por Felício tenha a ver com a não continuidade do seu trabalho nas terras são-carlenses do Conde, a qual se deu sem nenhum tipo de benefício para o mesmo. Aos 70 anos, ele vivia em um pedaço de terra doado pelo genro do Conde e passava necessidades, haja vista o seu pedido de auxílio. Não há como precisar os reais motivos dessa não continuidade, mas, sem dúvida, pelos fragmentos expostos até o momento, pode-se perceber que ela está ligada a acontecimentos ocorridos durante a trajetória delineada por ele no pós-abolição. Talvez pelo desentendimento do Conde com Joaquina.

Não sabemos, também, se essa "ingratidão" se referia especificamente ao Conde ou, ao invés disso, a alguns dos herdeiros que passaram a tomar conta das fazendas são-carlenses após o falecimento deste último, no ano de 1901. Na carta, Felício faz menção apenas a D. Theodora Francisca Coelho, primeira esposa do conde. Ele cita, inclusive, o episódio da morte da mesma, ocorrido no ano de 1862, quando ele e seu senhor estavam em uma das viagens ao Rio de Janeiro. Um ano após a morte de sua primeira esposa, o

Conde casou-se com Anna Carolina. Seria ela, juntamente com os filhos, a responsável por administrar todos os negócios da família após a morte do marido. Felício era muito próximo do Conde, mas, com a morte do fazendeiro, há a possibilidade de a Condessa o ter dispensado. Desse modo, teria algum significado o fato de Felício ter se importado com D. Theodora (dizendo que a considerava como uma mãe) e nem sequer mencionado a segunda esposa, com quem teria até mesmo convivido durante um período de tempo maior? Não temos uma resposta definitiva para essa pergunta.

A narrativa construída por Felício através de sua carta o apresenta como um cativo - reparem que não há menção alguma à sua experiência com o Conde depois da conquista da liberdade - que cumpriu todos os pré-requisitos esperados de um escravo "de confiança". Nos seus escritos, temos o retrato de um cativo que preencheu todos os atributos morais - leal, trabalhador, fiel, obediente - esperados por um senhor. Sua frase "trabalhei com muita inteligencia e esperteza que eu não esperava dessa *ingratidão* [...]" demonstra que ele entendeu perfeitamente o enredo que informava a economia moral construída por senhores e escravos. No entanto, ele não obteve a retribuição que era esperada; as expectativas construídas em torno dessa relação foram frustradas. Se desobediência e deslealdade são os polos moralmente negativos das condutas esperadas de um escravo, a ingratidão seria a pior imoralidade que um senhor poderia cometer.

Na concepção de Felício, ele não obteve o reconhecimento necessário após anos de trabalho e dedicação ao Conde e à sua família. A experiência de Felício personifica, nesse sentido, o caráter frágil e incerto da vida da maioria dos libertos, inclusive para aqueles que mantinham uma relação próxima com o antigo senhor. O intercâmbio de categorias como confiança, proteção, favor, dependência, liberdade e controle era renegociado constantemente em um universo onde estatutos sociais como escravo e senhor estavam se desmanchando.

A "família" Cunha

Joana foi uma das escravas trazidas para a então província de São Paulo através do comércio interprovincial de cativos que se avigora na segunda metade dos oitocentos. Conforme fora ressaltado, o "Mercado do Valongo", situado na cidade do Rio de Janeiro, era o maior mercado de escravos brasileiro durante esse período. Cativos trazidos de províncias do Norte e do Nordeste eram transportados, muitas vezes de navio, para a capital do Império, onde eram vendidos no mercado urbano ou então para fazendeiros do Vale do Paraíba ou do oeste paulista. Alguns comerciantes fixados no interior do Estado de São Paulo estabeleceram, contudo, uma rota de comércio alternativa, direto com o Nordeste, rompendo com a intermediação efetuada no Rio de Janeiro. Joana, ao que tudo indica, saiu de Caetité, município localizado no interior da província da Bahia, e chegou a terras paulistas em uma das viagens elaboradas por esses negociadores.

Um dos principais comerciantes de escravos que atuavam em São Carlos durante a época, Leonino Cotrim Xavier, residia anteriormente nessa cidade baiana, onde se casou com Ludgera Pereira Cotrim, filha de um fazendeiro possuidor de muitas terras na Bahia (LOPES, 2009, p. 85). Teria sido ele o responsável por estabelecer uma rede comercial de cativos entre Caetité – e muito provavelmente também com outras cidades baianas – e a região de São Carlos. No ano de 1877, foram registrados somente no município, por meio de escrituras de compra e venda de escravos, 22 cativos advindos de Caetité e mais 32 de outras cidades da Bahia (BRANDÃO, 2012, p. 94). A viagem entre Caetité e o oeste paulista, de cerca de mil quilômetros, era feita pelos tropeiros e comerciantes em cavalos e carros de boi, com os escravos caminhando durante praticamente todo o percurso, que durava em torno de dois meses.

> Os vendedores de escravos aqui descritos deslocaram-se com suas mercadorias do sertão da Bahia para o interior, saindo de Caetité pelo distrito de Duas Barras, atual Urandi, transpondo a fronteia de Minas em Monte Azul, passando por Montes Claros e Bocaiúva, ainda no norte mineiro, seguindo para Corinto, Curvelo ou Poços de Caldas, alcançando o destino final através de Araras. Poderiam também sair de Corinto ou Curvelo e contornar a Serra da Mantiqueira, dirigindo-se para Araxá, onde atravessariam a Serra da Canastra chegando a Franca, norte de São Paulo, deslocando-se para Batatais, Ribeirão Preto e finalmente São Carlos (LOPES, 2006, p. 84).

Joanna não chegou da Bahia diretamente para São Carlos, pois sua matrícula geral, efetuada 26 de setembro de 1872, foi realizada no município vizinho de Rio Claro. Ademil Lopes (2006, p. 112), bisneto dessa escrava, encontrou a escritura de compra na qual Joanna estava sendo vendida, então com 14 anos de idade, para o Coronel Carlos Simplício Rodrigues da Cunha. Nesse documento, que acreditamos ser de 1876, não havia, além da menção ao fato dela ser natural do município baiano e da sua idade, nenhum outro tipo de informação sobre ela. Se considerarmos que em 1872, ano da sua matrícula, ela já se encontrava na província de São Paulo, Joanna saiu da Bahia, onde havia nascido, ainda criança. Não sabemos, porém, se estava acompanhada de algum familiar ou, o que também é bem provável, se foi separada de sua família para ser negociada no lucrativo comércio interprovincial de escravos da segunda metade do século XIX.

O novo senhor de Joanna, Carlos Simplício da Cunha, foi um proprietário, de terras e de escravos, o qual residia em São Carlos há não muito tempo. Pelas informações que obtivemos, ele era um fazendeiro residente no município mineiro de Leopoldina até 1875. Foi nesse ano que ele se separou da sua primeira esposa, Floriana

Carolina de São José, e, ao que tudo indica, logo se mudou para a província de São Paulo. Carlos Simplício enxergou na região de São Carlos, que durante a época vivia a expansão da agricultura cafeeira, uma oportunidade de começar uma nova vida; ou, no mínimo, um bom lugar para tentar fugir de alguns problemas que o cercavam. Quando já se encontrava vivendo em São Carlos, ele recebeu intimações judiciais referentes ao pagamento de dívidas contraídas no período que ainda residia em Minas Gerais, além de uma carta precatória da antiga esposa. Carlos Simplício ainda se casou novamente, agora com Rita Angélica Coelho. No atestado de óbito desta última, datado de 23 de janeiro de 1912, consta que ela era natural do município mineiro de Campanha. Não se sabe, portanto, se Carlos Simplício a conheceu em São Carlos ou então se os dois vieram juntos de Minas Gerais.

De acordo com Lopes (2006, p. 112), o Coronel Carlos Simplício teve dois filhos, Manoel Carlos e Maria Constantina, com sua escrava Joanna. Sobre o primeiro, não encontramos nenhum tipo de vestígio na documentação pesquisada, sendo que até mesmo a memória da família Lopes pouco sabe acerca do mesmo. Já Maria Constantina deixou maiores informações, tanto escritas como orais, no que diz respeito à sua trajetória de vida. Sabe-se, por exemplo, que ela nasceu no dia 9 de outubro de 1879. Em seu registro de batismo, realizado em 15 de novembro do mesmo ano, ela aparece como filha natural de Maria, escrava de Simplício Rodrigues da Cunha. Acredita-se que o nome de Joanna não conste nesse registro devido a um erro, tão comum nesse tipo de documentação, do próprio Padre, o qual, no momento de escrever o nome da mãe, acabou por reescrever o nome da criança que estava sendo batizada. O fato é que o pai não está identificado nesse registro, relegando a Maria a marca negativa de ser uma "filha natural" – quando tanto o nome da mãe como do pai da criança estava identificado, ela era categorizada como "filho(a) legítimo".

O assédio e a violência sexual dos senhores sobre suas escravas compuseram um conjunto de práticas frequentes durante todo o período em que a escravidão moderna vigorou, seja no Brasil ou nos demais locais onde ela se institucionalizou. Isso leva a crer que elas faziam parte da própria forma como o escravismo se configurou. Algumas pesquisas (GORDON-REED, 2008; WEISENBURGER, 1998) realizadas acerca dos contatos sexuais firmados entre senhores e escravas afirmam que a construção dessas categorias não passava somente pela imposição de determinadas tarefas e serviços, mas também pela sexualidade. Dito em outras palavras, o senhor, enquanto tal, não estava interessado somente no trabalho de seus escravos(as), mas também na possibilidade de dispor de seus corpos de acordo com a sua própria vontade. O processo de subalternização dos escravos(as) também estava ancorado, neste sentido, no caráter violento/impositivo com que seus corpos eram apropriados para fins sexuais, sobretudo, mas não somente, no que se refere às escravas.[10] Resumindo, ser escrava era estar sujeita aos assédios e investidas de homens brancos.

---

10 Este ponto é fundamental para o argumento que se pretende desenvolver neste livro. Desde a década de 1930 até os dias atuais, a visão dos brasileiros sobre o racismo, em especial aquela interessada em negar a existência do mesmo entre os brasieliros, apoia-se na suposta miscigenação presente na sociedade brasileira como um dos seus principais fundamentos. Miscigenação seria sinônimo, neste caso, de tolerância racial. Contudo, os casos aqui expostos demonstram exatamente o contrário: essa miscigenação (que também não deve ser compreendida como um fenômeno unicamente biológico, mas também político) foi forjada através da violência. "A miscigenação vem dando suporte ao mito da democracia racial na medida em que o intercurso sexual entre brancos, indígenas e negros seria o principal indicativo de nossa tolerância racial, argumento que omite o estupro colonial praticado pelo colonizador sobre mulheres negras e indígenas, cuja extensão está sendo revelada pelas novas pesquisas genéticas que nos informam que 61% dos que se supõem brancos em nossa sociedade têm a marca de uma ascendente negra

> A mulher negra foi, neste contexto, objeto de compra e venda em razão de sua condição de escrava. Era também objeto sexual, ama de leite, saco de pancada das sinhazinhas, porque, além de escrava, é mulher, exposta sempre ao estupro institucionalizado (LOPES, 2006, p. 117)

Harriet Jacobs, uma escrava em Edenthon, município da Carolina do Norte, a qual conseguiu fugir para Nova York durante o ano de 1842 e, posteriormente, uniu-se ao movimento abolicionista feminista, escreveu um dos relatos mais conhecidos acerca do impacto da violência sexual praticada por senhores contra escravas. Em sua autobiografia, intitulada *Incidents in the Life of a slave Girl* (1861), Jacobs não deixa dúvidas acerca da vulnerabilidade das mulheres negras sob o regime de escravidão.

> He [seu senhor] told me that I was made for his use and made to obey his command in everything; that I was nothing but a slave, whose will must and should surrender to his [...] There is no shadow of law to protect [a escrava] from insult, from violence, or even from death; all these are inflicted by friends who bear the shape of me (JACOBS,1996, p. 18).

Ao estudar a relação entre John Wayles e sua escrava chamada Elizabeth Hemings – relação da qual nasceu Sarah (Sally) Hemings, escrava que manteve um relacionamento com Thomas Jefferson durante boa parte da vida –, Annete Gordon-Reed é ca-

---

ou índia inscrita no DNA, na proporção de 28% e 33%, respectivamente" (CARNEIRO, 2009, s/p). "A miscigenação racial no país é muitas vezes citada como prova da democracia racial brasileira, ou como antídoto do racismo. Porém, há que se ressaltar que essa miscigenação foi fruto, primeiramente, da dominação e exploração sexual dos homens brancos sobre as mulheres negras (e índias)" (COSTA, 2009, p. 97).

tegórica ao descrever o poder legal que os senhores detinham em relação ao corpo de suas cativas nas sociedades escravistas.

> Under cover of the laws of slavery, Wayles could sell slaves, punish them, and make them work for no pay without interference from outsiders. He could have sex with Hemings because she was his property. He could produce children with her who would never be recognized unless he chose to do so. She had no power to challenge this situation formally. Because of slavery and the dominant society's adherence to white supremacy, no one would have believed her had she named Wayles as the father of her children; or, one should say more properly, few if any white people would have admitted belief in her words, especially if Wayles had chosen to contradict them. Doing so would have run counter to one of the chief tenets of Virginia's culture – that words of blacks could not legally be used against a white person. Thus, blacks were never be allowed to shape the 'official' reality of a white person's life (GORDON-REED, 2008, p. 82).

Como não havia meios legais para recorrer, as escravas tentavam se proteger desses ataques com o que tinham ao seu alcance. O casamento e o nascimento de filhos, por exemplo, eram práticas que, muitas vezes, visavam afastar o assédio sofrido (WEISENBURGER, 1998, p. 34-35). Esse tipo de estratégia, no entanto, tornou-se demasiadamente frágil. Em boa parcela dos casos, os senhores, exercendo o poder que detinham, não deixavam de assediar suas escravas.

Até mesmo Freyre, embora carregado de preconceitos, admitia que o poder do senhor branco sobre o corpo das escravas negras foi um dos traços característicos do escravismo.

> É verdade que as condições sociais do desenvolvimento do menino nos antigos engenhos de açúcar do Brasil, como nas plantações ante-bellum da Vírgínia e das Carolinas - do menino sempre rodeado de negra ou mulata fácil - talvez expliquem por si sós, aquela predileção. Conhecem-se casos no Brasil não só de predileção mas de exclusivismo: homens brancos que só gozam com negra. De rapaz de importante família rural de Pernambuco conta a tradição que foi impossível aos pais promoverem-lhe o casamento com primas ou outras moças brancas de famílias igualmente ilustres. Só queria saber de molecas. Outro caso, referiu-nos Raoul Dunlop de um jovem de conhecida família escravocrata do Sul: este para excitar-se diante da noiva branca precisou, nas primeiras noites de casado, de levar para a alcova a camisa úmida de suor, impregnada de bodum, da escrava negra sua amante. Casos de exclusivismo ou fixação. Mórbidos, portanto; mas através dos quais se sente a sombra do escravo negro sobre a vida sexual e de família do brasileiro.
> Se este foi sempre o ponto de vista da casa-grande, como responsabilizar-se a negra da senzala pela depravação precoce do menino nos tempos patriarcais? O que a negra da senzala fez foi facilitar a depravação com a sua docilidade de escrava; abrindo as pernas ao primeiro desejo do sinhô-moço. *Desejo, não: ordem.* Os publicistas e até cientistas brasileiros que se têm ocupado da escravidão é um ponto em que sempre exageram a influência perniciosa da negra ou mulata: esse de terem sido elas as corruptoras dos filhos-famílias (FREYRE, 2009, p. 456).

A fim exatamente de ressaltar a atuação do poder patriarcal especialmente sobre as escravas, Freyre acrescentaria a seu conceito de patriarcalismo mais dois adjetivos: escravocrata e polígamo. A utilização da mulher negra como objeto sexual não pode, nesse sentido, ser explicada exclusivamente como resultado da condição da escravidão. Ela acontecia em decorrência da própria sociedade patriarcal que legitimava a dominação do homem sobre a mulher; sociedade esta que conceituava a sexualidade da escrava como fora do círculo familiar, sem limites e normas morais ou religiosas. Obviamente, pode-se argumentar que também existiram relações ditas consensuais entre senhores e escravas e que nem toda interação sexual entre eles pode ser caracterizada como estupro. No entanto, a própria assimetria presente nessa relação de poder ofusca a visualização de alguma espécie de "consenso" entre ambos. Em último caso, uma escrava que aceitava praticar sexo com o seu proprietário estava expressando um desejo ou, como diria Freyre, estava apenas cumprindo uma ordem?

Quando um senhor engravidava alguma de suas escravas, a circunstância tornava-se ainda mais complexa. Qual seria o impacto na política patriarcal de domínio uma conjuntura onde os papéis sociais de filho e escravo se sobrepusessem? Na realidade, esses papéis jamais se sobreporiam; um senhor dificilmente estabeleceria o mesmo vínculo com um filho gerado por uma escrava do que aquele firmado com seus filhos considerados legítimos. O próprio rótulo de ilegitimidade que recai sobre a situação já remete à incongruência existente. Senhor e escrava ocupavam lugares sociais distintos e antagônicos. A constituição de relações familiares não poderia ultrapassar a condição de analogia, tal qual expressa na noção de patriarcalismo. A miscigenação, cuja evidência residiria justamente na ampla existência de filhos nascidos a partir de relações sexuais inter-raciais, longe de, conforme afirmava Freyre, diminuir a "distância social" entre casa-grande e senzala, era fruto da violência permitida e legitimada pela própria distância social existente entre senhor e escrava.

É certo, porém, que, no plano individual, a ocasião trazia tensões com as quais o proprietário teria necessariamente de lidar. De acordo com Slenes (1997), durante as últimas décadas da escravidão no oeste paulista, alguns filhos de senhores com escravas foram cuidados pelas próprias mulheres dos fazendeiros, transformando-se em uma espécie de afilhados. Acreditamos, contudo, que esses casos foram exceções. Muitos senhores, além de não reconhecerem – tanto do ponto vista legal como nas relações cotidianas – os filhos tidos com escravas, ainda os registravam como seus escravos. Claro que, muitas vezes, atribuía-lhes um tratamento diferenciado em relação ao restante da sua escravaria, dispensando-os de trabalhos consideradas mais pesados, dando a oportunidade de estudarem e, quando adultos, talvez até mesmo alocando-os em uma ocupação de confiança e de supervisão como a de feitor. Eles também tinham maiores chances de alforriarem-se, principalmente quando o senhor estava à beira da morte.

> Raro o senhor de engenho que morreu sem deixar alforriados, no testamento, negros e mulatas de sua fábrica. É verdade que 'o alforriado', observa Alcântara Machado, referindo-se aos escravos das fazendas de São Paulo, nos séculos XVI e XVII, 'é muita vez um bastardo, fruto dos amores do testador ou de pessoa da família com uma negra da casa (FREYRE, 2009, p. 525).

Tratado melhor que a maioria dos escravos, mas ainda assim um escravo. Essa era a situação dos filhos(as) de escravas e senhores. Na escravidão, as relações de consanguinidade nem sempre se transformavam em arranjos familiares. A legitimidade, assim como a maneira como a ilegitimidade seria tratada, passava por negociações que envolviam o poder de barganha que cada escravo(a) contava para conseguir o reconhecimento social dos seus laços. O caso de Maria Constantina era um pouco diferente. Como nascera em 1879, isto é, após a entrada em vigor da Lei do Ventre Livre, ela não era considerada escrava. Isso não significava, entretanto, que desfrutava de liberdade plena. Conforme estabelecido pela lei, os ingênuos deveriam permanecer sob a tutela dos senhores de suas mães até completarem, no mínimo, oito anos de idade. O objetivo da instituição da tutela era o de assegurar ao menor, considerado juridicamente incapaz, as condições para o seu desenvolvimento físico e mental. No caso específico dos ingênuos, tratava-se, geralmente, de uma forma velada de apropriação do trabalho do menor – sobretudo em relação às meninas, que eram transformadas em criadas domésticas.

Carlos Simplício, portanto, era não o senhor, mas o tutor de sua filha, uma situação que, pelo menos aparentemente, tornava-o mais próximo da figura social do pai. Conforme verificado no registro de batismo, ele não assumiu, entretanto, sua paternidade. No registro de casamento da filha mais nova de Maria Constantina (FPM), Leontina da Cunha, realizado em 10 de dezembro de 1923, não consta o nome do avô da noiva. Somente está registrado o nome da avó, Joanna Constantina. Essa ausência confirma que o Coronel não assumiu legalmente Maria Constantina como sua filha, fato confirmado pelos relatos familiares transmitidos para Lopes. Ainda do ponto de vista legal, contudo, ele era o responsável pela educação de sua tutelada. Embora tenha pagado pela sua alfabetização, Carlos Simplício não fez questão que Maria Constantina estabelecesse uma relação de proximidade com sua família oficial.

> Maria Constantina casou-se com Manoel Oliveira, que veio menino de Leopoldina, Minas Gerais, trazido por Simplício da Cunha de sua propriedade localizada naquela cidade mineira. Muito embora ela tenha recebido atenção especial do Coronel, pouco ou nenhum contato foi mantido com os filhos oficiais dele, nem quando criança e muito menos quando adultos (LOPES, 2009, p. 113-114).

Se não instituiu nenhum tipo de relação mais próxima com a família do coronel, parece que Maria Constantina permaneceu sob a tutela do mesmo até estar com 14 ou 15 anos de idade. Quando ela ainda não tinha completado 3 anos, em 5 de setembro de 1881, sua mãe foi vendida por Carlos Simplício a José Bento Rodrigues, também residente no município de São Carlos. Essa é a última informação disponível acerca de Joanna, tanto no que diz respeito à memória da família Lopes quanto aos registros documentais. Não há menção, na escritura de compra e venda que registrou essa transação (FPM), sobre a tutela de Maria ter sido transferida para o novo proprietário de Joanna. Outra indicação de que ela permaneceu junto ao pai/tutor é o homem com quem Maria viria a se casar. Como ressaltado por Lopes, ela firmou, por volta de 1894, ano do nascimento de sua primeira filha, união com o mineiro Manoel Oliveira, o qual teria chegado a São Carlos junto do próprio Coronel Carlos Simplício.

Manoel, em todos os registros que encontramos, era descrito como "preto". No já mencionado registro do casamento de Leontina da Cunha, não há qualquer descrição de sua filiação. Porém, no seu atestado de óbito (FPM), coligido em de dezembro de 1930, quando ele contava com 62 anos de idade, são mencionados como seus pais Luiz Antonio da Cunha e Maria Joanna. Embora o sobrenome seja o mesmo, não acreditamos que o possível pai de Manoel tenha algum parentesco com Carlos Simplício. O mais provável é que seus pais, que trabalharam para a família do Coronel, tivessem sido libertos, por isso Manoel teria vindo ainda com 8 anos de idade de Leopoldina para São Carlos. Com uma trajetória familiar ligada ao trabalho para Carlos Simplício, assim como por ele mesmo ter trabalhado por muitos anos para esse proprietário, Manoel conseguiu se aproximar da filha/tutelada do Coronel e com ela estabelecer uma união familiar.

Embora nascidos livres, tanto ele como Maria Constantina possuíam uma história familiar associada à escravidão. No caso específico dela, vale destacar que detinha ainda um estatuto jurídico-social ambíguo. Conforme fora destacado, os ingênuos tutelados eram, na prática, tratados muitas vezes como escravos. Nesse sentido, ela se encontrava em uma situação na qual a fronteira entre liberdade e escravidão era muito tênue. Eles viviam, portanto, em uma conjuntura na qual a condição de não escravo tinha de ser validada cotidianamente. No entanto, o vínculo que mantinham com o Coronel – ela era uma filha ilegítima que estava sob a sua tutela, e ele um empregado (ou então até mesmo um antigo escravo) de muitos anos, cujos pais já haviam sido, provavelmente, seus cativos – foi essencial para a obtenção de benefícios fundamentais para a viabilidade de uma vida menos precária.

> [Maria Constantina] Recebeu sempre do pai (coronel Simplício da Cunha), a ajuda em espécie (alimentos) e foi aquinhoada também com um lote de terra de aproximadamente 5 mil a 8 mil metros quadrados, que foi transformado por Manoel numa chácara que procurou tornar produtiva o suficiente para complementar o sustento de sua família (LOPES, 2009, p. 119).

A obtenção de uma porção de terras, assim como conseguiram Maria Constantina e Manoel Antonio, não tinha consequências apenas do ponto de vista estritamente econômico, de aquisição de um bem material; ela tinha a ver com a eliminação de toda uma lógica de sujeição social que estava associada à questão da propriedade fundiária. Segundo Afrânio Garcia, um dos legados da escravidão em países como o Brasil são as formas de subordinação pessoal decorrentes de instituições como a grandes fazendas monocultoras. A presença duradoura da dependência pessoal da população pobre em relação aos proprietários de grandes domínios de terra marca, de acordo com ele, a história rural do século XX.

No início do século XX, o espaço físico e o poder social estão concentrados pelos detentores de grandes plantações voltadas para cultivos destinados aos mercados internacionais, particularmente à Europa e aos Estados Unidos da América. Lavouras como café, cana-de-açúcar, algodão, borracha, cacau, fumo são responsáveis por mais de 85 % das exportações brasileiras, posição que ocupam desde a primeira metade do século XIX. A execução das ordens emanadas das casas-grandes, emitidas por senhores de engenho, usineiros ou fazendeiros, supõe o recrutamento de mão de obra sob formas diversas de dominação pessoalizada, como nos casos dos moradores de engenho, dos colonos de café ou dos agregados e vaqueiros do interior do país. Os movimentos da plantation controlam a apropriação do espaço físico: só há desenvolvimento de campesinato em áreas periféricas ou marginais à "grande lavoura" ou expressamente destinadas a fluxos de imigrantes europeus, atraídos por políticas que tinham tanto finalidades econômicas quanto o objetivo de promover o "branqueamento" da população, como se observa no Vale do Itajaí em Santa Catarina e na Serra gaúcha.

Mas a grande plantação é bem mais do que apenas a unidade de base de um processo agroindustrial; ela é, sobretudo, a matriz da sociabilidade no mundo rural da primeira metade do século: o grande domínio é a sede das residências dos grandes proprietários – as "casas-grandes" – e também das casas de morada atribuídas às famílias de trabalhadores residentes. É no interior do grande domínio que se exerce a vida familiar, onde se nasce, casa-se, procria-se, por vezes, onde se enterram os mortos. As capelas no interior das "casas-grandes" mais abastadas, ou em suas vizinhanças quando mais imponentes, fazem lembrar que as práticas e cerimônias religiosas agrupam e reordenam os viventes dentro dos domínios ou, ainda, que

> as práticas religiosas dos subalternos, como no caso do candomblé e do xangô dos descendentes de africanos ou do protestantismo dos colonos do café recrutados entre imigrantes europeus eram objeto de recriminação e censura, quando não eram mantidos sob estrita vigilância, por parte dos proprietários das casas-grandes (GARCIA, 2003, p. 162-163).

Pesquisas acerca das lavouras de café do Vale do Paraíba enfatizam a incompatibilidade entre o projeto de vida delimitado pela última geração de escravos e as propostas de trabalho oferecidas pelos fazendeiros. Para Castro (1997, p. 353), os últimos escravos carregavam consigo uma espécie de "projeto camponês", pautado pela ideia de autonomia no trabalho e de controle do seu próprio tempo, bem como do parentesco como um dos elementos centrais em suas relações. Possuindo como referência o chamado "tempo do cativeiro", esse projeto teria, segundo a autora, delimitado as diversas estratégias de mobilidade e fixação.

> Desse modo, o trinômio – mobilidade, laços de família e autonomia – que definia a experiência de liberdade com a qual libertos anteriormente conviviam, continuava a informar suas expectativas de liberdade, definindo assim o que alguns autores têm chamado de um 'projeto camponês'. Engendrava-se uma ética do trabalho que incindia sobre o mercado de trabalho rural em gestação (CASTRO, 1997, p. 381).

Grande parcela dos escravos estava, no Vale do Paraíba, ligada por extensas redes de parentesco, chegando, por vezes, a haver três gerações de uma família habitando a mesma fazenda. Com vínculos afetivos nas propriedades e sem muitas chances de conseguirem outro emprego, várias famílias de negros resolveram permanecer nas propriedades onde eram cativos, mas não sem antes reaver situações de trabalho que agora consideravam degradantes. Uma das principais reivindicações presentes nesse projeto de vida residia na possibilidade de se poder contar uma roça própria. Com ela, era possível, além de um aumento da renda familiar por meio da venda de mercadorias próprias nos mercados locais, diminuir o grau de sujeição: possuir uma roça própria significava trabalhar menos tempo "para os homens", ou seja, era atenuar a dependência em relação ao trabalho disponibilizado pelos antigos senhores (FRAGA FILHO, 2009, p. 145).

Na maioria dos casos, entretanto, somente a disponibilização de terras para a lavoura própria não era suficiente. Ao dominarem grandes territórios, os fazendeiros poderiam criar formas de recrutamento de trabalhadores que consolidassem determinadas formas de subordinação pessoal. Na realidade, a maior parte da mão de obra utilizada nas grandes fazendas é recrutada sob a forma de moradores, conforme se se denominava esse tipo de relação no Nordeste, e de colonos, como eram chamados os trabalhadores nas áreas de café. Essas formas de seleção e gestão dos trabalhadores, implantadas ainda durante a vigência da escravidão como estatuto jurídico, estão baseadas no mesmo princípio: a mão de obra habitava na mesma propriedade onde trabalhava. Tal arranjo acabava por instituir uma consistente submissão das famílias de trabalhadores às vontades dos proprietários. Ao pedir morada, um trabalhador demonstrava ao fazendeiro estar destituído dos meios mais elementares de assegurar a subsistência de seu grupo doméstico: nem dispunha de casa para abrigar os seus, nem possuía terras para trabalhar e obter seu sustento. Desse modo, distante de ser um acordo de vontade entre iguais, o ritual de solicitar abrigo em um grande domínio rural enfatizava a assimetria entre o patrão, o qual acolhe um novo "cliente", e o indivíduo que se desqualifica como homem ao pedir apoio e proteção.

Ao entrar na propriedade alheia, a família contraía de imediato uma dívida moral com o proprietário, a qual estava muito além do valor material dos meios de vida que eram providos pelo novo patrão. Os acordos interindividuais entre um grande proprietário e os colonos terminavam, nesse sentido, por incidir em uma infinidade de domínios de relações pessoais, nas quais as prestações de ambos os lados tomavam a forma de dons e contra dons. Os parâmetros através dos quais são concebidas tais relações jamais serão redutíveis apenas aos valores monetários atribuídos em contrapartida do trabalho fornecido (GARCIA, 2003, p. 166-167).

> As análises desenvolvidas até aqui permitem compreender que a abolição da escravatura significou, para os detentores de plantation, a perda do capital imobilizado em escravos, o que parece ter sido significativo em algumas regiões como o Vale do Paraíba do Sul, mas de forma alguma acarretou a ruína dos mecanismos para fazer prevalecer a autoridade de antigas famílias de senhores de engenho e fazendeiros sobre a mão de obra, que se via forçada a continuar a viver nos grandes domínios ou em suas periferias. Relações de dependência pessoal e de subordinação, como vimos nos casos de moradores e de colonos, foram recriadas permitindo a perpetuação de práticas anteriores de exercício do poder no interior das grandes propriedades (inclusive do poder de infligir castigos corporais aos subordinados). Essas formas de dominação personalizada que se generalizaram, na virada do século XIX para o século XX, supunham uma distribuição extremamente desigual do patrimônio fundiário, mas era através de práticas precisas de concessão do uso desse patrimônio que os grandes proprietários se constituíam uma clientela de famílias de trabalhadores submissa às suas ordens (GARCIA, 2003, p. 169-170).

A desigualdade do patrimônio fundiário citada por Garcia foi legalizada por meio da Lei de Terras de 1850. Abolindo definitivamente o sistema de sesmarias, essa lei instituiu definitivamente a propriedade privada no país ao estabelecer a compra como único meio de acesso à terra. Ela acabou, na verdade, dificultando a apropriação de terras por parte de libertos e da população pobre em geral, pois as chamadas "terras devolutas", aquelas que não tinham dono e não estavam sobre os cuidados do Estado, poderiam ser obtidas a partir de então somente por meio da compra junto ao governo. Sem grandes recursos, muitos ex-escravos não se viam, uma vez livres, na possibilidade de galgarem a condição de pequenos proprietários. De um modo geral, restavam a eles a migração para os centros urbanos ou então a busca por trabalho agrícola junto aos grandes fazendeiros.

Muitos pequenos proprietários, é verdade, acabavam não conseguindo se sustentar apenas com o pedaço de terras que dispunham, tendo de ir trabalhar para grandes fazendeiros. Porém, diferentemente daqueles que pediam morada, os pequenos agricultores, mesmo mostrando que não tinham meios suficientes para viverem sem trabalhar para outrem, podiam negociar sobre a remuneração do trabalho e dispunham de habitação própria – mesmo se dormissem no domínio durante o desenrolar dos trabalhos. Aquele que dava a morada é porque dispunha de um patrimônio fundiário suficientemente grande para lhe permitir recrutar famílias de trabalhadores para viverem em seus domínios. Os senhores empregavam dessa maneira seus patrimônios fundiários para constituírem uma clientela de indivíduos submetidos a laços de dependência. Dito de outra forma, a propriedade fundiária era uma força social que terminava funcionando como a extensão de uma subordinação personalizada.

Tal subordinação, por sua vez, deveria ser renegociada constantemente. Segundo Garcia, a relação de morada não era uma construção dada uma vez por todas, invariável, independente de todo trabalho para assegurar a continuidade ou mudança da relação morador-senhor. Pelo lado do fazendeiro, era somente respondendo às expectativas dos moradores nos diferentes planos nos quais contavam com sua proteção que o senhor conseguia crédito para impor sua vontade sobre outras vidas. Os "dons generosos" do proprietário, por seu turno, criavam para o eventual beneficiário uma dívida que dificilmente poderia ser saldada. Quem estava em posição de devedor permanente, ou mesmo eterno, tornava-se despossuído dos meios de saber o que devia exatamente, isto é, não tinha outra alternativa senão aceitar, como seu, o interesse de seu "protetor". Obedecer às ordens era uma maneira de retribuir uma dívida que não podia ser quitada.

A situação dos moradores também não era homogênea. Assim como os senhores faziam com seus escravos, os fazendeiros estabeleciam uma economia de favores com os trabalhadores que moravam em sua propriedade. Cada relação concreta mostrava uma configuração de concessões e obrigações diferentes, que só era explicada completamente pela história particular das trocas morador-senhor. Situado numa posição que permite colocar os moradores em concorrência por seus favores, o senhor podia instituir vantagens materiais como contrapartida da fidelidade à sua pessoa sem mesmo ter necessidade de explicitá-las.

> Era o senhor que, graças à prática de dons que instauram dívidas morais, ligava os indivíduos a si numa relação de submissão, relação esta que engendrava por sua vez a esperança de novas recompensas. O trabalho de dominação é tanto mais eficaz quando consegue que o dominado conceba seus próprios interesses como idênticos aos do dominante: neste caso a disponibilidade da própria pessoa torna-se um dado. Isto pode ajudar a explicar porque os trabalhadores concebiam o trabalho que faziam para si mesmos, nos roçados ou na criação

> de animais, como um dom recebido. Não se trata apenas do "dom" das condições materiais do trabalho, mas de "dom" do uso de seu próprio tempo, de seu próprio corpo. A distinção entre trabalho para si mesmo, a exemplo do roçado, e o trabalho ao patrão, no canavial, é obscurecida, ou mesmo negada, pela interiorização da disponibilidade ao senhor. No limite, tudo se passa como se todo ato do morador fosse um dom do senhor, ou obedecesse à sua vontade tática ou explícita. A dominação instituída pela morada não se reduz à organização simultânea do trabalho, da residência e das trocas materiais no interior da propriedade. Na prática, constitui um dos princípios de estruturação do conjunto da vida social e em especial das atividades culturais (GARCIA, s/d).

Dessa maneira, no caso específico dos libertos, residir e trabalhar na mesma propriedade do antigo senhor significada, muitas vezes, estar sujeito às mesmas práticas de subordinação do tempo de cativeiro. Agora sem a institucionalização da relação de propriedade firmada pelo escravismo, os fazendeiros, vinculando a disponibilidade de terra para morar, plantar e trabalhar a um conjunto de obrigações morais, estabeleceram, de modo a manter o seu controle social sobre determinados trabalhadores, uma nova política de (re) produção de dependentes. A fim de consolidar seus planos de liberdade, interessava a muitos libertos escapar dessas novas formas de sujeição. Ao que tudo indica, esse foi o caso de Maria Constantina e Manoel. A doação de um terreno por parte do Coronel Carlos Simplício permitiu que eles pudessem viver sem ter de "pedir morada" durante o restante de suas vidas. Além do mais, Manoel pôde, com a chácara, estabelecer-se como pequeno proprietário cultivando a sua própria plantação de alimentos. É óbvio, nesse sentido, que o terreno doado contribuiu para afastá-los da situação de ambiguidade que viviam em relação ao passado de seus pais.

De acordo com o recenseamento municipal de 1907, Manoel e Maria Constantina habitavam, juntamente com seus quatro filhos – Luiza Martinha (13), Dorcio da Cunha (11), Carlos da Cunha (5) e Leontina da Cunha (30) –, um bairro denominado nesse levantamento de "Subúrbios". Segundo os dados informados nos outros registros encontrados da família, tratava-se na verdade do bairro do Tijuco Preto. Atualmente, ele está localizado em uma região considerada central da cidade de São Carlos. No entanto, durante a virada do século XIX para o século XX, essa região correspondia a uma área periférica aos limites urbanos. O próprio nome Tijuco Preto, que advém do tupi-guarani, significa "caminho de entrada". Pela leitura possível de se fazer dos números do recenseamento, o bairro consistia na época em uma região composta por pequenas propriedades rurais e habitado majoritariamente por brancos. Ao todo, viviam nos denominados "Subúrbios" 627 brancos, 82 pretos e 7 mulatos.

Por ser um terreno doado pelo Coronel, muito possivelmente uma antiga propriedade sua, a família de Maria Constantina e Manoel não vivia em um dos bairros periféricos que muitos libertos vieram a ocupar após o fim da escravidão. Conforme fora mencionado anteriormente, libertos que trabalhavam na fazenda Pinhal fundaram o bairro de Vila Isabel, localizado num prolongamento entre a fazenda e outros municípios que estão no mesmo curso. O bairro de Vila Pureza, situado na outra extremidade da cidade, na saída para o município de Araraquara, também era uma área de concentração de negros durante o pós-abolição, sendo, inclusive, chamado pela população local de "cinzeiro" ou "bola preta" (LOPES, 2009, p. 64). O Tijuco Preto, embora situado na periferia de São Carlos, pertencia a uma região de transição entre o rural e o urbano, onde habitavam somente aqueles com condições de adquirir um pequeno lote de terra – e, talvez, seus empregados. Adquirir uma propriedade nesse local não era uma tarefa fácil para a imensa maioria dos outros negros são-carlenses.

De fato, sabemos que, sem a doação do Coronel, seria muito difícil para Manoel e Maria Constantina obterem uma porção de terras como aquela. A posse dessa chácara, como vimos, muito além de uma questão de propriedade material, acabou por livrá-los de uma série de situações de sujeição, as quais poderiam piorar ainda mais a precária condição de liberdade em que se encontravam quando se conheceram. Segundo as informações do recenseamento municipal, somente Manoel exercia uma profissão. Ele era camarada e, ao que leva a crer, combinava o plantio próprio de alimentos com o trabalho, seja diário ou por empreitada, para outros proprietários rurais da região. Isso fez com que ele dispusesse de uma relativa liberdade de escolha quanto ao tempo e às condições do seu trabalho, sem ter de firmar um vínculo constante com algum fazendeiro. A própria Maria Constatina, a qual se ocupou com os serviços de cuidado da própria chácara e dos filhos, não se viu obrigada a trabalhar "para outros" após se casar com Manoel. Para aqueles que tinham consciência do que tais situações representavam frente à experiência do cativeiro, como é o caso desse casal, elas podem ser consideradas conquistas centrais na busca por melhores condições de vida.

Claro que, por ser uma doação do próprio Coronel, a disponibilidade desse pedaço de terra estava inserida na economia de favores estabelecida entre fazendeiros e seus subordinados. Em troca desse benefício material, Manoel e Maria Constantina deveriam, como gratidão, manter silêncio sobre a paternidade de Carlos Simplício. Pelo que se percebe através da documentação e do conhecimento de Lopes sobre a situação, esse acobertamento do vínculo entre o Coronel e Maria Constantina custou, para essa última, a transmissão de uma memória familiar incompleta para seus descendentes. O próprio Ademil Lopes tomou conhecimento desse fato em uma corriqueira visita ao cemitério municipal realizada junto com a sua tia Luiza, a filha mais velha de Maria e Manoel.

A mãe dele, Leontina da Cunha, era a filha mais nova e havia nascido já em 1904, sete anos após a morte de Carlos Simplício. Embora tivesse ouvido falar de quem era seu avô, ela confessava que não sabia muitos detalhes acerca da situação, sendo que até então nunca tinha contado para o filho quem era seu bisavô. Lembrando que silenciar-se significa ocultar algo que não deve ser dito, uma circunstância sem aceitação social para ser exposta. O silenciamento quanto ao vínculo de paternidade do Coronel com Maria Constantina implicava, nesse sentido, no reconhecimento, por parte dessa última, de que ela própria era fruto de uma relação socialmente ilegítima. Implicava, em último caso, aceitar como desonra sua própria história familiar.

Segundo o próprio Ademil, a melhor definição para a relação estabelecida entre o Coronel Carlos Simplício e sua avó Maria Constantina saiu da boca de Luiza, a tia que havia lhe contado o "segredo": "O Coronel Carlos Simplício foi um filho da puta, mas nem tanto". Com a expressão "nem tanto", ela obviamente se referia ao terreno doado e ajuda financeira dispensada pelo fazendeiro. Essa trajetória familiar que acabamos de abordar, todavia, acaba por dizer muito acerca do caráter dúbio presente nas relações interpessoais tecidas por negros(as) com pessoas de posses durante o pós-emancipação. Se elas eram uma das únicas fontes de obtenção de recursos – materiais e simbólicos – para os afro-brasileiros egressos da escravidão, também traziam determinados custos sociais, os quais, na grande maioria das vezes, estavam ligados às políticas de dependência constituintes dos jogos de poder que as controlavam.

A "economia onomástica" do pós-abolição

O fato de Maria Constantina ter de ocultar o lado paterno da sua genealogia familiar é uma questão muito delicada para os libertos. A maioria deles lutou, no pós-abolição, pelo reconhecimento de seus laços sociais e, principalmente, pela institucionalização perante o Estado desses vínculos. Um dos aspectos mais interessantes envolvendo a menção de ex-escravos nos registros oficiais consiste na "economia onomástica" que se formou em relação aos nomes desses sujeitos. Em Cuba autores perceberam que, logo após ser decretado o fim definitivo do escravismo, muitos ex-escravos apresentaram-se a oficiais públicos com o intuito de autenticar um contrato, podendo ser ele de compra, venda ou até mesmo herança (HEBRARD, MATTOS, SCOTT, 2003, p. 6). Para além da garantia de algum tipo de posse, o interesse implícito nessa busca seria o de institucionalizar, o mais rápido possível, um nome que ostentasse alguma individualidade. Em geral portadores de nomes simples e sem sobrenomes, os libertos queriam agora ser reconhecidos da mesma forma que o restante da população, apagando as reminiscências que pudessem associá-los à escravidão.[11]

A imposição e a apropriação de nomes foram, aliás, questões presentes no processo de escravização desde a captura em solo africano. Os africanos que migraram forçados para a América não foram apenas coisificados e transformados em mercadorias, mas também estavam sujeitos ao poder e a lógica da burocracia montada em torno do seu comércio. O império português, durante a ocupação de parte do território africano, montou toda uma estrutura burocrática para organizar os seus negócios, com a criação de registros documentais capazes de identificar e controlar o fluxo de cativos para a colônia americana.[12] Infelizmente, poucos deles re-

11 A necessidade de institucionalização de um nome perante o Estado também tem a ver com o monopólio do "poder de nomear" que essa instituição alcança na história ocidental. Conforme salienta Bourdieu (1990, p.162), a nominação oficial, isto é, o ato pelo qual se outorga a alguém um título, torna-se uma qualificação socialmente reconhecida como poder do Estado.

12 Em quimbundo, uma das línguas faladas na região de Angola durante o auge

latam algo acerca das denominações utilizadas pelos cativos antes da sua captura. Durante o aprisionamento, a comercialização e a travessia do Atlântico, ocorre, na verdade, um processo de negação e apagamento do antigo nome. Havia uma carta régia que dizia que todos os escravos capturados, antes de serem embarcados, deveriam ser catequizados e batizados ainda em solo africano, haja vista que a conversão religiosa para o cristianismo era um dos pilares da legitimação da escravidão dentro das monarquias ibéricas. O batismo era oficializado, primeiramente, por meio da atribuição de um bilhete, o qual logo foi substituído pela marca de uma cruz, feita com ferro quente, na pele do escravizado. Nesse batismo, os escravos somente recebiam essa marca, sem nenhuma imposição de nome. Somente na chegada ao Brasil, após ser batizado novamente por um padre, o cativo recebe um nome cristão.[13]

Esse último passava a ser o nome presente nos documentos escritos, ou seja, era o nome que representava o estatuto econômico, político-administrativo e jurídico do cativo na sociedade escravista brasileira. Vários, no entanto, ainda permaneciam se designando, nas interações cotidianas, através de nomes africanos. No decorrer de vários anos, cabe ressaltar, as designações em relação

---

do comércio transatlântico de escravos, a palavra "marca" pode ser traduzida como *karimu*. *Karimbo* era o ferrete oficial, de prata ou ferro esquentado na brasa, com que se marcavam os negros no momento do embarque, no ato da cobrança dos direitos de exportação. Daí as palavras carimbo e carimbar. Em sendo assim, o substantivo e o verbo mais usados na língua portuguesa do Brasil – definindo as hierarquias, o escopo da propriedade, a validade dos documentos, a autoridade pública exercida pelo Império e pela República brasileira, derivam do gesto, do instrumento que imprimia chancela legal ao comércio de humanos. Da palavra que situava o momento preciso de reificação do africano (ALENCASTRO, 2000, p. 180).

13 Nos documentos referentes ao comércio negreiro, os escravos eram individualizados por meio da descrição de suas características físicas e marcas corporais.

aos cativos adquiriram um caráter bem contextual. Havia a classificação do Estado, da Igreja e dos senhores, mas, por outro lado, os escravos poderiam ser chamados por denominações distintas em diferentes conjunturas. Os escravos e libertos podiam manipular o seu nome de batismo ao longo da vida, dependendo da situação em que se encontravam.

O processo de reconstrução das identificações individuais, marcado pela substituição de formas de classificação africanas por um nome cristão, não foi, todavia, linear e dicotômico; diferentes designações foram, muito provavelmente, requisitadas em múltiplos espaços de sociabilidade, os quais vão além da dicotomia entre mundo dos brancos e mundo dos escravos. Aos poucos, no entanto, o nome cristão foi apropriado pelos próprios cativos, sendo que, como veremos, muitos o adotam até mesmo após garantirem a sua liberdade.[14] A tentativa de se preservar uma "memória da África" foi expressa através de outras manifestações, como a religião, as expressões artístico-culturais e diversas formas de festividades. Não foi possível reconstruir, em solo brasileiro, a onomástica africana.

Geralmente, os escravos eram designados com nomes de santos, sendo que, com o passar do tempo, alguns deles foram se tornado quase que exclusivamente nomes de escravos.

> Quanto aos nomes cristãos, parece que por muito tempo pouca diferença houve entre os dos brancos e os dos negros, tirados todos da folhinha. Nomes de santos – predominando o de João – que livrava a casa de menino com esse nome, do diabo vir dançar à porta: e os de Antônio, Pedro, José, nomes de santos poderosos que impediam o sétimo filho da família de virar lobisomem. Mesmo sem ter havido

---

14 A descrição feita aqui sobre a renomeação dos africanos escravizados foi baseada em Hebrard, 2003, p. 37-46.

> diferenciação ostensiva, podem-se considerar certos nomes – Benedito, Bento, Cosme, Damião, Romão, Esperança, Felicidade, Luzia – como caracteristicamente de negros (FREYRE, 2006, p. 541).

A apropriação de um nome, para além do processo de individualização da identidade que ele representa, traz consigo a questão da inserção do indivíduo nas estruturas jurídicas e administrativas do Estado. A assimilação de um nome designa, de um lado, a existência de um ser humano como radicalmente singular e, de outro, as múltiplas ordens sociais que lhe conferem sentido. Nas burocracias do Estado, um nome delimita, de um modo geral, a singularidade da pessoa no tempo (as múltiplas possibilidades de filiação e de linhagens, por exemplo) e no espaço (lugar de nascimento, terras familiares etc.). No caso específico dos cativos que desembarcaram em terras brasileiras, essa singularização não era assim tão clara e evidente. O ato do batismo relegava uma espécie de protoestado civil aos africanos escravizados. A simples inscrição de um nome em um documento, como é o caso dos certificados de batismo, conferia ao seu detentor, contudo, certos potenciais de poder que não podem ser negligenciados.

Tal potencialidade, por sua vez, foi a responsável pela produção de estatutos jurídicos ambíguos em relação aos cativos em diversos registros. Embora a própria palavra escravo traga implícita a ideia de pessoa portadora de nenhum gênero de direito, o simples registro de batismo oferecia aos cativos a possibilidade de ter um nome, isto é, um contorno de individualidade. Não foram poucas, porém, as investidas que escrivães, notários, tabeliões, padres e fazendeiros fizeram para tentar amenizar ao máximo essa individualidade. Após receberem apenas uma denominação genérica, alguns introduziam, com o tempo, nomes compostos e designações que remetiam às suas origens. O tráfico atlântico, por exemplo, criou determinadas categorias para classificar a procedência dos cativos africanos. As chamadas "nações" foram as mais utilizadas. Elas consistiam em nomes de macrorregiões, portos ou reinos onde era praticado o comércio de cativos. Esses termos não faziam sentido nas identificações dos próprios escravos, porém não é incomum encontrar, nos registros oficiais, nomes de cativos seguidos de termos como "mina", "benguela", "congo" e "angola".

Estudando a sucessão de sobrenomes em Cuba durante o século XIX, Michael Zeuske (2002) salientou que a ausência de sobrenome, ou então a presença somente do sobrenome da mãe,[15] eram um dos primeiros indicadores do estatuto de escravo. A classificação aparentemente objetiva inscrita em um nome denotava, na verdade, uma marca quanto à condição social da pessoa. Funcionando como um marcador de hierarquias, as denominações contidas em registros oficiais acabaram se tornando, durante e após a escravidão cubana, um palco de disputas pela (re)construção de posições sociais. A "economia onomástica" que se formou nas sociedades pós-emancipação fazia parte, nesse sentido, do processo, comum em diversos contextos, de renegociação das antigas hierarquias.

De acordo com Zeuske, não eram apenas os escravos formais que tinham o seu estatuto fixado de forma indireta nos documentos oficiais; filhos livres de escravas portavam, não raras vezes, a denominação "hijo/hija de" (filho/filha de) seguida do primeiro nome da mãe (ZEUSKE, 2002, p. 214). Fazendo menção à ascen-

15 Em Cuba, a prática da nomenclatura, formalizada em 1889, não permitia que filhos gerados fora de casamentos formais apropriassem o sobrenome paterno, a menos que o pai reconhecesse legalmente a criança. A grande maioria dos escravos, sem a possibilidade de formalizar uniões ou reivindicar direitos na Justiça, possuía, desse modo, no máximo o sobrenome da mãe. A tradição ibérica, por seu turno, atribuía um sentido de ilegitimidade, uma condição de desonra, à pessoa com apenas um sobrenome.

dência escrava, essa forma de denominação estabelecia formas de distinção também entre as pessoas livres. Segundo a autora, após o fim definitivo do escravismo no país caribenho, as lembranças em relação à condição de cativo, expressas por meio das nomenclaturas individuais, continuaram sendo acionadas no processo de produção social das desigualdades. Com a abolição, a designação política indicada pelo termo "livre" desaparece dos registros oficiais.

A partir da década de 1880, começam, então, a serem empregados termos como "sin segundo apellido" (sem segundo sobrenome), "sin más apellido" (sem mais sobrenome) ou "sin otro apellido" (sem outro sobrenome) (ZEUSKE, 2002, p. 216-217. "Sin otro apellido", enquanto um registro notário não oficial, era operacionalizado enquanto uma espécie de "marcador oculto" (*hidden marker*). Os ex-escravos cubanos passaram a gozar, juridicamente, da posição de cidadãos, mas muito deles foram estigmatizados nos documentos por meio da inscrição "sin outro apellido" (ZEUSKE, 2002, p. 227). Com a utilização desse marcador, eles eram, perante o Estado, pessoas jurídicas, mas estavam simultaneamente assinalados com uma marca de ilegitimidade. Uma vez que a categoria escravo havia sido eliminada do vocabulário jurídico, as práticas de nomeações tornaram-se, no contexto dos documentos escritos, uma das únicas formas de se reconhecer ex-escravos e seus descendentes durante os anos posteriores à emancipação do cativeiro.

Zeuske salienta que a presença desses termos nos documentos burocráticos cubanos do pós-abolição reconstroem as hierarquias da ordem escravista. Eles carregariam, desse modo, um forte viés racial. A partir de 1893, muitos notários parecem relutar em classificar abertamente os seus novos clientes (os ex-cativos) com os antigos e familiares marcadores raciais. Após os ganhos com os movimentos de direitos civis, utilizar rótulos de cor para a distinção das pessoas parecia algo meio inadmissível e, ao mesmo tempo, os notários já haviam introduzido o menos visível e menos ofensivo *sin otro apellido.*

Essa designação começou, muito provavelmente, a ser utilizada somente para preencher o espaço em branco do segundo sobrenome, que necessitava de ser preenchido segundo os protocolos notariais. Porém, após a década de 1890, ela passou a ter conotações raciais, de ilegitimidade e desonra. Sob a base dessa sincronia entre raça, ilegitimidade e desonra é que a questão racial ganhou novos significados nos anos imediatamente posteriores à abolição em Cuba (ZEUSKE, 2002, p. 230-231). O discreto marcador *sin otro apellido* substituiu, desse modo, os antigos marcadores que denotavam a herança do cativeiro: o marcador político "libre" e os marcadores raciais "moreno/a" e "pardo/a" (ZEUSKE, 2002, p. 229).[16]

Os ex-escravos, no entanto, não aceitaram a estigmatização implícita no termo "sin otro apelido", enxergando nele uma incompletude de seus nomes e uma rotulação de suas relações de parentesco. Houve, nesse sentido, toda uma luta individual para se conseguir outro sobrenome (ZEUSKE, 2002, p. 234-235). A partir da década de 1880, começa uma corrida entre ex-escravos e seus descendentes para o reconhecimento oficial de seus sobrenomes. A autora possui a impressão de que as pessoas com ascendência escrava costumavam "jogar" (playing) com os seus sobrenomes. Vários deles preferiram a adoção do sobrenome do último senhor, enquanto outros buscaram remontar a sua própria genealogia oral, ou seja, aquela ligada aos laços paternos negados nos documentos escritos. No que tange à primeira ocasião, alguns alegavam não conhecer o nome e nem o paradeiro dos pais, justificando assim a opção de usar o sobrenome do ex-senhor. De acordo com Zeuske, não foram poucos, contudo, os casos em que libertos reafirmaram os vínculos verticais mantidos com antigos senhores através da apro-

16 Na pesquisa junto aos registros eclesiásticos são-carlenses também encontramos casos semelhantes, porém com a utilização da expressão "de tal" no lugar do sobrenome do liberto(a).

priação dos sobrenomes desses últimos. Isso explicaria a existência dos grandes *apellidos esclavos*, aqueles sobrenomes, pertencentes primeiramente às famílias dos maiores proprietários de escravos da região, que se tornaram comuns, de fins do século XIX em diante, entre os afro-cubanos (ZEUSKE, 2002, p. 222).

Os dois casos analisados até o momento são emblemáticos quanto a essa questão. Felício, como ressaltado anteriormente, gostava de ser chamado de Felício de Arruda, Felício de Arruda Botelho ou então Felício do Conde do Pinhal. Seu intuito era destacar o vínculo que nutria com seu ex-senhor, um dos principais fazendeiros de todo o oeste paulista. Já Manoel da Cunha e Maria Constantina da Cunha também parecem ostentar tal sobrenome devido às ligações familiares que ambos mantinham com o Coronel Carlos Simplício. Esses casos não foram raros na região de São Carlos. Encontramos diversos libertos portando o nome ou o sobrenome de importantes fazendeiros, sendo que, em várias situações, as fontes indicaram existir uma relação muito próxima entre eles. É o que demonstra, por exemplo, o casamento firmado no dia 23 de outubro de 1881 entre Lucio, um escravo de Francisco Luiz de França, e a escrava Joanna, pertencente ao mesmo senhor. As testemunhas foram pessoas da família do próprio fazendeiro, uma das mais tradicionais de São Carlos: Premitivo Luiz de França e Theofilo de Toledo França. A proximidade com a família do senhor poderia fazer com que esse escravo adotasse, após a conquista da liberdade, um dos nomes daquele. No recenseamento municipal de 1907, encontramos Lucio Francisco, colono de 47 anos que trabalhava na fazenda de Candido Franco de Lacerda.

Foi também dessa maneira que chegamos a Venâncio de Oliveira, registrado em 1907 com 40 anos e como colono da fazenda de José Augusto de Oliveira Salles. No recenseamento, ele parece casado com Gertrudes M. Oliveira. Pode ser antiga a ligação dele com a família do fazendeiro que agora era seu patrão. O sobrenome Oliveira que Venâncio adotou pode ser uma referência ao seu antigo proprietário, Joaquim Francisco de Oliveira. Nos registros paroquiais de casamento está anotado o casamento de um casal de escravos desse senhor cujos nomes eram Venancio e Thomasia, ambos advindos da Bahia. Prestaram-se como testemunhas Pedro Gonçalves Cardoso e Bento Casimiro de Toledo França. Ao que tudo indica, Venâncio teria se tornado, após a sua libertação, Venâncio de Oliveira.

Outro caso encontrado diz respeito a Américo Teixeira, um colono da fazenda de José Augusto de Oliveira Salles. Em 1907, ele estava com 75 anos de idade e vivia com possíveis parentes de sua mãe, uma vez que a mulher dessa família ostentava o sobrenome Arruda, mesmo sobrenome daquela. Aparentemente, ele já estava viúvo. Os registros paroquiais de casamento, por seu turno, fazem menção a um casamento ocorrido em 22 de junho de 1867, cujos noivos são dois escravos: Américo e Generosa. Eles eram cativos do Major Joaquim Roberto Rodrigues Freire e eram provenientes da vizinha Araraquara. As testemunhas foram José de Camargo Penteado e Bento Luís França. Teixeira, Camargo Penteado, França e Arruda são todos sobrenomes dos principais fazendeiros de São Carlos, sendo que o liberto em questão morava, em 1907, na fazenda de José Augusto de Oliveira Salles, um dos principais proprietários desse círculo. Parece que Américo presenciou os primeiros anos do escravismo nas fazendas da região e permaneceu nelas por toda a sua vida. Pelo visto, a sua provável imersão nas redes de relacionamento dos principais fazendeiros do município pode ter sido decisiva na delimitação dessa trajetória, já que ela abriu espaço para uma mobilidade, mesmo que estreita, dentro do conjunto das principais propriedades da região.

Essa parece ter sido também a situação de Antonio de Camargo. No dia 10 de janeiro de 1903, quando tinha 21 anos de idade, ele casou-se com Theodora Maria da Conceição, de 16 anos. As testemunhas foram Elias de Camargo Penteado e Carlos Evaristo. Sua proximidade com a família Camargo não fez com que, entretanto, ele permanecesse trabalhando nas terras dessa última. No recenseamento de 1907 encontramos Antonio Camargo, registrando agora 26 anos, como camarada da fazenda de Antonio Carlos de Arruda Botelho, um fazendeiro que mantinha uma relação próxima, inclusive no que toca às alianças políticas locais, com a família Camargo. Antonio, porém, aparece casado com Francisca Camargo, de 20 anos de idade.

Nem sempre um estreito vínculo com um fazendeiro significava, entretanto, a permanência do trabalho junto a ele. A ligação com uma tradicional família de fazendeiros também fez parte da vida de Feliciano de Arruda. O casamento dele foi registrado no dia 07 de setembro de 1889, quando ele foi classificado com a idade de 22 anos. Esse registro ainda o identifica como "jornaleiro" e assinala o nome de seus pais, Joaquim e Benedicta. Trata-se, portanto, de, no mínimo, um filho de escravos. Ele casou-se com Victoria Francisca de Paula, designada então com 18 anos, filha de Antonio Avelino e de Manoela Francisca de Paula. As testemunhas do matrimônio foram José Antonio dos Santos e Carlos José de Arruda Botelho, filho do Conde do Pinhal. Pelo sobrenome de Feliciano e pelo nome dessa última testemunha, bem como pelo fato de ambos os noivos serem naturais de São Carlos, supõe-se que ele gozava de uma relativa proximidade com certos membros da família Arruda Botelho.

No recenseamento de 1907, porém, ele não aparece como trabalhador de alguma das fazendas dessa família, mas como maquinista na propriedade de Francisco de Castro Galvão. Ele está recenseado com 40 anos, enquanto sua esposa, já nomeada como Victoria de Arruda, estava com 28 anos de idade. Ambos são qualificados como mulatos. O capital social proveniente das redes sociais é operacionalizado de acordo com as necessidades circunstanciais de cada sujeito. Feliciano poderia ter usufruído dos contatos com a família Arruda Botelho para conseguir emprego em uma fazenda onde, segundo suas expectativas, o passado escravista de seus pais – ou até mesmo o dele – não fosse tão evidente, uma vez que a tradicional família são-carlense conhecia, devido à suposta proximidade, a sua história de vida.

A manutenção do sobrenome da família de um antigo senhor estava sujeita, todavia, a constantes renegociações ao longo do tempo. Alguns prováveis descendentes de escravos poderiam deixar de usufruir desses sobrenomes com o passar dos anos. É o caso de Salvador Baldoino de Camargo, o qual se casou, no dia 13 de agosto de 1898, quando registrava a idade 31 anos, com Sebastiana Soares de Camargo, de 16 anos de idade. No que se refere ao primeiro, a sua mãe já portava esse sobrenome, que pertence a uma importante família de fazendeiros cuja origem remonta à cidade de Campinas, justamente a mesma em que Salvador nasceu. Já em relação à Sebastiana, era seu pai quem ostentava o sobrenome Camargo. Há a possibilidade, desse modo, de que ambas as famílias dos noivos sustentassem uma longa afinidade junto à família Camargo. As testemunhas do casamento, por sua vez, foram Francisco Ferreira da Costa e João Domingos de Camargo, outro possível liberto que adotou um sobrenome reconhecido.

No recenseamento municipal de 1907, isto é, quase dez anos após o seu casamento, Salvador está registrado como Salvador Balduino Mello, 38 anos de idade, trabalhador casado com Sebastiana A. Camargo, de 24 anos de idade. Eles viviam na fazenda de José Augusto de Oliveira Salles, juntamente com mais dois filhos de sobrenome Mello, cujo mais velho tinha seis anos. Nessa mesma fazenda estavam recenseados os pais de Sebastiana. Eles aparecem como Martiniano Lopes, 48 anos de idade, carpinteiro, e Mariana E. de Jesus, 44 anos de idade. Pouco mais de um ano antes, no final de 1905, estes últimos foram padrinhos do filho de Salvador e Sebastiana, chamado Arlindo. Segundo os assentamentos de batismo, tanto Salvador como Martiniano possuíam ainda o sobrenome Camargo. Martiniano, inclusive, batizou outra criança nesse mesmo dia. Juntamente com Carlota Souza do Nascimento, ele batizou Carlota, filha de João Soares de Camargo e Eliza Maria de Jesus. Não encontramos esses nomes no levantamento feito junto ao censo, porém, é de se suspeitar que João Soares de Camargo possa ser a mesma pessoa que João Domingos de Camargo, descrito como testemunha no casamento de Salvador realizado alguns anos antes.

No recenseamento, aparecem vários filhos de Martiniano, os quais portavam o sobrenome Lopes, além da possível irmã de Mariana, chamada Esmeria Maria de Jesus, com 55 anos de idade. Entre os filhos de Martiniano, encontra-se Joaquim Lopes, recenseado com 24 anos de idade, empregado, casado com Luzia Lopes, também classificada com 24 anos de idade. O matrimônio desse casal ocorreu quatro meses após o casamento de Balduino, no dia 10 de dezembro de 1898. Os registros paroquiais de casamento os denominam como Joaquim Miguel Lopes, então com 18 anos de idade, e Luzia Maria de Jesus, 15 anos de idade, filha de Zeferina Maria de Jesus. Martiniano, pai de Joaquim, é mais uma vez classificado com o sobrenome Lopes de Camargo. Vale destacar também as testemunhas do casamento, Elias de Camargo Penteado, membro da família de fazendeiros Camargo Penteado, e o cunhado do noivo, Salvador Balduino de Camargo.

Pode se tratar de um erro de grafia, tão comum nos documentos da época, o fato de o sobrenome Camargo não ter sido transcrito no recenseamento. Porém, não seria muita coincidência esse erro ter acontecido tanto para o sogro quanto para o genro e, além disso, em relação ao mesmo sobrenome? Salvador ainda testemunhou o casamento de outro cunhado, Raymundo Lopes de Camargo. Esse último, que na época foi designado com 24 anos idade e como natural de São Carlos, casou-se no dia 14 de maio de 1904 com Alice Justina Ferreira, 18 anos de idade, filha de Justina, a qual é descrita com uma ex-escrava de Americo Ferreira.[17] O pai de Raymundo, por seu turno, é denominado mais uma vez como Martiniano Lopes de Camargo. De acordo com as informações do recenseamento, Raymundo L. Camargo e Alice J. Camargo trabalhavam como camaradas na fazenda de José Augusto de Oliveira Salles. Os dados apresentados, portanto, além de sugerirem a atuação de redes familiares no que toca à presença desses sujeitos na fazenda em questão, sublinham o fato de tanto Salvador como seu sogro, Martiniano, não estarem registrados com o sobrenome Camargo, o qual antigamente portavam. Essa situação é de causar estranheza, já que, conforme deixam a entender os registros, eles usufruíam de uma relação de proximidade com alguns membros dessa família.

Com as informações coletadas, não temos como saber o real motivo dessa mudança. Pode-se afirmar, entretanto, que a partir do momento no qual um(a) liberto(a) se apropria do sobrenome de um fazendeiro ocorre uma sequência da subordinação pessoal em relação a esse último. Mesmo não se tornando, do ponto de vista legal, membros da família, os libertos que aderiam ao sobrenome do antigo senhor se enxergavam como muito mais do que meros trabalhadores do mesmo, mas como pessoas que nutriam alguma espécie de parentesco não consanguíneo com ele. Conforme já ressaltado anteriormente, essa é exatamente a lógica patriarcal. Ao fazer com que os subordinados se sintam o mais próximo possível dos seus superiores, a ponto de se considerarem alguma categoria familiar, a política de domínio patriarcal tornava-os cada vez mais sujeitos às normas de proteção, confiança e obediência que incidiam sobre essa relação. Ao negociar cotidianamente esses termos, poderia ocorrer a quebra de determinadas

17 O nome de Alice faz parte de um dos típicos casos, os quais serão abordados detalhadamente mais adiante, em que a filha de uma ex-escrava resolve adotar o nome da mãe como sobrenome.

expectativas e, assim, uma redefinição dos conteúdos e da intensidade desse vínculo. Uma possível desavença com membros da família de Camargo poderia, nesse sentido, fazer com que eles optassem pela adesão de outro sobrenome para a família.

Alguns negros, no entanto, trocaram de sobrenome ao longo da vida e, mesmo assim, permaneceram trabalhando para a mesma família de fazendeiros. Francisca Maria de Jesus, então com 18 anos, casou-se no dia 2 de setembro de 1889 com um homem chamado Firmino da Cunha Bueno, de 22 anos de idade. De acordo com os registros, ambos eram "jornaleiros", sendo que os pais dele eram antigos escravos, uma vez que foram classificados sem sobrenome algum. Testemunharam Honório Francisco Justo e Antonio Nunes de Souza. Ao que tudo indica, Firmino, um ex-escravo, resolveu adotar o sobrenome Cunha Bueno, referente a uma tradicional família de fazendeiros, perante os documentos oficiais. Porém, nos dados apresentados pelo recenseamento municipal de 1907, ele aparece como Fermino Cláudio de Souza, um carreiro de 50 anos. Francisca Maria de Jesus, com quem ele permanece casado, está classificada com o mesmo nome, apresentando agora a idade de 37 anos. Eles estavam morando na fazenda de Francisco Ellis, fazendeiro que tinha parentesco, conforme fora relatado anteriormente, com a família Cunha Bueno.

Pode ser que, mesmo continuando a trabalhar para a família a qual provavelmente pertencia quando era escravo, Firmino preferiu, em um dado momento da sua vida, passar a utilizar o sobrenome de um possível liberto de que ele fosse muito próximo. Sob esse ponto de vista, parece justo supor que esse vínculo fosse Antonio Nunes de Souza, uma das testemunhas do seu casamento. Segundo o recenseamento municipal, esse último era um negro, de 47 anos de idade, que trabalhava como pedreiro na mesma fazenda que Firmino. Antonio Nunes de Souza, aliás, é o primeiro trabalhador recenseado na propriedade de Francisco Ellis. É de se supor, desse modo, que a família de Firmino e a de Antonio nutrissem um longo histórico de relativa proximidade com as famílias Ellis/ Cunha Bueno, desde os tempos de escravidão. Tal proximidade pode ter sido decisiva, por sua vez, até mesmo para a ocupação que ambos exerciam, uma vez que realizavam atividades de trabalho especializadas.

Por fim, há situações nas quais não se consegue encontrar uma ligação direta entre os libertos que utilizavam o sobrenome de fazendeiros da região e a famílias desses últimos. Roberto Botelho, 20 anos, filho de Balthazar e Sebastiana (ambos denominados como ex-escravos), casou-se no dia 03 de setembro 1898 com Adriana de Arruda, 20 anos, filha de Alexandre Lobato e Luisa. Ambos são naturais de São Carlos. Foram testemunhas Francisco Vicente e Raphael Zeferino. Não encontramos nenhum desses nomes, tantos os dos noivos como os das testemunhas, no recenseamento. O que se deve ressaltar é que, mais uma vez, nos deparamos com um casal de libertos utilizando o sobrenome da família Arruda Botelho, uma das fundadoras do município.

É de se estranhar que as famílias de grandes proprietários, extremamente orgulhosas de seus sobrenomes extensos e de seus brasões, permitissem que descendentes de escravos passassem a utilizar a nomenclatura presente em seus nomes. No início do século XX, esses nomes expressavam as alianças e estratégias matrimoniais firmadas entre diferentes famílias tradicionais do Império brasileiro, geralmente advindas das regiões mais antigas do estado de São Paulo, como Itu, Piracicaba e Campinas. "Carlos de Arruda Botelho", "Oliveira Salles", "Abreu Sampaio", "Teixeira de Barros", "Camargo Penteado" etc. eram sobrenomes que, para não perderem o estatuto que ostentavam, deveriam ficar restritos a determinados círculos familiares. Nas Antilhas Francesas, ocorreu toda uma resistência por parte das instituições jurídicas e administrativas em imputar sobrenomes de antigos senhores nos ex-escravos (COTTIAS, 2003). O objetivo dessa negação era preservar as transmissões de herança dentro dessas famílias, impedindo que libertos tivessem a oportunidade de recorrer à Justiça para pleitear direitos frente aos familiares dos ex-senhores.

No caso de São Carlos, não encontramos afro-brasileiros sendo chamados pelos diversos sobrenomes dos maiores fazendeiros da região; percebemos, conforme exposto, a presença de famílias designadas com apenas um dos sobrenomes, ou até mesmo o próprio nome, desses proprietários. É provável que a apropriação, pelos afro-brasileiros, de um único sobrenome (ou então de um codinome) de algum fazendeiro não causaria, de um modo geral, grandes impactos nos processos de transmissão de herança. Com sobrenomes extensos, as famílias de grandes proprietários continuariam se distinguindo de maneira clara em relação aos negros, tanto nas interações cotidianas quanto nos documentos oficiais. Isso parece justificar certa tolerância de fazendeiros e burocratas quanto ao registro de descendentes de escravos que portavam sobrenome de famílias tradicionais na região.

Embora os grandes proprietários ainda conseguissem diferenciar-se familiarmente em relação aos negros que portavam seus nomes/sobrenomes, é certo, porém, que a utilização do sobrenome enquanto forma de distinção social perdeu muito de sua eficácia nesse contexto. Tornando-se relativamente comuns, uma vez que estavam sendo utilizados frequentemente, alguns sobrenomes de fazendeiros não desfrutavam mais do prestígio dos tempos imperiais, quando remontavam a uma tradição dinástica e fidalga.

> Esses negros batizados e constituídos em família tomavam em geral o nome da família dos senhores brancos: daí muitos Cavalcantis, Albuquerques, Melos, Mouras, Wanderleys, Lins, Carneiros Leões, virgens do sangue ilustre que seus nomes acusam.

> No Brasil ainda mais do que em Portugal, não há meio mais incerto e precário de identificação social do que o nome de família. Contou-nos a senhora de distinta família pernambucana, viúva de um diplomata e historiador eminente, que uma vez, em Londres ou Washington, apareceu como adido militar da legação brasileira um oficial do Exército com o mesmo nome da família que o dela. Quis saber se seriam parentes. Indagou. Tratava-se de um nome de família ilustre adotado por motivos de pura estética – o oficial achara-o bonito e adotara-o. É o que têm feito também alguns filhos de padre e vários filhos naturais (FREYRE, 2006, p. 540).

Segundo Hebrard (2003), os afro-brasileiros que adotaram, durante o pós-abolição, o sobrenome de antigos senhores não conheciam, em boa parte dos casos, a sua genealogia familiar. Essa conclusão pode ser considerada parcialmente correta. Parece ser verossímil que muitos escravos, principalmente aqueles separados de suas famílias no comércio interprovincial de cativos, não tivessem a oportunidade de, em fins do século XIX, tentar criar alguma espécie de reminiscência de suas antigas relações familiares por meio da fixação de um nome. Cabe relembrar, todavia, o fato dessa dinâmica migratória, assim como qualquer outra, significar um momento de reconstrução das redes de relações presentes na trajetória desses indivíduos. Apropriar-se especificamente do sobrenome de fazendeiros, entre vários outros, indica a direção na qual estava caminhando os vínculos criados por alguns dos ex-escravos que vieram de outras províncias.

A principal causa para a utilização do sobrenome do senhor reside, porém, nos possíveis benefícios advindos do prestígio social presente nessa nomeação.

> No caso dos escravos constituídos cristãmente em família, à sombra das casas-grandes e dos velhos evangelhos, terá havido na adoção dos nomes fidalgos, menos vaidade tola que natural influência do patriarcalismo, fazendo os pretos e mulatos, em seu esforço de ascensão social, imitarem os senhores brancos e adotarem-lhes as formas exteriores de superioridade (FREYRE, 2006, p. 540).

Fora isso, ao adotar o sobrenome de um ex-senhor, o liberto, além do vínculo com esse último, também poderia, em alguns poucos casos, estar demarcando seus laços sociais com outros ex-escravos – aqueles que pertenciam ao mesmo senhor, da "mesma senzala".

Não apenas os laços estabelecidos com famílias de fazendeiros, porém, orientaram as trajetórias de uma parcela dos libertos da economia cafeeira de São Carlos. Os vínculos com pessoas próximas a esses fazendeiros também poderiam guiá-los nos tortuosos e tensos caminhos que levavam da escravidão à liberdade. Esta pode ter sido a situação de Marcellino, ex-escravo de Lacerda e Irmãos. Ele firmou matrimônio com Cecília, liberta que havia sido escrava de Manoel Correa d'Araújo, em 25 de março de 1888. As testemunhas desse casamento foram João Alves de Lima e Marciano Pereira de Casa Nova. Descobrimos que esse último era administrador da fazenda de Candido Franco de Lacerda, um dos irmãos Lacerda. Ele aparece exercendo essa ocupação no recenseamento municipal de 1907, fonte que ainda registra, trabalhando na mesma propriedade, um camarada "preto" cujo nome era Marcellino Santos, o qual, supostamente, estava sem nenhum familiar. Marciano é classificado no recenseamento como mulato, mas não sabemos se ele possui um passado recente relacionado ao escravismo. O certo é que ele com certeza era uma pessoa próxima de Candido Franco de Lacerda, fato que pode ter contribuído para a contratação de Marcellino. Torna-se necessário, no entanto, a busca de mais evidências que provem que estamos falando do mesmo Marcellino.

Há casos que apontam para a existência de vínculos com escravos e libertos de outras,[18] ao mesmo tempo em que revelam a preferência de seguir trabalhando para a família do antigo senhor. É o que sugere o matrimônio consumado entre os escravos Noé, então com 39 anos, e Bernarda, classificada com 32 anos. O casamento ocorreu no dia 14 de abril de 1888, sob o testemunho de Antonio Tibério e Ozaias de Camargo. Estes eram, provavelmente, dois libertos, sendo que o segundo, a julgar pelo sobrenome, aparenta ter algum tipo de relação com a família Camargo. O casal, por sua vez, pertencia a Estanislau de Campos Salles. Na pesquisa realizada com o recenseamento municipal nos deparamos com Noé dos Santos, 50 anos, colono da fazenda de José Augusto de Oliveira Salles. Ele estava casado com Bernardina de Jesus, de 39 anos.

Embora mantivesse laços com libertos vinculados à outra família de grandes proprietários, o possível casal foi parar na fazenda de um parente do seu antigo senhor. O casamento de Noé e Bernarda, aliás, ocorreu em uma cerimônia coletiva que celebrou o casamento de outros casais de escravos e libertos. Os indivíduos ainda denominados como escravos pertenciam a Estanislau de Campos Salles, enquanto aqueles designados nos registros como ex-escravos tinham como ex-senhor justamente José Augusto de Oliveira Salles. Esse casamento coletivo realizado às vésperas da abolição demonstra a proximidade entre ambos os fazendeiros e suas respectivas ex-escravarias. Rocha (2004, p. 168) afirma, inclusive, que os casamentos coletivos poderiam reunir parentes e/ou amigos escravos que estavam separados. Entre os que iriam se casar, por sua vez, estavam Moyses, 28 anos, natural da Bahia, e Zelina, 20 anos, natural de São Paulo. Eles eram ex-escravos de

18 Em Campinas, há evidências de que esse tipo de relacionamento era relativamente frequente, principalmente quando os senhores eram da mesma família (ROCHA, 2004, p. 169).

Estanislau de Campos Salles e serviram como testemunhas Messias Moreira e Geraldo Cantanhedo. Durante as buscas no recenseamento de 1907, encontramos Moyses Baldo, 50 anos, empregado da fazenda de José Augusto de Oliveira Salles, casado com Zulina da Conceição, de 43 anos. Tudo indica, portanto, que estamos diante de dois casais de ex-escravos que passaram boa parte de suas vidas trabalhando, inclusive como escravos, para a família Salles.

As alianças firmadas com parentes ou amigos dos senhores permitiam, ao tornar a casa do compadre um território amigo, a circulação em outras fazendas, ou seja, permitia a comunicação e a convivência com escravos, libertos e agregados de outras fazendas, os quais já poderiam ser, inclusive, conhecidos ou parentes. O compadrio com parentes do senhor (especialmente cunhados, sobrinhos e irmãos) tendia, portanto, a aumentar os espaços de mobilidade e sociabilidade dos escravos (MACHADO, 2006a, p. 73). As situações acima descritas, onde vimos alguns libertos trabalhando em fazendas de um possível parente ou amigo do antigo senhor, podem ser explicadas por essa maior capacidade de circulação adquirida por alguns escravos, principalmente entre aqueles que firmaram vínculos com pessoas de outras fazendas.

O círculo de relacionamento que desfrutavam quando cativos, provavelmente maior do que de outros escravos, potencializava as chances de, quando libertos, conseguirem mudar para uma propriedade diferente daquela onde haviam vivenciado a escravidão. Em relação à permanência na mesma propriedade, trabalhar em fazendas nas quais não havia sido escravo era encarado, possivelmente, como uma oportunidade mais concreta de não ser tratado como cativo. A imersão nas redes de sociabilidade do senhor poderia facilitar esse trânsito e, dessa maneira, trazer maiores alternativas para a vida em liberdade. Assim, ao contrário de definir a liberdade por meio da completa negação do passado escravo, esses ex-escravos podiam acionar vínculos ou agenciar alianças que, construídos na experiência do cativeiro, representavam uma possibilidade de assegurar uma condição de homem/mulher livre.

Há também o instigante caso de João Pernambuco, 32 anos, ex-escravo de Joaquim de Abreu Sampaio, o qual se casou com Guilhermina, 30 anos, ex-escrava do mesmo senhor. Eles firmaram matrimônio em 03 de outubro de 1888, sob o testemunho de Deraldo Baptista dos Anjos e Augusto José do Nascimento. Segundo o recenseamento municipal, João Pernambuco, agora denominado com 40 anos, e Guilhermina Rita, designada com 35 anos de idade, continuavam, em 1907, como camaradas da fazenda de Joaquim de Abreu Sampaio. Em 21 de janeiro de 1906, este fazendeiro ainda batizou, juntamente com a esposa, o filho desse casal. Esse é um típico caso em que um casal de ex-escravos permanece trabalhando para seu antigo senhor mesmo após terem se passado quase vinte anos do fim da escravatura. Ao que tudo indica, essa longa permanência foi capaz, bem como fomentou, um vínculo relativamente estreito entre ambas as partes, a ponto de um antigo senhor formalizar laços de compadrio com ex-escravos que lhe pertenciam.[19] Tal situação ainda é interessante pelo fato de,

---

19 Parte da historiografia sobre as relações de compadrio é reticente em afirmar que, não raras vezes, são os parentes do senhor que batizam o escravo (BACELLAR, 2011, p. 2; MACHADO, 2006a, p. 67-68; PINTO, 2001, p. 1). A razão disso seria uma suposta incompatibilidade entre a condição de senhor e a de padrinho. Essa tendência se baseia na hipótese de que o papel de senhor, voltado para a disciplinarização do escravo, seria incompatível com o papel de padrinho, mais caracterizado por ser uma figura protetora. Daí a existência de uma quantidade diminuta de casos, ao longo dos diversos estudos sobre o tema, em que o senhor foi o padrinho direto de um escravo. Esse argumento, contudo, considera disciplina e proteção como características mutuamente exclusivas, quando, na realidade, conforme viemos discutindo na questão do patriarcalismo, perpassam determinadas formas de controle nas relações de compadrio. Proteger, em muitos casos, não deixa de significar controle/disciplinarização.

como o sobrenome João sugere, estarmos diante de um escravo que fez parte do tráfico interprovincial que forneceu cativos para o oeste paulista durante uma parte da segunda metade do século XIX.

Conforme dito anteriormente, os anseios de renomeação perante os documentos escritos, por parte dos libertos e seus descendentes, passava pela reafirmação de antigas alianças. Tais alianças demonstravam as estratégias de rupturas no que diz respeito ao estatuto de escravo, as quais variavam de conjuntura para conjuntura. A busca de uma individualização maior nos nomes expressava as redes de relacionamento que atribuíam sentido à nova posição social. Certos libertos preferiam, por sua vez, afirmar a sua condição de pessoa livre afastando-se cada vez mais dos ex-senhores e enfatizando outros círculos relacionais. Esse parece ser o caso da maioria dos libertos de Salvador, onde Hébrard (2003) encontrou poucos ex-escravos portando o sobrenome de seus antigos senhores. O autor argumenta que, para diversos libertos, sair da escravidão significava, entre outras coisas, a oportunidade de portar um nome mais complexo, o qual delimitasse suas próprias filiações familiares. Para Hebrard (2003, p. 92), entretanto, a nomenclatura que os designava nos registros oficiais era importante não somente porque conferia a eles uma maior individualidade ou então um estatuto de cidadãos, mas também devido ao fato de ela poder explicitar suas sociabilidades familiares, algo até então inatingível.

De maneira semelhante, nos deparamos com situações que nos levam a fazer esse tipo de julgamento. Luiz Felisberto e Gabriela Felisberto, por exemplo, estavam recenseados na fazenda de Francisco de Castro Galvão, onde trabalhavam como colonos. Na época, eles eram classificados com 57 e 32 anos, respectivamente. O registro do casamento de ambos data de 27 de outubro de 1897. Estava anotado que Luiz José Felisberto, então com 35 anos, casou-se com Gabriella de Souza Mesquita, de 17 anos. Ela era filha de Fermiano de Souza Mesquita e de Marcelina de Souza Mesquita, enquanto o pai dele se chamava Felisberto e a mãe, cuja grafia não estava compreensível, também possuía apenas um único nome. Ele é designado como natural do Maranhão, ao passo que ela teria nascido em São Carlos. As testemunhas foram Pascoal Napoli e Sebastião José Augusto. O que se pode inferir dessas informações é o fato de Luiz Felisberto ter sido, no mínimo, filho de escravos. O nome de seus pais e a sua procedência indicam que ele veio pra São Carlos a partir do tráfico interprovincial. O fato de Luiz ter adotado o nome do pai como sobrenome demonstra o desejo, proferido por alguns libertos, de expressar as suas próprias filiações familiares através da sua denominação.

Uma conjuntura semelhante a esta diz respeito ao casamento, realizado em 02 de setembro de 1905, entre Antonio de Paula, 18 anos, filho de Paulo de Oliveira e Domingas Benedicta Maria da Conceição (já falecida), natural de Rio Claro, e Maria Nunes de Souza, 18 anos, filha de Antonio Nunes de Souza e Ana Maria da Conceição, natural de São Carlos. As testemunhas foram Antonio da Cunha Vasconcelos e Dagoberto de Oliveira. No recenseamento encontramos Antonio de Paula, agora com 20 anos de idade, como carroceiro da fazenda de Francisco Ellis. Ele continuava casado com Maria de Souza, sendo que eles possuíam uma filha de nome Paulina de Souza. A julgar pelo seu nome, o sobrenome de Antonio era uma referência ao nome do pai. O nome da sua filha, por seu turno, remetia tanto ao nome do avô como, se focalizarmos o sobrenome, à família da mãe. Já os irmãos mais novos de Antonio, recenseados na mesma fazenda onde ele se encontrava, ostentavam, assim como o pai, o sobrenome Oliveira.

No dia 15 de dezembro de 1906 foi celebrada a união de Mariano Paulino, 20 anos de idade, natural de São Carlos, com Rozalia Salles, 17 anos, também natural de São Carlos. As testemunhas foram Honório Rocha de Oliveira e José Campitelli. Em 1907, Mariano estava trabalhando como cocheiro na fazenda de Felicíssima de

Campos Barros. Ele continuava casado com Julia, que havia passado a se chamar Rozaria Paulino. Mariano, assim como nos casos acima citados, também portava como sobrenome o mesmo nome de seu falecido pai, Paulino Thomaz de Souza. O irmão de Mariano, recenseado em 1907 junto com a família deste último, trazia em seu nome ainda mais referências do pai, uma vez que se chamava Thomaz Paulino. Ao longo da pesquisa, foram encontradas diversas situações como essas. É o caso, por exemplo, de Pedro André, um camarada de 28 anos que, no ano de 1907, estava trabalhando na fazenda de Candido Franco de Lacerda. Seu sobrenome remete ao nome do pai, André da Silva. Do mesmo modo, o nome de Juvenal Francisco, que está recenseado em 1907 como colono da fazenda de Victor Leite de Barros, faz referência a Antonio Francisco, listado no seu registro de casamento, também datado de 1907, como seu legítimo pai.

Esses casos demonstram a importância das redes de relações familiares para uma parcela dos libertos. Tais vínculos, por seu turno, poderiam ser fundamentais não somente para a identificação individual, mas também para a trajetória desses sujeitos durante o pós-abolição. É o que deixa a entender a presença de determinadas redes familiares em algumas fazendas da região. Além de algumas famílias já citadas, como a família Lopes Camargo, nos deparamos com outras ligações familiares que parecem ter tido influência na fixação de determinados grupos de trabalhadores negros em certas fazendas da região.

Os registros paroquiais de casamento armazenam informações, por exemplo, acerca das relações familiares de Antonio de Paula e Maria Nunes de Souza. Eles casaram-se em 02 de setembro de 1905, quando ambos eram apresentados com 18 anos de idade. Antonio foi descrito como sendo filho de Paulo de Oliveira e de Benedicta Maria da Conceição, esta última já falecida, enquanto os pais de Maria eram Ana Maria da Conceição e Antonio Nunes de Souza. Esse último, cabe ser lembrado, foi testemunha do casamento de Firmino da

Cunha Bueno (o qual, com o passar dos anos, mudou seu nome para Firmino Cláudio de Souza) e, ao que tudo indica, deveria ser um trabalhador bem visto pela família Ellis. Ele trabalhava como pedreiro da fazenda de Francisca Ellis, mesma propriedade onde, em 1907, seu genro Antonio estava empregado como carroceiro. Além deles, também estava fixado nessa fazenda o próprio pai de Antonio, Paulo de Oliveira, que exercia a ocupação de carreiro. Sendo assim, é de se supor que os círculos familiares foram essenciais para a contratação desses indivíduos. Ao que tudo consta, especialmente a presença de Antonio Nunes de Souza pode ter sido decisiva para a contratação tanto de seu genro como do sogro da sua filha.

Para finalizar, convém apenas ressaltar que as relações interpessoais dos indivíduos aqui abordados não se resumiam àquelas apresentadas nesses registros. Não havia grupos fechados e, no cotidiano, cada sujeito estabelecia uma heterogeneidade de vínculos. Um escravo que era compadre do irmão do seu senhor, por exemplo, muito provavelmente também mantinha relacionamento com outros escravos. Conforme dito por Slenes (1997), esses cativos eram compelidos por relações de poder as quais impediam a exclusividade de determinadas formas de vínculos. O compadrio, no entanto, deixava indícios acerca de que tipo de vínculo era o mais privilegiado – e também possível – para alguns escravos e libertos.

As situações aqui retratadas dizem respeito aos vínculos que foram institucionalizados por alguns libertos através de seus nomes. Tal institucionalização, por seu turno, tornou-se essencial para os planos de liberdade traçados por eles. Portar um sobrenome, ou seja, criar uma identificação individual a partir da expressão de seus vínculos familiares, era fundamental para se relacionar com as esferas do Estado e, dessa maneira, consolidar sua recente condição de cidadão. A cidadania pressupunha novas transações com o Estado, agora por meio de uma categorização não mais subalternizada. Os nomes, enquanto categorias classificatórias, ao serem registrados em documentos oficiais (como os recenseamentos, por exemplo) e até mesmo eclesiásticos (como os registros de casamento e de batismo), acabavam por formalizar a maneira como os libertos passariam a ser reconhecidos.

Os anseios de renomeação perante os documentos escritos passavam, nesse sentido, pela reafirmação protocolar das alianças cuja institucionalização eles consideravam primordial.[20] Tais alianças demonstravam as estratégias de rupturas no que diz respeito ao estatuto de escravo. A busca de uma individualização maior nos seus nomes expressava as redes de relações interpessoais que atribuíam sentido ao seu novo estatuo sociojurídico. A "economia onomástica" que se forma a partir dos últimos anos da escravidão carrega consigo, portanto, conteúdos sociais relacionados aos vínculos tecidos por libertos e seus descendentes. Para exercer a cidadania e a liberdade reivindicadas, eles acabaram construindo formas de identificação a partir das suas relações afetivas e da sua condição social. Afinal, conforme descrito por Bourdieu (1990, p. 162), "as palavras e os nomes constroem a realidade social tanto quanto a exprimem [...]". As lutas por classificação são sempre lutas políticas, as quais envolvem uma disputa em relação a quem tem poder de nomear.

---

20 É muito difícil saber até que ponto os registros oficiais expressam realmente a vontade daqueles que estão registrados. Erros, lacunas e omissões são constantes nesse tipo de documentação. Todavia, como abordamos sempre mais de um tipo de documentação, acredita-se que esse tipo de abordagem, por permitir a comparação entre diferentes fontes, tende a atenuar determinadas imprecisões.

LIBERDADE EM CONTESTAÇÃO

O uso dos inquéritos policiais enquanto fonte histórica e sociológica

A partir de agora, faremos uso de uma série de processos crimes e inquéritos policiais compilados em São Carlos durante o pós-abolição. O conteúdo dessa documentação tornou possível a análise de algumas das tensões e hierarquias presentes nas relações interpessoais tecidas por afro-brasileiros naquele período. De um modo geral, os depoimentos de envolvidos e testemunhas revelam diferenças quanto à percepção e explicação dos eventos. Transcritos na terceira pessoa, os processos crimes trazem uma série de interpretações que as determinadas categorias sociais elaboram sobre a ação própria e a de outros grupos (MONSMA, 2005, 162-164). Toda construção narrativa nunca é um discurso neutro;[1] ao conferir sentido a determinados fatos ou eventos, qualquer narrativa se apoia em escolhas ontológicas e epistemológicas, as quais possuem implicações políticas (WHITE, 1987, p. 9). No caso dos processos criminais, as narrativas construídas pelos depoentes para explicar determinado conflito, embora sejam filtradas pela linguagem jurídica e pautadas pelo interesse dos envolvidos em incriminar/absolver alguém, expressam as lutas

1 Aqui estamos tratando a narrativa não enquanto gênero literário propriamente dito, mas sim através de sua definição mais ampla, ou seja, como um recurso retórico que utilizava a representação ordenada e coerente de eventos/acontecimentos em tempo sequencial.

pela imposição de uma determinada visão de mundo (idem, 165-166). Os elementos que réus e vítimas selecionam – e até mesmo inventam – para elaborar suas narrativas podem indicar distintas percepções acerca do ocorrido e do que serviria como desculpa aceitável para possíveis agressões (idem, p. 196).

O foco seria, portanto, as justificativas utilizadas pelos depoentes na explicação de certas atitudes tomadas por eles ou por terceiros, e não os crimes em si. Aqueles que são interrogados recorrerem, no plano discursivo, a argumentos que mostrem a legitimidade (ou ilegitimidade, dependendo do seu interesse dentro do processo em questão) de certos atos. Mesmo sendo um documento jurídico, pautado pela lei escrita, os processos criminais, ao narrarem não só o crime, mas também a batalha instaurada para punir, absolver ou graduar a pena, permitem ao sociólogo o entendimento das disputas em torno dos sentidos das normas de sociabilidade em determinado contexto. O embate entre acusador(es) e acusado(s) se desenrola em um processo de produção de verdades no qual cada um tenta impor a sua visão.

> Como observou Mariza Corrêa, o processo é de certo modo uma invenção, uma obra de ficção social. Reproduzindo suas palavras, "no momento em que os atos se transformam em autos, os fatos em versões, o concreto perde quase toda a sua importância e o debate se dá entre os atores jurídicos, cada um deles usando a parte do 'real' que melhor reforce o seu ponto de vista. Neste sentido é o real que é processado, moído até que se possa extrair dele um esquema elementar sobre o qual se construirá um modelo de culpa e um modelo de inocência" [Mariza Corrêa, Morte em Família, 1983, p. 40]. Esse modelo de culpa e inocência apresentado aos julgadores não se constrói arbitrariamente, mas segundo uma lógica ordenadora constituída por um conjunto de normas

> sociais. Tais normas abrangem tanto aquelas cuja violação acarreta uma sanção penal como outras que dizem respeito à conformidade com identidades sociais – a conduta adequada segundo o sexo, segundo o papel a ser exercido na família etc. Se o comportamento desviante dessas identidades não implica de per si a aplicação da pena, ele é trazido à baila quando as normas do primeiro tipo são transgredidas, transformando-se nessa atualização em 'preceito penal'. Ou seja, o comportamento inadequado pode importar em condenação ou em exasperação da pena, produzindo o comportamento oposto o resultado inverso (FAUSTO, 2001, p. 32).

Deve-se considerar, porém, que tanto os processos criminais quanto os inquéritos policiais representam apenas uma parte dos conflitos ocorridos, já que muitos deles provavelmente não chegavam a se tornar um caso de polícia. Além disso, as categorias da lei e os valores dos profissionais que elaboraram os inquéritos (delegados, policiais e escrivãos) filtram os depoimentos e modificam o vocabulário utilizado pelos envolvidos. Muitos termos e expressões empregados na retórica dos depoentes são transcritos para a linguagem jurídico-formal e, desse modo, perdem parte de seu conteúdo semântico.

> Em um procedimento análogo ao da imprensa, os manipuladores técnicos – cada um com suas variantes específicas – encerram as diferentes falas em uma camisa de força padronizada, tecida segundo os cânones do jargão jurídico e da linguagem erudita. Apagam-se os traços de emoção mais autêntica – já de si impossível de ser transcrita –, a linguagem 'pesada' das classes populares, o macarrônico dos imigrantes. As declarações se convertem em misto de depoimento e notícia, ao passar na transcrição da

> primeira pessoa para a terceira. A nova vestimenta do discurso coloca na boca das crianças de cinco ou seis anos descrições de relações sexuais em linguagem médico-legal, transforma pobres moças em ventríloquos que descrevem seu 'desvirginamento' ou seus 'contatos carnais' (FAUSTO, 2001, p. 33-35).

Termos presentes nos inquéritos abordados não faziam parte da linguagem dos depoentes, pois eram, na verdade, traduções formais das expressões empregadas por eles. Mesmo sendo ordenados por categorias a princípio distintas daquelas utilizadas na oratória dos envolvidos, os depoimentos deixam espaço para se apreender as interpretações e visões acerca do evento abordado. Os acusados, réus, vítimas e testemunhas interferem nos mecanismos formais da Justiça, interagindo na produção do "processo" com seus anseios e percepção. Os processos elaborados pela Justiça e a investigação conduzida pelos policiais não reproduzem, dicotomicamente, somente uma versão da história – no caso, apenas a visão das autoridades. Eles são processados, isso sim, segundo interações sociais específicas, as quais, assim como todas as outras, refletem hierarquias e, também, a diálogo (assimétrico) presente nas barganhas realizadas entre ambas as partes.[2]

> Apesar do caráter institucional desta fonte, ela permite o resgate de aspectos da vida cotidiana, uma vez que, interessada a Justiça em reconstituir o evento criminoso, penetra no dia a dia dos implicados, desven-

2 No caso de se pensar os sujeitos envolvidos na produção social das verdades implícitas em um processo criminal, não se pode esquecer a pluralidade de autoridades envolvidas na confecção desse documento. Delegados, policiais, advogados, juízes, médicos e escrivães não compõem um todo homogêneo. São múltiplos, portanto, os pontos de vista traduzidos em um inquérito.

> da suas vidas íntimas, investiga seus laços familiares e afetivos, registrando o corriqueiro de suas existências. A consideração dos autos criminais permite a abordagem de aspectos sociais da vida das camadas dominadas, tais como as relações de amizade, parentesco ou vizinhança, os padrões familiares e mesmo a organização do trabalho e sobrevivência daqueles que foram alijados das tarefas socialmente dignificadas. Porém, é o evento criminoso que condiciona as confissões e revela-se como o fio condutor do documento, emprestando significado à pluralidade dos fatos registrados. O processo criminal conduz o historiador, em primeira instância ao crime, e deste à sua remontagem, no quadro das tensões sociais que o geraram e na multiplicidade de eventos que o qualificaram como ato social (MACHADO, 1987, p. 23).

Embora estejam na terceira pessoa, os discursos ali presentes são, além do mais, uma das raras fontes do período que captam parte da fala dos afro-descendentes, cuja experiência é muita marcada, como foi salientado, pela relação com as instituições policiais. Não temos acesso às interferências que delegados e advogados podiam porventura realizar nos depoimentos, porém, é necessário estar atento não só às regularidades presentes nesses escritos como também às contradições, silêncios, omissões e descontinuidades retratados nos mesmos. Os discursos a serem estudados não serão analisados enquanto explicação de um comportamento, mas sim como o próprio comportamento a ser interpretado. O objetivo, portanto, não é saber o que realmente se passou durante o crime, mas sim a apreensão das narrativas construídas pelos sujeitos para explicá-lo, as quais, por sua vez, evidenciam os sentidos e significados de práticas sociais presentes na vida dos envolvidos no inquérito.

> Em conclusão, ler processos criminais não significa partir em busca 'do que realmente se passou' por-

> que esta seria uma expectativa inocente – da mesma forma como é pura inocência objetar a utilização dos processos criminais porque eles 'mentem'. O importante é estar atento às 'coisas' que se repetem sistematicamente: versões que se reproduzem muitas vezes, aspectos que ficam mal escondidos, mentiras ou contradições que aparecem com frequência (CHALHOUB, 2001, p. 42).

As narrativas contidas nos depoimentos de réus e testemunhas conformam discursos acerca de determinadas disputas que estão jogo e, dessa maneira, podem ser uma fonte profícua para a compreensão das tensões inscritas nas gramáticas de sociabilidade. Os processos criminais trazem, em suma, maiores indícios sobre os princípios morais e as relações de poder presentes nos laços sociais construídos pelos sujeitos estudados.

Família e liberdade

Conforme discutido anteriormente, o comércio interprovincial de escravos trouxe, para as lavouras cafeeiras da província de São Paulo, divisões e conflitos no que se refere à sociabilidade tecida entre os próprios cativos. Os escravos recém-chegados nem sempre conseguiram estabelecer uma convivência pacífica não somente com os novos senhores e demais autoridades das fazendas onde passaram a viver, mas também com os escravos que estavam estabelecidos nessas propriedades já há algum tempo. Os estudos que abordam essa problemática, no entanto, costumam focar sua atenção em regiões onde o escravismo não era, em meados do século XIX, um fenômeno recente. Geralmente, as análises se centram no Vale do Paraíba, a primeira região onde a cafeicultura prosperou em larga escala, ou então em municípios mais antigos do estado de São Paulo, como Campinas e Piracicaba, os quais se desenvolveram, inicialmente, a partir do cultivo de cana-de-açúcar. Todos esses lugares começaram a receber um volume significativo de escravos ainda em fins do século XVIII. Durante a metade do século XIX, período em que se inicia o comércio interprovincial de cativos, as fazendas situadas nesses locais já apresentavam uma escravaria constituída.

Porém, o que podemos dizer das regiões nas quais a economia cafeeira prosperou somente a partir da metade do século XIX, ou seja, naqueles locais que começaram a receber uma expressiva quantidade de cativos apenas durante o período em que o comércio interprovincial adquire grandes proporções? Esse é o caso de São Carlos. Conforme ressaltado anteriormente, essa localidade se expandiu como região cafeeira somente em meados do século XIX. Diferentemente de outras cidades mais antigas, as lavouras da sua região não prosperaram antes dessa data. É a partir de 1850 que começaram a se instalar nas suas fazendas um número expressivo de escravos, que viriam a constituir a principal fonte de mão de obra de sua cafeicultura. Desse modo, é correto afirmar que o contingente de escravos dessa localidade foi formado por cativos advindos de outras localidades, sejam eles de outras províncias ou mesmo de regiões mais antigas do estado.

Não havia nesse contexto, portanto, uma categoria de escravos que pudesse ser chamada de "estabelecidos". No decorrer do processo de migração, com certeza surgiram outras formas de distinção entre os escravos. Contudo, pode-se dizer que, em São Carlos, não era grande a presença de escravos já há muito tempo fixados. No que se refere às regiões cafeeiras mais antigas, a historiografia relata casos em que certas famílias de escravos estavam em determinadas propriedades desde gerações anteriores, mantendo uma relação muito próxima com seus senhores. Como dito anteriormente, esses cativos conheciam os códigos morais que estruturavam as relações entre senhores e escravos nesse contexto, aproveitando-se disso para estabelecer um círculo de relacionamento distinto com seus superiores. Tal situação trouxe sérias consequências para os cativos recém-chegados, os quais não recebiam o mesmo tratamento e eram considerados escravos inferiores.

Tudo isso levou a maiores dificuldades no que diz respeito à afirmação de novos relacionamentos, seja em relação aos seus senhores como quanto aos outros escravos. A constituição de relações familiares, por exemplo, não era muito comum entre os cativos que migraram de outras regiões. Mas, o que podemos dizer das regiões, tal qual a de São Carlos, em que não havia uma categoria de escravos que pudesse ser denominada de "estabelecidos"? Como foram processadas as redes de sociabilidade dos escravos recém-chegados nessa conjuntura?

Argumentaremos que, no contexto das fazendas de café são-carlense, alguns dos escravos advindos de outras regiões conseguiram firmar relações interpessoais, inclusive alianças de compadrio, com seus senhores ou então com outras pessoas de posses. O pós-abolição, no entanto, tratou de impor novos questionamentos para esses vínculos entre ex-senhores e ex-escravos, potencializando novas formas de conflito entre as partes. No dia 29 de março de 1901, por exemplo, João de Sampaio Pinto Leite, pardo, 40 anos, alfabeto, natural de Campinas, acabou assassinando, com uma navalha, o seu amigo José Bueno do Prado, 50 anos, casado, lavrador, natural de Brotas. Mariano Martins, concunhado de José Bueno, foi quem o socorreu, conduzindo João de Sampaio à polícia.[3] No seu depoimento, consta o seguinte relato.

> Que hontem depois do jantar, em casa do seu concunhado José Bueno do Prado, no bairro do Can-can deste município, elle conductor levantou-se da meza

3 As classificações dos sujeitos aqui apresentadas seguem a descrição original contida nos processos estudados.

> e dirigio-se para o serviço que pouco depois de lá chegar, ouvio gritos de socorro que reconheceu serem da mulher do seu concunhado e voltou incontinente para a casa de José Bueno, para ver o que ocorria, que ao chegar elle conductor vio José bueno cahido por terra, ferido e com as tripas de fora, dizendo-lhe o offendido que fora João de Sampaio Pinto, vulgo João Machinista, quem o offendera; que nesse momento elle conductor vio que João de Sampaio Pinto, ainda armado de navalha tentava fugir e então reunio-se com Julio de Lamano e Joaquim Antonio da Silva, sahindo ao encalço de João Machinista, o agressor, e conseguindo prendel-o, sendo para isso preciso deu-lhe umas cacetadas [...] (FPM, caixa 199, nº 118, 1901).

José Bueno veio a falecer em decorrência dos ferimentos sofridos durante o confronto com João de Sampaio. Antes disso, ele conseguiu prestar depoimento e discorrer um pouco acerca da relação que tinha com o seu agressor. Segundo José Bueno, o réu "morava de favor" em seu sítio, juntamente com os dois filhos, de nome Sebastião e Henrique. O último, inclusive, "João Pinto entregara aos cuidados delle depoente". João Sampaio estava morando provisoriamente na sua propriedade, pois estava esperando a época da colheita para se empregar como maquinista em alguma fazenda.[4] José Bueno ressaltou ainda que, mais ou menos quinze dias antes, precisou interromper uma briga do acusado com Sebastião, pois o primeiro tentava matar o seu filho. Ele teria decidido, desse modo, separar os dois de quarto, passando João Sampaio a dormir na sala. José Bueno afirmou ter, no dia em que foi atacado pelo último, intermediado um novo atrito entre o pai e o mesmo filho, porém dessa vez expulsou

4 O maquinista era aquele que trabalhava com a máquina de beneficiamento dos grãos de café.

João Sampaio de sua casa. A partir dessa sua determinação, o réu teria usado uma navalha para cortá-lo. A vítima finalizou seu depoimento mencionando não nutrir de nenhum tipo de inimizade com seu ofensor; ao contrário, sempre procurava "protegê-lo".

O filho com quem João Sampaio discutia, Sebastião Pinto de Sampaio, 20 anos, operário, solteiro, natural de São Carlos, disse em seus esclarecimentos perante o Juiz que seu pai falava alto no meio da discussão porque "elle depoente é meio surdo". José Bueno, assustado com os gritos proferidos por seu pai, veio perguntar o que estava acontecendo. João Sampaio, por seu turno, teria respondido "não é nada, é negócio de família". José Bueno então puxara seu pai pelas orelhas e o arrancara do quarto, momento em que este sacou uma navalha e cortou-o. Por fim, Sebastião revela nunca ter presenciado nenhuma espécie de discussão entre seu pai e José Bueno. João Sampaio foi, no entanto, condenado a dez anos e seis meses de prisão. Seu advogado ainda tentou recorrer da decisão, mas o Tribunal manteve a pena.

A frase proferida por João Sampaio no instante em que José Bueno procurava estar a par da situação – "é negócio de família" – demonstra um discernimento do maquinista acerca dos seus laços afetivos: as relações familiares não se confundiam com os outros vínculos, mesmo que eles lhe fornecessem alguma espécie de auxílio e chegassem até o estado de coabitação. Embora morasse "de favor" na casa de José Bueno, bem como tivesse entregado seu filho mais novo "aos cuidados" do próprio, ele não o considerava parte de sua família e, por isso, não aceitava as interferências em sua autoridade de pai. Estudando as relações familiares das classes populares cariocas durante o pós-abolição, camada na qual estavam inseridos muitos libertos e seus descendentes diretos, Chalhoub (2001, p. 175-176) encontrou dificuldades em estabelecer os significados que este grupo atribuía ao termo "família". De acordo com suas conclusões, esses indivíduos se envolviam em redes de solidariedade e de ajuda mútua muito extensas, o que tornou problemático o estabelecimento dos limites entre as redes de solidariedade ditas "familiares" e as de outro tipo, tais quais as relações de compadrio, por exemplo.

Cabe sublinhar aqui o fato da noção conjugal/individualista de família ser uma invenção da Modernidade. Anteriormente ao que se convencionou chamar de "época moderna", período correspondente na Europa ao pós-século XVIII, as sociabilidades familiares mal se distinguiam dos laços de vizinhança, comunitários e "públicos". A sociabilidade conjugal e individualista remete à ideia burguesa de família, a qual se vincula, por sua vez, à produção dos sentimentos de intimidade/privacidade (ARIÉS, 1981). Do ponto de vista sociológico, a família não é apenas uma construção verbal, mas uma categoria, no sentido de ser um princípio coletivo de construção da realidade social (BOURDIEU, 1993, p. 33). Enquanto um princípio de ordenação social, a família é uma ficção nominal que se torna um grupo objetivo; ela é, parafraseando Bourdieu, uma "ficção realizada" (Idem, p. 34). Os sentimentos, afinidades e obrigações constituintes das relações familiares são, por sua vez, constantemente (re)criados pelas instituições sociais e passam, ao mesmo tempo, a funcionar como instrumento de construção da realidade social. Há um trabalho de construção social inscrito na palavra família e nos discursos "familistas"; eles, sob a aparência de descrever uma realidade social, a família, prescrevem um modo de existência, a vida em família (Idem, p. 36). A vida em família, por seu turno, projeta identificações (pai, mãe, filho, filha, avô, avó etc.) com propósitos normativos.

Na visão de Bourdieu, o Estado moderno tem papel fundamental na disseminação da família nuclear-burguesa como princípio coletivo de construção da realidade social. Através de políticas disseminadas pelos Estados, essa noção de família, entendida enquanto conjunto de vínculos distinto dos outros laços afetivos, acabou por se expandir para diversos lugares do mundo. É essa percepção de família, por exemplo, que as políticas públicas das principais cidades brasileiras, através da propagação de agentes sanitários e de forças jurídico-policiais, esforçavam em impor para as camadas populares durante o início do século XX.

> É de fundamental importância atingir como alvo privilegiado e seguro esta construção imaginária da sociedade moderna: a família nuclear. A casa deve constituir um novo espaço normalizado de relações estáveis, naturalizadas e assépticas, onde podem se aprofundar os sentimentos familiares e estreitarem-se os vínculos entre os membros da família [...] Os inspetores sanitários apontam a higiene das habitações populares como o meio mais eficaz para erradicar a raiz do problema (infecções e moléstias contagiosas) e recuperar a saúde dos desfavorecidos. Desaglomerar os pobres, arejar e iluminar os compartimentos e eliminar miasmas e germes, observando a mais rigorosa higiene constituem tecnologias disciplinares do poder médico. Tática de antiaglomeração: primeiro passo para a formação do sentimento de intimidade e da sedução pela propriedade privada (RAGO, 1985, p. 42).

Alguns estudos (CAULFIELD, 2000; ESTEVES, 1989) ressaltam o caráter moralizador presente nos projetos republicanos, chamando atenção, contudo, para os limites em se impor uma moralidade familiar única. De acordo com eles, principalmente quando se observa o comportamento das chamadas "classes populares", é difícil perceber um modelo único de relações familiares. Isso não é o mesmo que dizer, todavia, que essas relações pareciam indiscerníveis. Pelo menos no que diz respeito ao caso acima descrito, era operacionalizada uma hierarquização entre os papéis sociais inscritos nas relações pessoais: o papel de pai João Sampaio não poderia, na percepção do próprio, sofrer a interferência de um amigo/compadre. A gramática social inscrita nesses papéis, cabe lembrar, possui um caráter dinâmico, sendo os seus conteúdos constantemente renegociados segundo as interações que se estabelece. O que se procura demonstrar aqui, no entanto, é que, na visão de João Sampaio, havia uma nítida distinção entre os vínculos e reciprocidades encerrados na lógica familiar, por um lado, e aqueles referentes a outros tipos de relações interpessoais, por outro.

Não era raro, durante a virada do século XIX para o século XX, encontrar famílias de ex-escravos morando conjuntamente, no mesmo espaço doméstico, com outras famílias, seja em fazendas ou então em propriedades rurais menores. João de Sampaio, como mencionado acima, nasceu em Campinas, vindo para São Carlos, muito provavelmente, como um escravo.[5] Conseguiu constituir família nessa região, uma vez que seu filho de 20 anos é natural desse município, bem como laços sociais que se mostraram fundamentais para sua trajetória enquanto homem livre. É o caso da sua estadia na casa do proprietário de um sítio, para o qual, inclusive, entregou os cuidados de seu filho mais novo. Olhando para o caso, pode-se sugerir que, nos cálculos dele, aparecia como algo interessante para o filho ficar mais próximo de um pequeno proprietário rural do que dele próprio, um maquinista que perambulava de fazenda em fazenda atrás de emprego.

5 Embora a historiografia relegue mais atenção ao comércio interprovincial de escravos, Slenes (2004, p. 346) acredita que, até a década de 1860, as transações de escravos realizadas dentro da província de São Paulo foram mais volumosas do que aquelas efetuadas com cativos de outras províncias. No que se refere especificamente a São Carlos, foi dito anteriormente que diversos dos fazendeiros que estabeleceram propriedades nas suas áreas eram procedentes, ou então possuíam parentes, em regiões cafeeiras mais antigas do estado, como Campinas e Piracicaba. Isso pode ter facilitado o comércio de escravos entre esses municípios.

A ligação pessoal de João Sampaio com José Bueno foi, portanto, fundamental para o primeiro. Ele, um trabalhador temporário da economia cafeeira,[6] conseguiu, por meio de sua amizade com o proprietário de um sítio, além de um abrigo para a família em um momento em que se encontrava desempregado, estender esses laços para o benefício do filho mais novo. Em São Carlos, João de Sampaio constituiu família e presenciou os últimos anos do escravismo. Os vínculos que conseguiu cultivar com um pequeno proprietário foram, dessa maneira, fundamentais para as suas relações familiares: através deles é que ele tinha esperança de propiciar a seus filhos uma condição melhor do que a sua.

Consequentemente, ele pôde perceber também as fragilidades dos ex-escravos frente às relações de força que compunham o período pós-emancipação. O que João Sampaio talvez não tivesse previsto, todavia, é que os benefícios obtidos por meio desses vínculos poderiam, às vezes, cobrar um preço muito alto. No seu depoimento, José Bueno relatou, indiretamente, a hierarquia que predominava na sua relação com João Sampaio. Ao dizer "que sempre procurava proteger o réu" e que o mesmo morava de "favor" na sua casa, ele deixa implícito uma suposta gratidão, a ser expressa através da obediência, que João Sampaio deveria nutrir para com a sua pessoa. No caso específico das análises acerca das alianças de compadrio estabelecidas por escravos e libertos, são poucos os estudos que procuram enfatizar os potenciais custos implícitos nas relações de poder sob as quais se firmavam os vínculos com homens livres, senhores e demais pessoas com posses.

---

6 Grande parcela dos negros que permaneceram trabalhando nas fazendas de café após a chegada massiva de imigrantes passou, como no caso de João Sampaio, a ocupar empregos subsidiários, sendo chamados a trabalhar somente em determinados períodos do ano agrícola. Para maiores informações sobre essa situação, ver Holloway (1984) e Vangelista (1991).

A reciprocidade inscrita no binômio favor/gratidão demonstra o complexo jogo de poder que mediava esse tipo de relacionamento. As relações interpessoais compõem interações sociais nas quais ocorre a negociação e o intercâmbio, na grande maioria dos casos de maneira desigual, de bens materiais (trabalho, habitação, dinheiro etc.) e simbólicos (prestígio social, autoridade etc.). No conflito abordado, percebemos que os recursos relacionais permitiam a circulação de formas de controle que muito lembravam a política patriarcal de subordinação dos tempos de escravidão. Na realidade, a condição de João de Sampaio é a já citada condição dos "agregados", os quais, por não terem onde morar, "pediam morada" nas terras de outrem. Ao agregarem-se, esses indivíduos explicitavam a situação de dependência na qual se encontravam e, consequentemente, tornavam-se sujeitos à autoridade do proprietário.

Conforme Chalhoub tenta demonstrar, o domínio patriarcal não agia somente sobre cativos e libertos, mas também sobre os pobres livres que criavam laços de dependência com senhores. Embora houvesse muito em comum na política de domínio vigente para ambos, a condição do escravo, contudo, era muito diferente daquela do livre dependente. O primeiro era obrigado, pela situação na qual se encontrava, a lutar intensamente pela liberdade, organizando a sua vida, via de regra, em função da expectativa de alcançar tal objetivo. Entre as características distintivas do tipo de dependência a que estavam submetidos os escravos, estavam o castigo físico e a condição de propriedade. Essa última os deixava sempre sob a ameaça das transações de compra e venda e, por conseguinte, diante da possível ruptura de seus laços de família e comunidade. João de Sampaio, mesmo não podendo negar a sua condição de dependência em relação a José Bueno, não queria, no entanto, ser tratado como escravo, de modo a não poder regular de maneira autônoma suas próprias relações familiares.

Esse tipo de desacordo, comum no pós-abolição, é que levava as relações interpessoais entre brancos e negros a adquirirem um caráter indeterminado. Qualquer leitura equivocada das regras de convivência estabelecidas poderia terminar em conflito, sobretudo se havia uma discordância quanto à fonte da autoridade a ser exercida em uma determinada circunstância. A ligação estreita entre João Sampaio e José Bueno pode representar, diante de um determinado ponto de vista, uma linha tênue demais atravessando as relações familiares e as relações de amizade e compadrio. Contudo, o primeiro possuía um discernimento bem claro das suas relações de parentesco e da sua identificação enquanto pai. Seus vínculos pessoais com uma pessoa de certa posse não significavam a continuidade de determinada rede familiar. Sua relação com José Bueno possibilitou auxílio a toda a sua família, mas, por outro lado, também significou o enfraquecimento de uma moralidade que o descrevia enquanto pai, haja vista o fato de o proprietário do sítio se sentir no direito de mediar a relação de João Sampaio com os filhos. Este último, muito provavelmente, interpretou a interferência de José Bueno na discussão que tinha com seu filho como uma intromissão muito grave, a qual poderia minar a sua autoridade de pai.

As disputas em torno da autoridade familiar são fundamentais para se entender os conflitos interpessoais travados pelos negros durante o pós-abolição. É o que deixa implícito o exame de outro processo,[7] cujos réus são Gabriel Dionisio da Silva, preto, 30 anos, carroceiro, solteiro, natural da Bahia, e "Cancio", espanhol, administrador. Na noite do dia 25 de março de 1893, o primeiro recebeu o convite de Lusia Ignacia do Espírito Santo, preta, 32 anos, solteira, natural da Bahia, para ir até uma fazenda vizinha, juntamente com mais dois homens, buscarem a filha da referida mulher. Chegando

---

7 Fundação Pró-Memória de São Carlos, caixa 291, nº 57, 1893.

ao local, próximo à sede da fazenda, Lusia disse para esperarem ali enquanto ela encontrava sua filha. Passado alguns instantes, todavia, Lusia voltou correndo aos gritos e pedindo para fugirem.

O grupo então se dispersou no meio do cafezal. Gabriel, o qual encontrou refúgio embaixo de uma árvore, foi avistado por Cancio, o administrador da fazenda onde estavam. Indagado sobre o que fazia naquele local, ele teria dito que "estava passeando". Cancio o advertiu afirmando não ser o horário e nem o lugar para passear, ordenando-lhe ir embora antes que "levasse fogo". Diante de tal situação, Gabriel retrucou dizendo "fogo por fogo aqui também tem". Logo em seguida, armou uma espingarda que carregava consigo e disparou. Sua arma, porém, falhou, dando a oportunidade para Cancio desfechar-lhe dois tiros. Gabriel foi depois socorrido pelos seus companheiros e levado para o hospital da cidade, onde recebeu a notícia de que tinha ficado cego de um de seus olhos. No julgamento, tanto Cancio como Gabriel foram absolvidos.

Devemos nos concentrar aqui no motivo que levou Gabriel a se dirigir a tal fazenda no meio da noite, ou seja, a investida de Lusia em trazer a sua filha. Segundo o depoimento do proprietário da fazenda, Rocha Camargo Arruda, 50 anos, lavrador, casado, natural de Campinas, Lusia tinha "dado" a filha à mulher dele, há cerca de um ano, com o anseio de a menina aprender serviços domésticos. Oito dias antes, entretanto, a mãe da jovem tentou levá-la de volta, sem avisar o fazendeiro. A filha de Lusia, por seu turno, não aceitou ir sem o consentimento da "madrinha". Rocha revela ter conversado com Lusia na ocasião. Ela teria lhe manifestado o desejo de trazer a filha de volta, pois já havia arranjado casamento para a menina. Ele, por sua vez, adiantou que, se fosse esse o caso, bastaria Lusia trazer todos os papéis referentes ao matrimônio. Sendo assim, Rocha até ajudaria no casamento. O fazendeiro diz ter comunicado um Juiz sobre a situação, sendo autorizado por ele a permanecer com a jovem em casa. Lusia, quando interrogada, admitiu a versão de Rocha.

O motivo de sua pretensão em tirar a filha das guardas da família do fazendeiro seria o boato de alguns de seus amigos, os quais disseram "que a menina podia lá se perder". Ela afirma ter ido também à procura da Justiça e manifestado seu desejo de tirar a filha daquela fazenda. O Juiz teria revelado a ela a necessidade de se arranjar o noivo e dar entrada nos papéis para, posteriormente, ele poder mandar buscar a jovem. Algumas pessoas, porém, contaram à Lusia que sua filha, mesmo tendo 15 anos, não tinha o direito de se casar. De "cabeça quente", ela resolveu então "furtar" a própria filha. Chegando à fazenda onde a filha se encontrava, Lusia foi surpreendida pelo administrador e saiu correndo assustada, o que culminou no conflito citado. A pivô de todo ocorrido, Ozoria Maria da Conceição, 15 anos, "serviços domésticos", natural da Bahia, relatou estar satisfeita na casa de Rocha, não pretendendo deixar sua "madrinha" para voltar a morar com sua mãe, visto "que o que sabe deve tudo a senhora deste [a mulher de Rocha]".

O fato de alguns ex-escravos entregarem os cuidados de seus filhos a pessoas próximas não significava o abandono da gramática moral relacionada a certos papéis familiares. Um dos aspectos relacionados a essa prática era o de que, como sugerido na análise do processo anterior, diversos negros, na falta de recurso suficientes, tinham como ideia fazer seus filhos terem acesso a uma educação capaz de propiciar-lhes melhores oportunidades. No caso específico deste processo agora abordado, percebe-se o interesse de Lusia em, se não que a filha aprendesse um tipo de trabalho diferente do seu, pois a menina realizava apenas serviços domésticos na casa do fazendeiro, pelo menos que ela pudesse se aproveitar das afinidades com uma família de fazendeiros. Havia também o interesse dos próprios fazendeiros. Após a abolição, o hábito de pegar crianças pobres para criar, preferencialmente afrodescendentes, formalizado pela tutela ou informalmente, vigorou por muitos anos entre as famílias ricas.

No caso específico das meninas, a intenção era utilizá-las como criadas domésticas, haja vista que, como vimos, muitos fazendeiros tiveram problemas quanto à utilização de antigas escravas. A família Camargo Arruda, por sua vez, parecia nutrir claramente o interesse em manter a filha de Lusia como sua criada doméstica. Dessa maneira, o vínculo dessa última com a família de fazendeiros em questão acabou por deixar Ozoria suscetível a certas relações de dependência. Luisa, tão logo soube que a filha poderia "se perder"[8] na casa do fazendeiro, tratou de operacionalizar o que ela entendia ser o seu papel, isto é, o papel de mãe. Buscando resguardar a "honra" da filha, ela empenhou-se em tentar controlar a sexualidade da mesma, arranjou-lhe casamento e fez de tudo para a filha sair da proteção do fazendeiro.

A disputa travada por Luisa e Rocha Camargo em torno da guarda de Ozoria revelam indícios acerca dos conflitos entre negros e fazendeiros durante o pós-abolição. Ao que tudo indica, pela data em que ocorre o conflito e pela sua província de procedência, Lusia foi realmente uma ex-escrava. Mais precisamente, uma escrava que veio parar em São Carlos a partir do comércio interprovincial de cativos que perdurou após 1850. O que é mais emblemático, entretanto, é o fato de ela ter conseguido trazer consigo uma filha. Conforme ressaltado anteriormente, as pesquisas sobre o comércio interprovincial de escravos são unânimes em afirmar que a grande maioria dos escravos transacionados para o Sudeste possuía como perfil o fato de serem homens e jovens, ou seja, eram comercializados para a economia cafeeira principalmente aqueles escravos que estavam em idade para o trabalho. De acordo com boa parcela dos

8 Essa afirmação sugere que Ozoria poderia sofrer o assédio de pessoas ligadas à família de Rocha. A vontade expressa por Ozoria em permanecer na fazenda de seus padrinhos, por seu turno, pode estar ligada a um suposto relacionamento que ela mantinha com alguém dessa propriedade.

estudos sobre esse tema, muitas mulheres acabavam ficando para trás no tráfico interno, o que ocasionava as tão ressaltas separações familiares. O que parece justificar a não separação de Ozoria e Lusia é o fato de a primeira nunca ter sido uma escrava, uma vez que nasceu após 1871, data em que se promulga a Lei do Ventre Livre. Essa lei proibia a separação de ingênuos cuja mãe escrava tivesse sido envolvida em alguma venda. Nesse caso específico, o cumprimento à tal obrigação parece explicar o fato de Lusia ter, muito provavelmente, migrado para o Sudeste junto com Ozoria.[9]

Lusia se instalou com a filha em uma fazenda de São Carlos (não sabemos, no entanto, se veio da Bahia direto para essa localidade) e conseguiu, além disso, firmar relações de compadrio com uma família de fazendeiros. Lusia possivelmente resolveu, já como liberta, sair da propriedade onde foi escrava, deixando a filha sob os cuidados dos padrinhos. A permanência de Ozoria na casa desses últimos não se estabeleceu como Lusia esperava. Ao tentar salvar a filha de boatos, ela viu a sua autoridade de mãe ser contestada, tanto pela recusa do fazendeiro em entregá-la quanto pela rejeição da própria em seguir com a mãe. Para quem tem conhecimento das separações causadas pelo tráfico interprovincial, o que é muito plausível no caso de Lusia, tal fato não é de pouca relevância. Como relatado anteriormente, ter os laços familiares rompidos segundo a vontade de senhores foi, para muitos dos escravos que migraram forçadamente para São Paulo, uma das piores experiências do escravismo.

> [...] sem dúvida, um dos aspectos mais traumáticos da escravidão era a constante compra e venda de se-

---

9 Há relatos de escravas que tentam a todo custo restabelecer seus vínculos, como no caso de mães que fogem do Nordeste para o Rio de Janeiro atrás das filhas que foram delas arrancadas através de uma operação de venda. Mais casos como estes são relatados em Graham (2002).

> res humanos [...]. Os negros tinham suas próprias convicções sobre o que era o cativeiro justo, ou pelo menos tolerável: suas relações afetivas mereciam algum tipo de consideração; os castigos físicos precisavam ser moderados e aplicados por motivo justo; havia maneiras mais ou menos estabelecidas de os cativos manifestarem sua opinião no momento decisivo da venda. O tráfico interno deslocou para o Sudeste, a partir de meados do século XX, milhares de escravos que se viram subitamente arrancados de seus locais de origem, da companhia de seus familiares, e do desempenho das tarefas as quais estavam acostumados (CHALHOUB, 1999, p. 27).

Segundo Castro e Rios (2005, p. 184), o direito de não se separar da família consistiu em um dos principais pontos de luta de muitos cativos; era um dos aspectos mais comuns dentro dos ideais de liberdade forjados por distintas experiências escravas. A historiografia sobre as últimas décadas da escravidão está repleta de casos em que a busca pela manutenção das relações familiares, por parte de cativos que foram transferidos para as fazendas cafeeiras do Sudeste por meio de operações de venda, terminou em situações de violência ou até mesmo em verdadeiras tragédias. Lusia conseguiu permanecer junto com a filha durante a vinda para São Carlos, porém, cinco anos apenas após a abolição, ela via-se, contra a sua vontade, separada da mesma. Agora não mais diretamente devido à institucionalização do escravismo, mas por causa das próprias relações interpessoais que ela mesma acreditava que seriam benéficas para a filha.

A estratégia traçada por Lusia, a de deixar a filha sob os cuidados de um fazendeiro, acabou minando a sua posição hierárquica dentro da própria lógica familiar que definia essa mesma estratégia. A identificação enquanto mãe, embora continuasse a fazer parte de um dado repertório discursivo, ficava distorcida quando, como no caso descrito, é a relação entre os padrinhos e afilhados que passa a fornecer o parâmetro na constituição do binômio filha(o)/subalterna(o) e pais/superiores. Ozoria deixa claro, em seu depoimento, que a saída da casa depende, no que diz respeito a ela, da vontade dos padrinhos, e não do desejo de sua mãe. Dito em outras palavras, a referência de autoridade, no campo privado, passara a se concentrar nas relações de compadrio. Nesse caso em especial, um padrinho fazendeiro que a tutelada. Ao se deparar com um fazendeiro tentando utilizar da sua autoridade no campo privado para controlar a mobilidade de uma tutelava, estamos diante de uma forma de subalternização análoga a dos tempos da escravidão.

A saga de Lusia na tentativa de trazer a filha de volta torna explícita a busca dessa negra pela retomada do seu referencial hierárquico nas relações familiares. A sua entrada, em uma fazenda onde ela nem sequer trabalhava, sem qualquer tipo de permissão, é um indício de que a ex-escrava estava disposta, a qualquer custo, a retirar a filha do controle do fazendeiro. De acordo com Graham (2004), há relatos, durante a segunda metade do século XIX, de diversos atos dramáticos protagonizados por escravas que, forçadamente, foram separadas de seus filhos pelo comércio interprovincial. É o caso de uma cativa que conseguiu escapar de uma fazenda do Vale do Paraíba carioca e viajou a pé até o Recôncavo Baiano, lugar onde ela e seus filhos estavam fixados anteriormente. O esforço de Lusia para ter a filha de volta não parece, nesse sentido, um ato isolado, mas sim uma (dentre várias) práticas elaboradas por escravos e libertos que se viam forçadamente separados de seus familiares.

Ainda que de forma implícita, esse conflito evidencia que as tensões pós-abolição continuavam dialogando com a experiência do escravismo, embora agora com novos significados. O fazendeiro Rocha Camargo se achava no direito de poder exercer uma autoridade sobre a filha de uma antiga escrava, mesmo contra a vontade da própria mãe. Por outro lado, as investidas de Lusia demonstram que a liberta não considerava mais legítima as relações da filha com os padrinhos e via como seu dever a desconstrução desses laços que ela mesma outrora estabelecera. Esse seu comportamento tinha impacto direto nas lutas em torno da negociação do seu novo estatuto social: o controle dos fazendeiros sobre a sua filha lhe remetia, muito provavelmente, a lembranças do tempo de cativeiro.

Não sabemos se Lusia, no decorrer de sua vida como escrava, sofreu diretamente alguma espécie de separação familiar forçada. Todavia, os afastamentos ocasionados pelo comércio interprovincial tornaram-se, sem dúvida, muito marcantes para todos os escravos que vivenciaram as últimas décadas da escravidão nas lavouras do Sudeste, mesmo para aqueles que não foram diretamente afetados por eles. As imagens e informações acerca desses episódios circulavam assiduamente, sem contar o fato de a ameaça de separação por venda ter sido uma constante para todos os cativos que mantinham vínculos afetivos. Conforme dito anteriormente, o poder de regular autonomamente as próprias relações familiares era, após a conquista da liberdade, um dos parâmetros na demarcação da distinção entre o "tempo do cativeiro" e o "tempo da liberdade" (CASTRO & RIOS, 2005, p. 50).

> O fundamental [...] é enfatizar que, para os negros, a liberdade significava, entre outras coisas, o fim de uma vida constantemente sujeita às vicissitudes das transações de compra e venda. As feridas dos açoites provavelmente cicatrizavam com o tempo; as separações afetivas, ou a constante ameaça de separação, eram as chagas eternamente abertas do cativeiro (CHALHOUB, 1999, p. 243-244).

Essas separações representavam o poder do senhor sobre a família escrava; o poder de dispor e comandar os corpos de todos os seus escravos, independentemente dos vínculos familiares formados entre eles. Na escravidão, pelo menos até a entrada em vigor da Lei do Ventre Livre, a criança escrava devia obediência, em primeira instância, não aos seus pais, mas ao seu proprietário. Em outras palavras, a fonte de autoridade estava toda concentrada no senhor. Com o estabelecimento da tutela e da proibição das separações familiares por venda, a situação de ambiguidade relegada aos ingênuos trará o início de uma série de conflitos pelo controle desses últimos. A abolição, por sua vez, potencializará ainda mais esse tipo de disputa entre libertos e antigos senhores. Lusia, por exemplo, se sentia no dever, agora como livre, de não deixar que os laços sociais com um ex-senhor se sobrepusessem ao seu papel de mãe. Sendo assim, pode-se afirmar que as relações familiares eram de fundamental relevância dentro das disputas cotidianas relacionadas aos significados políticos construídos em torno da condição de liberto/livre.[10] A constituição de um ideal de liberdade passava, além da questão mais diretamente relacionada ao trabalho e à mobilidade, pelo estabelecimento de determinadas lógicas familiares, muitas delas dificultadas, ou então até mesmo impedidas, durante a escravidão.[11]

A luta pela instituição de uma autoridade plena nas relações familiares não era um aspecto característico da sociedade bra-

10 Castro (1997, p. 383) chama a atenção para o fato de, finda a escravidão, muitos ex-escravos, na busca por se afastarem cada vez mais das associações com o cativeiro, estarem empenhados em se afirmarem como cidadãos, e portanto como livres, e não como libertos.

11 Estudando os crimes passionais cometidos por escravos campineiros, Cristiany Rocha (2011) chegou à conclusão de que os cativos envolvidos no comércio interprovincial eram os mais sensíveis a qualquer ameaça em relação ao rompimento de seus laços afetivos, o que acabava levando, às vezes, a reações violentas de ciúme. Esse tipo de comportamento pode ser explicado, em parte, pelas experiências de separação trazidas pelas operações de venda e, também, pelas dificuldades em se estabelecer novos vínculos em algumas fazendas do Sudeste.

sileira pós-emancipação. No sul dos Estados Unidos, as libertas também buscavam proteger seus filhos das sujeições impostas por ex-senhores.

> Not surprisingly, motherhood affected patterns of black women's resistance in the post-emancipation South. Freed from the constraints of slavery, which had allowed black women little if any rights to their children, black women now exercised their parental rights vigorously. From searching for and reuniting with children who had been sold away during slavery, to controlling their own labor, to seeking education for their children and protecting them from abusive employers, many black women asserted their rights as mothers and sought to protect their children from white violence. When black people exercised their familial, marital and parental prerogatives, they often challenge the black/white power relations embedded in daily work routines. The newly defined familial obligations that came with freedom helped to establish more than just new work arrangements; by the late nineteenth century, they also provided the means by which many African American men and women articulated their resistance to white authority and violence (FEIMSTER, 2009, p. 169).

Antes de tentar invadir a fazenda de Rocha Camargo para trazer Ozoria de volta, Lusia foi procurar um Juiz, com a intenção de que a Justiça intervisse a seu favor. A procura pela Justiça ou pela polícia, conforme ressaltado anteriormente, já não era insignificante entre os escravos durante as últimas décadas de escravismo, pois muitos recorriam a essas instituições com a intenção de protestar contra maus-tratos sofridos ou mesmo contra acordos de alforria não cumpridos. É de se acreditar que, após 1888, a confiança no Estado tenha até aumentado entre a população negra de um modo geral. Contudo, essa confiança deve ser relativizada. Muito possivelmente, o recurso de consulta a um Juiz foi, na busca da recuperação da guarda da filha, uma das últimas medidas a serem tomadas por Lusia. Recurso, aliás, ineficiente, haja vista que o Juiz praticamente nada fez para tirar Ozoria da casa do fazendeiro. No embate entre uma ex-escrava e uma família de grandes proprietários locais é de se acreditar que, no âmbito da Justiça, as chances de uma ação favorável para a primeira eram concretizadas apenas em casos extremos.

Justamente por estarem transcritos em processos criminais, é difícil inferir algum tipo de generalização sobre esses dois casos. Partindo apenas desse material, é complicado, por exemplo, conhecer a assiduidade com que ex-escravos advindos de outras regiões conseguiram estabelecer laços familiares e sólidas relações interpessoais com fazendeiros em São Carlos. O exame desses processos, porém, possibilitou a análise de alguns dos conteúdos sociais presentes nessas relações, bem como da forma como as experiências criadas a partir da migração para esse contexto foram fundamentais dentro dos conflitos que caracterizaram o pós-emancipação. Primeiramente, percebeu-se que, tratando especificamente do caso de São Carlos, região onde as fazendas cafeeiras tiveram que importar quase todos os seus escravos a partir da metade do século XIX, foi possível a alguns ex-escravos o estabelecimento de vínculos com pessoas de certa posse, os quais perduraram após a abolição.

Os cativos que foram transacionados para essa localidade não tiveram a concorrência de escravos que já estavam fixados há um longo tempo nas fazendas para onde foram enviados. Os vínculos que conseguiram constituir, por sua vez, possibilitaram auxílios que variavam desde a disponibilidade de habitação até o cuidado dos próprios filhos(as). Essa última prática, aliás, pareceu ser uma estratégia familiar bem consolidada, cujo objetivo principal seria o de permitir melhores perspectivas de vida para os filhos(as). Ela, entretanto, não deixava de estar suscetível a certos desacordos: ao operacionalizarem determinadas hierarquias, padrinhos poderiam entrar em choque com outros referenciais de autoridade presentes nas relações familiares que informavam essas mesmas estratégias. A constituição dos papéis sociais de pai e de mãe, situada no centro da própria estratégia familiar, era colocada em xeque pela gramática de poder na qual as relações interpessoais estavam inseridas.

Na leitura dos processos, tornou-se visível que aqueles que prestavam alguma espécie de "favor" para uma família de negros tentavam, de acordo com a circunstância, manter uma relação de interferência direta nos conflitos surgidos entre pais e filhos(as). O pai e a mãe relatados, por sua vez, não aceitaram as interferências nos seus respectivos papéis familiares. Eles estavam informados, muito provavelmente, pelas experiências de separações familiares causadas pelo comércio de cativos após 1850, assim como pela própria experiência da escravidão de um modo geral, onde todos os cativos, independentemente dos vínculos familiares entre eles, deviam obediência ao seu senhor. Para os libertos aqui abordados, suas relações familiares estavam bem definidas e não poderiam se confundir, de forma alguma, com os laços de compadrio ou de amizade.

Os filhos também ficavam em uma situação complicada ao verem seus pais e padrinhos duelando pela autoridade sobre eles. Chamados para depor, eles tiveram que se posicionar frente a esses conflitos e escolher um lado para apoiar. Esse apoio, por seu turno, dependia da situação em que esses jovens se encontravam e também da intensidade dos vínculos que mantinham com seus pais e com seus padrinhos. Por estar com 20 anos, trabalhando e na eminência de ver o pai na cadeia, Sebastião Sampaio preferiu defendê-lo nos depoimentos que prestou junto à polícia e ao Juiz. Já Ozoria Conceição, que parecia estar se relacionando com alguém da fazenda de seus padrinhos, assim como aparentava estar um pouco distante em relação à mãe, optou por não apoiar as decisões de Lusia.

Relações conjugais e liberdade

Conforme detectado nas análises anteriores, as relações interpessoais tecidas pelos libertos poderiam, dependendo das circunstâncias, gerar conflitos que colocavam em xeque a gramática familiar que tentavam sustentar. Essa fragilidade das relações familiares firmadas pelos negros não está presente somente no que se refere à interação pai/mãe-filhos(as), mas também na própria relação marido-esposa. É o que deixa transparecer os dois processos criminais examinados nesta seção. O primeiro deles trata de uma intriga, ocorrida entre os anos de 1894 e 1895, envolvendo um trabalhador negro e uma família de portugueses. Miguel Raphael, preto, 25 anos, roceiro, solteiro, natural de Campinas, analfabeto, foi interrogado em janeiro de 1895 e prestou o depoimento a seguir.

> Respondeu que no anno passado ajustou-se como camarada do empreiteiro de café José Martins e como este precisasse de uma cosinheira pedio a elle respondente a sua companheira para exercer esse [ilegível], ao que accedeu promptamente, mais tarde porém, José Martins despachou-o do serviço sem motivo algum, e recusou que a companheira acompanhasse o respondente, do que resultou em discussão entre ambos. Como obstinadamente persistisse na recusa elle respondente retirou-se da casa do dito patrão e não voltou mais lá, empregando-se mais tarde na fazenda de Juca Cintra, em um dia quando elle respondente trabalhava com um carro, encontrou-se com o dito José Martins que sem lhe dizer causa alguma desfechou-lhe dois tiros de garrucha que não acertaram nelle depoente, mas um dos tiros acertou num dos bois do carro, então o respondente fugio em disparada; continuando o respondente a trabalhar na mesma fasenda, passado um ano mais ou menos, isto é,

> no dia 19 corrente tendo elle respondente ido n'um visinho e na volta repentinamente recebera um tiro pelas costas disparado por um dos filhos de José Martins, sendo elle de nome Manoel Martins e outro de nome Antonio Martins [...] (FPM, caixa 211, nº 206, 1895).

Miguel encerrou o seu depoimento destacando que José Martins é "dado a valentão e briguento", instigando seus filhos a serem da mesma forma. Manoel Martins Marcellino, português, 16 anos, trabalhador de roça, analfabeto, contou ter realmente disparado um tiro em Miguel, porém, logo após esse último ter ido à sua casa e insultado a família dele. Antonio Martins Marcelino, português, 18 anos, trabalhador de roça, solteiro, alfabetizado, falou não ser esta a primeira vez que Miguel foi à sua casa. O motivo das desavenças entre ele e seu pai, segundo as suas declarações, seria uma "preta" a qual estava com o último e era antiga amásia de Miguel. O pai dos irmãos, o referido José Martins Marcelino, português, 41 anos, trabalhador de roça, casado, alfabetizado, não estava na sua casa quando seu filho atirou em Miguel. No seu depoimento, consta a informação de que o tiro disparado por ele contra o ofendido, há um ano, aconteceu devido a insultos proferidos à sua família quando ele não estava presente.

Trabalhadores da fazenda prestaram depoimento como testemunhas e afirmaram ter conhecimento, "por ouvir dizer", que as divergências de Miguel com esta família de portugueses se devem mesmo a uma "preta" de nome Luisa, a qual era amásia do primeiro e agora se encontrava com José Martins. A "preta" em questão, Luisa Margarida, preta, 20 anos, cozinheira, solteira, referiu-se a José Martins, em seu depoimento, como patrão; enfatizou ainda também ter sido ofendida por Miguel quando – de acordo com ela, pela primeira vez – ele se dirigiu à casa onde trabalha. Manoel Martins foi inocentado pelo juiz, pois este considerou não haver provocação da parte dele, ou seja, Manoel "cometteu o crime em defesa de terceiros".

Estruturados a partir do interesse dos depoentes em encaminhar o processo para a direção que lhes convêm, os depoimentos presados neste caso contam versões extremamente contraditórias. As prerrogativas morais contidas em suas entrelinhas, no entanto, revelam o sentimento de vergonha que assolava Miguel por ter perdido sua amásia. Em seu depoimento, ele cita apenas que José Martins, sem lhe dar maiores satisfações, não deixou sua companheira prosseguir com ele. A sua ida à casa dos portugueses, fato confirmado pelas testemunhas ouvidas no processo, indica que ele ainda guardava ressentimento quanto à situação. Ao dirigir-se à família como um todo, Miguel muito provavelmente interrogou-os sobre algo que o incomodava: o consentimento dado por eles para que José Martins abrigasse em casa uma mulher com quem tinha um relacionamento.

Já discutimos como o poder do senhor sobre as escravas formatou assimétricas interações sexuais durante o escravismo. Cabe-nos agora abordar o impacto desse poder frente às relações conjugais fixadas pelos próprios cativos. No Brasil, já durante os últimos anos de escravidão, escravos e escravas, quando não conseguiam manter seus laços conjugais através de empenhos individuais, apelavam à intermediação de simpatizantes do abolicionismo; ou mesmo fugiam da fazenda onde trabalhavam.

> Em junho de 1872, o rábula negro Luís Gama dirigiu um requerimento ao presidente da província de São Paulo em nome do escravo Serafim, casado, com dois filhos, morador em Jacareí. Na representação, Serafim reclamava que 'mais de uma vez [...] impediu os atentados libidinosos do seu senhor' contra sua esposa, Romana, correndo com isso perigo de vida. Finalmente fugira com Romana, seguindo a

> sugestão da mulher do proprietário. Esse 'ato de prudência', todavia, 'nada garante ao suplicante a sua segurança de vida, nem à sua esposa o pudor', porque o senhor 'procurou-o tenazmente, dizendo que o há de matar porque precisa da crioula Romana para sua manceba! (SLENES,1997, p. 253).

Um dos casos mais emblemáticos envolvendo a resistência de uma escrava frente às investidas sexuais do seu senhor ocorreu nos Estados Unidos. Margaret Garner, escrava de uma fazenda no Kentucky, fugiu, juntamente com o marido e seus três filhos, rumo a Cincinnati, no Estado de Ohio, durante o inverno de 1856. A família, no entanto, foi capturada ao longo do caminho. No momento em que foi pressionada por seus capturadores, Margaret agarrou um dos seus filhos e lhe desferiu uma facada, matando-o. O filho assassinado por Margaret, por sua vez, seria justamente aquele acerca do qual se possuem fortes indícios de ser filho do senhor dessa cativa.

O fato ganhou diversas versões e teve os seus significados políticos apropriados por diversos grupos. Favoráveis à escravidão argumentavam que o caso comprovava a falta de valores familiares e a consequente inaptidão para a liberdade presentes entre a população negra. Por outro lado, abolicionistas viam nesse infanticídio um duro golpe no sistema escravista; afinal, a escrava havia, com a mesma faca, destruído a propriedade e o filho do seu senhor. Margaret teria confirmado em seus depoimentos à polícia o constante assédio de seu senhor, sendo esse um dos motivos pelos quais queria fugir da fazenda onde era cativa. Ela, no entanto, não chegou a ser julgada pelo assassinato. Foi transferida de volta (como escrava) para o seu antigo senhor, o qual a transferiu, juntamente com o marido, para membros da sua própria família em New Orleans. Depois disso, eles teriam sido vendidos para uma fazenda no Mississipi, onde ela teria morrido em decorrência de uma febre tifoide. Em 1870, um repórter de um jornal de Cincinnati entrevistou Robert, o marido escravo de Margaret. Segundo ele, as últimas palavras de sua companheira, momentos antes da sua morte, foram na verdade um pedido: "Never marry again in slavery. Live in hope of freedom".[12]

As emblemáticas palavras de Margaret traduzem as tensões inscritas nos relacionamentos conjugais firmados por escravos. Muitas vezes, a manutenção de tais vínculos era vista, conforme demonstra esse caso, como incompatíveis com a vida em cativeiro. Miguel muito provavelmente sentiu-se tratado como um escravo ao ver sua mulher ser retirada de si pelo patrão. Seus contatos com este último, os quais, em um primeiro momento, possibilitaram a oportunidade de um emprego para sua amásia, acabaram por colocar um fim de maneira forçada em seu relacionamento conjugal. Na situação abordada, os depoimentos deixam a entender que Luisa Margarida abandonou o seu amásio e foi se estabelecer com outra família por espontânea vontade.[13] Porém, o próprio assédio do patrão a Luisa, assim como a forma como Miguel foi dispensado, demonstram que muitos dos imigrantes que chegaram à região logo aprenderam a interpretar os conteúdos simbólicos que subalternizavam os afro-brasileiros. Ao dispensar Miguel sem nenhuma justificativa e trazer para morar consigo a amásia do mesmo, José Martins deixa claro que não precisava dar nenhuma satisfação sobre suas investidas junto à mulher do seu ex-empregado.

Assim como Slenes avaliou o mercado interprovincial de escravos, o mercado de trabalho livre que se forma após a abolição também pode ser conceituado como uma "arena política". Em um

---

12 Uma análise historiográfica sobre o caso de Margaret, da qual tiramos os relatados acima, está em Weisenburger (1998).

13 Não temos como saber até que ponto ela poderia estar sofrendo algum tipo de intimidação, seja ela física ou então uma ameaça no que se refere a uma possível perda do emprego, para ter prestado um depoimento relativamente neutro. Devido a isso, é muito difícil inferir algo sobre o papel de Luisa nos ocorridos.

contexto marcado pela chegada massiva de trabalhadores europeus, as interações cotidianas foram essenciais para a afirmação do novo estatuto político de cidadão livre. Como descrito no caso de Miguel, até mesmo perante os seus próprios vínculos sociais alguns trabalhadores negros tiveram que demonstrar que não poderiam mais ser tratados como escravos, mas sim como trabalhadores de igual valor. As relações interpessoais eram quase sempre verticalizadas e, na tentativa de se subalternizar os afro-brasileiros, não se limitavam em inferiorizá-los com atitudes que lembravam a relação senhor-escravo.

A preocupação com a possível perda de sua parceira conjugal também levou outro trabalhador negro a um conflito que terminou na delegacia. No dia 1 de novembro de 1907, Sebastião Leite, preto, 30 anos, trabalhador de roça, solteiro, foi agredido pelo administrador da fazenda onde morava. O motivo foi a insistência desse último em intervir numa discussão tida pelo primeiro com a sua amásia, Ana Maria de Jesus, parda, 30 anos, doméstica, solteira. Sebastião teria ido a uma venda para beber, juntamente com Ana e mais um amigo do casal; chegando à sua casa, teve uma discussão com aquela e acabou sendo interpelado por Jeremias Oliveira Barbosa, 40 anos, administrador, casado.

> No dia primeiro do corrente, ás nove horas da noite, mais ou menos, Sebastião Leite, colono na fasenda da 'Horta', sita neste município, teve dentro da própria casa, forte alteração com a sua amasia Anna Maria de Jesus, por ter querido esta abandonal-o e ir viver em companhia de um tal Alexandre, presente na occasião. [ilegível] no meio dessa contenda, quando alli appareceu o administrador da fasenda – o denunciado Jeremias Barbosa – que, dirigindo-se a Sebastião Leite, armado de um podão, deu-lhes varias pancadas, occasionando-lhe os ferimentos des-

> critos no auto de corpo de delito [...] (Fundação Pró-Memória de São Carlos, caixa 199, nº 118, 1907).

Jeremias afirmou ter ido três vezes à casa de Sebastião para pedir que parasse com os "distúrbios" que estava promovendo. Disse que na terceira vez, a qual ocorreu quando ele já havia inclusive "tocado silêncio na fazenda", Sebastião avançou para cima dele. Ao tentar se defender e, nas suas próprias palavras, manter a sua "força moral como administrador", acabou por agredir o seu subordinado com um podão que trazia nas mãos. Essas declarações de Jeremias apontam para o fato de que, dentro das fazendas de café, o poder incumbido de disciplinar os trabalhadores se concentrava nas autoridades da fazenda, principalmente nos administradores. Diferentemente dos grandes centros urbanos, onde o Estado encarregava-se de lançar à base da força um projeto moralizador de nação, nos centros da economia cafeeira do oeste paulista, as autoridades da fazenda eram os detentores da função de manter a "ordem moral".

Os administradores davam o toque de recolher e, assim, proibiam as manifestações de lazer, bem como qualquer espécie de distúrbio, após esse período. Eram eles quem delimitavam as visitas que os trabalhadores poderiam receber e quando eles as receberiam; as autoridades da fazenda também encarregavam-se de intermediar qualquer tipo de conflito entre os empregados da fazenda, mesmo que eles não envolvessem questões diretamente relacionadas ao trabalho. No que diz respeito, por exemplo, à fiscalização sanitária, somente com a Reforma do Serviço Sanitário de 1917 – e a consequente promulgação do Código Sanitário Rural – passaram a ser previstas visitas sanitárias às fazendas, "que, até então, permaneciam como território não sujeito ao policiamento sanitário. Somente a pedido do proprietário, é que o inspetor sanitário entrava nas fazendas" (RIBEIRO, 1993, p. 202).

Com o fim do escravismo, para poder impor as normas sociais que orientavam a sociabilidade dentro dos limites das propriedades, os poderes conferidos ao administrador deveriam, de um modo geral, desfrutar de certa validade frente aos trabalhadores. A maioria utilizava-se das intimidações, seja por meio verbal ou até mesmo da violência física, para manter o seu estatuto. O discurso de Jeremias deixa claro exatamente essa faceta da posição de administrador: a não obediência de Sebastião aos seus mandos, e ainda por cima a suposta tentativa de agredi-lo, poderia minar a sua autoridade com os outros empregados. Jeremias deveria, a qualquer custo, afirmar o seu "lugar" dentro das interações mantidas com seus subordinados. Segundo o depoimento de Ana Maria, Jeremias, antes de agredir fisicamente o seu amásio, proferiu a seguinte frase: "[...] seu cachorro você não me obedece mesmo". O argumento propalado pelo advogado do réu, segundo o qual o seu cliente teria agido "em legítima defesa", convenceu os juízes: Jeremias Barbosa acabou sendo absolvido.

O empenho de administradores em manter determinada ordem nas fazendas esbarrava, muitas vezes, nos próprios códigos morais dos trabalhadores. Sebastião Leite, por exemplo, não acatou as ordens de Jeremias muito provavelmente porque se considerava no direito de resolver os seus problemas conjugais sem ser interrompido por terceiros. O assédio de outro homem à sua amásia parecia uma questão séria demais, sendo que os mandos do administrador e o "toque de silêncio" acabaram ficando em segundo plano. Analisando processos criminais compilados em São Carlos, Karl Monsma (2005a) percebeu que a reivindicação de respeito pela privacidade era comum entre os negros quando se observa os conflitos contra fazendeiros da região. Na visão desse autor, essa seria uma forma dos afro-brasileiros exigirem igualdade de tratamento e, por conseguinte, distanciamento da condição de escravo.

Ainda segundo Monsma, os fazendeiros, extremamente sensíveis a qualquer tentativa de deslocamento dos referenciais hierárquicos, interpretavam esses comportamentos como desacato e logo partiam para a agressão física contra seus subordinados. Tal situação demonstra, portanto, como que, ao tentar manter determinados vínculos sociais, alguns trabalhadores negros esbarravam nas relações de poder instituídas dentro do contexto da economia cafeeira do oeste paulista. Seja qualquer for o papel familiar (mãe, filha, pai, filho(a), marido, esposa), os afro-brasileiros(as) tinham que lidar com a racialização dos seus corpos e comportamentos ao forjar suas sociabilidades.

Por fim, convém explicitar que essa disposição, apresentada pelos trabalhadores negros, para uma regulação autônoma das relações familiares trazia profundas consequências para as hierarquias constituídas em torno dos binômios marido/mulher e pai/filhos(as). Em seu depoimento, por exemplo, Ana Maria relata ter levado dois tapas de Sebastião, mesmo após ter negado o convite de Alexandre "para ir para a sua companhia". É de se sugerir que pais/maridos afro-brasileiros, na tentativa de mostrar autoridade, acabavam buscando aumentar o seu poder de controle sobre mulheres e filhos(as). Devido a esse enrijecimento dos pressupostos hierárquicos presentes na gramática familiar, pode-se inferir que não foram raras as vezes em que os laços familiares tecidos por negros(as) não desembocaram em conflitos que chegaram até mesmo à agressão física.

Colocando os negros em seu devido *lugar*

Logo no segundo dia do ano de 1910, o distrito de Santo Eudóxia, uma vila rural localizada em São Carlos, foi palco de um crime que chamou a atenção de sua população. Por volta das cinco horas da tarde, enquanto boa parcela dos habitantes do local assistia a um "circo de touros", Bibiano José dos Santos, pardo, 39 anos, jornaleiro, casado, arrastava um homem e o conduzia até o subdelegado do distrito, com a denúncia de que tal indivíduo teria tentado violentar sexualmente a sua filha de 7 anos de idade. O homem em questão era Domingos Bento, preto, 30 anos, jornaleiro, analfabeto, morador de Belém do Descalvado. Segundo informações contidas no inquérito, ele teria dormido e se alimentado na casa de seu denunciador durante a última noite e no decorrer daquele dia. O Auto de denúncia relata da seguinte forma o acontecido:

> É o caso que, no dia 2 corrente, na povoação de Santa Eudóxia, desta comarca, pelas 5 horas da tarde, á margem do caminho que vae ter no sitio de Alfredo Ferreira, Domingos Bento, – o denunciado –, após ter conduzido pela mão a menor Maria da Gloria, de 7 annos de edade, filha de Bibiano José dos Santos, practicou nella actos de libidinagem, agindo violentamente, e saciando paixões lascivas, reclamadas pelos seus perversos instintos [...].
> Para commetter esse crime, Domingos Bento, – que na vespera havia sido generosamente accolhido pelos paes da menor, em cuja casa encontrara com que matar a fome e onde pernoitara, attrahiu Maria da Gloria á loja de João Mür, e ahi, comprando um par de brincos ordinarios, os deu de presente á mesma menor, procurando, dest'arte, ganhar-lhe a sympathia e confiança, de que serviu para pôr em practica o attentado infame. Descoberto, pouco depois, em acto de copula carnal, pela mãe da menor, largou a sua victima, tentando fugir, sendo preso logo em seguida, por Bibiano José dos Santos, pae de Maria da Gloira, após ter offerecido tenaz resistencia. Preso, confessou cynicamente o seu crime (Fundação Pró-Memória de São Carlos, doravante, FPM, caixa 334, nº 2649, 1910).

Uma das testemunhas convocadas para prestar depoimento, José Vicente de Oliveira, brasileiro, 26 anos, casado, lavrador, afirmou "que na povoação de Santa Eudóxia todos comentam o facto e dizem que o denunciado desvirginou a menor, filha de Bibiano

[...]". Dentre os demais depoentes, geralmente pessoas da própria Santa Eudóxia, muitos dizem ter tomado conhecimento do caso "por ouvir dizer". Tais relatos demonstram a grande repercussão obtida pelo crime na pequena vila. Bibiano, o pai de Maria da Gloria, com certeza sabia do alarde que o acontecido poderia causar. Ele preferiu, porém, não acobertar o caso. A mãe da menina teria encontrado José Bento e sua filha em uma mata próxima do povoado, chegando Bibiano logo em seguida ao local. O último teve a chance, portanto, de "fazer justiça com as próprias mãos" e mandar José Bento embora, escondendo do resto dos habitantes o que sucedeu com sua filha. Não foi isso, entretanto, o que aconteceu. Como dito anteriormente, Bibiano arrastou o acusado por toda a vila, até chegar ao subdelegado e dar queixa contra José Bento. Nessa caminhada, acompanhavam-no a mulher e a filha, a qual, segundo as testemunhas, estava toda descabelada e com a roupa desarrumada. Não é difícil de se imaginar, desse modo, o alvoroço causado por tal cena.

A denúncia de Bibiano contra o ofensor de sua filha nos indica, nesse sentido, uma certa confiança nutrida por ele nas instituições policiais e judiciárias para a resolução desse conflito específico. A polícia não costumava desfrutar de grande crédito entre os afro-brasileiros e as classes populares de um modo geral (CHALHOUB, 2001, p. 53; FAUSTO, 2001, p. 33). O que parece ter levado Bibiano a denunciar José Bento à polícia seria, além da mesma posição social de acusador e acusado (ambos trabalhadores rurais negros), o crime em questão. A tentativa de estupro de uma menina de 7 anos era, para ele, um ato cuja decisão de punir o acusado apareceria como um consenso entre todos, até mesmo entre as autoridades policiais e judiciais. Bibiano estava certo. José Bento confirmou as versões da vítima e das testemunhas, acabando por confessar o crime.

Em interrogatórios prestados durante a investigação, o réu ainda buscou, em uma clara estratégia delineada pelo seu advogado, justificar o ato cometido através da sua suposta embriaguez. Na sucessão de depoimentos, vê-se uma progressiva tentativa de enfatizar o estado alcoólico como o desencadeador do crime, sendo que em um deles ele afirma nem se lembrar do que tinha feito com a menina. Caindo em contradições nos seus esclarecimentos, José Bento foi condenado por crime de estupro, cuja pena era de 7 anos de prisão. O advogado da defesa ainda apelou da decisão, julgando ficar comprovada, através da fala das testemunhas, a embriaguez excessiva de seu cliente no momento do acontecido. Por meio da citação de juristas e de trechos de alguns depoimentos, ele procurou demonstrar que o estado alcoólico de José Bento o tornava irresponsável pelo crime. O referido pedido de apelação foi negado pelo tribunal, o qual considerou justa a decisão do júri e manteve a pena do acusado.

No sul dos Estados Unidos, o pós-emancipação foi marcado por uma série de estupros coletivos cometidos por homens brancos contra mulheres negras. De acordo com Hannah Rosen (2009), tais atos possuíam um caráter político muito bem definido, o qual difere dos conteúdos implícitos nos estupros institucionalizados de escravas ocorridos durante o período escravista. Assim como os linchamentos, os estupros coletivos contra mulheres negras sucedidos em diversas partes do sul dos Estados Unidos após o fim da Guerra de Secessão funcionavam como um instrumento de "terror político", ou seja, tinham como objetivo aterrorizar os afro-americanos, imputando-os características que deslegitimassem a sua participação na nova ordem política. Primeiramente, havia todo um imaginário que orientava os estupros: homens brancos viam as mulheres negras como facilmente disponíveis. Além disso, os estupros tinham a intenção de inferiorizar também os homens negros, apresentando-os como incapazes de proteger suas famílias. Ao forçarem o sexo com mulheres negras, muitos homens brancos tentavam imputar a falta de certos atributos de masculinidade/feminilidade para a população negra. O objetivo final seria demonstrar que os afro-americanos estavam em desacordo com o ideal de cidadania que, ao desafiar a legitimidade do escravismo, caminhava naquele momento para ser o norteador da nova ordem política.

Segundo a autora, o discurso liberal-abolicionista, principal propulsor ideológico da derrocada do escravismo, pregava o autocontrole e a submissão voluntária às obrigações do trabalho e do casamento como componentes essenciais da ideia moderna de liberdade. Ao qualificar negros e negras como pessoas incapazes de sustentar um matrimônio de respeito, bem como de se autossustentarem como trabalhadores assalariados, a supremacia branca tentava demonstrar que eles eram incapazes de exercer a liberdade que lhes era agora concedida. As relações de gênero foram, portanto, uma peça-chave para a ressignificação da raça dentro do processo político que remodelou a desigualdade e a subordinação racial em novas (e mais camufladas) bases (ROSEN, 2009, p. 15).

Estudando a participação de algumas mulheres na formatação das políticas raciais e sexuais do Sul dos Estados Unidos durante o pós-abolição, Crystal Feimster identificou a construção, por parte da supremacia branca, da imagem do *Black rapist* (negro estuprador). Segunda ela, a ideia de que os negros eram estupradores em potencial foi projetada com o claro intuito de manter intactas as hierarquias raciais e de gênero durante um período em que elas estavam sendo claramente desafiadas. Ao associarem os negros com estupradores, brancos conservadores procuravam demonstrar que, devido à sua sexualidade descontrolada, os primeiros deveriam ter limitados os seus direitos como cidadãos. Além disso, a imagem do "negro estuprador" trazia uma mensagem implícita para todas as mulheres, mas sobretudo para as brancas: o novo Sul, aquele em que as relações escravistas foram abolidas, era um lugar perigoso para as mulheres que não respeitavam as normas raciais e de gênero.

After the war, as white anxiety about the political, economic, and social meanings of emancipation intensified, different constituencies assembled a convergent set of racial and sexual fantasies. During the overthrow of Reconstruction, southern white men managed to flip the antebellum script of racial and sexual violence. Whereas prior to the war abolicionists had espoused a political narrative that centered on the rape of black women by white men, in the postwar years southern white men articulated a political discourse that defined rape as a crime committed by black men against white women. In constructing the image of the 'black rapist', southern white men sought to challenge black men's rights as citizens while simultaneously expanding their own sexual power over both black and white women. The portrayal of black men as beastly and unable to control their sexual desire served to justify the practice of lynching, segregation laws, and disfranchisement black men.

Not only did the justification of lynching as a protection for white womanhood allow for unprecedented violence against African American, it also served to terrorize women and place limitations on their sexual freedom and political rights. Indeed, by the 1890s, southern white men found in the image of the 'black rapist' a powerful political tool for violently maintaining white male supremacy, while also denying Africans Americans their rights as citizens. While the rape justification of mob violence never cohered with reality, it shaped southern politics into a cautionary tale for southern women. Lynching and threat of rape served as warnings that the New South was a dangerous place for women who transgressed the narrow boundaries of race and gender. At the same time, the stories that sou-

> thern white men told and used in their white supremacy campaigns served to draw attention away from their own sexual crimes against black and white women (FEIMSTER, 2009, p. 4-5).

Conforme dito pela autora, a suposta atuação de "negros estupradores" passou a justificar uma série de atos violentos, entre eles os linchamentos coletivos realizados contra a população afro-americana, assim como as leis segregacionistas implantadas posteriormente.

Como se pôde perceber, a sexualidade era um dos eixos norteadores da (re)construção das relações raciais durante o pós-emancipação. No que toca ao caso brasileiro, não conhecemos estudos que façam uma conexão sistemática entre casos de estupro e os conflitos político-raciais trazidos pelo pós-abolição. Conforme salientado por Rosen (2009, p. 10), o estupro não é um mecanismo trans-histórico de opressão das mulheres, mas sim uma prática que está conectada a determinadas contingências sociais, servindo para fins políticos diversos dependendo do contexto no qual são operacionalizados. Não há registros de estupros coletivos, enquanto ato politicamente orquestrado, contra afro-brasileiras durante esse período. O que se sabe é que muitos estereótipos acerca da sexualidade das mulheres negras circulavam na sociedade brasileira da época, fato que, por sua vez, influenciava a forma como possíveis casos de estupros contra elas eram tratados nas esferas jurídicas e policiais. Dito em outras palavras, a violência sexual proferida contra mulheres negras poderia ser pouco investigada, ou então até mesmo pouco denunciada, devido aos estereótipos pejorativos associados à sexualidade das afro-brasileiras.

Segundo Rosen (2009, p. 6) e Feimster (2009, p. 41), diversas mulheres negras do sul dos Estados Unidos, as quais foram vítimas de estupro, denunciaram o caso diretamente à polícia, redefinindo, desse modo, a forma como esses atos violentos eram até então abordados. Conforme mencionado anteriormente, era permitido durante a vigência do escravismo ao senhor estuprar suas escravas, uma vez que elas eram consideradas propriedade dos primeiros. Fora isso, a palavra de um escravo jamais poderia ser juridicamente utilizada contra um branco. Após o fim da escravidão, todavia, a supremacia branca ainda considerava a necessidade de proteção sexual um privilégio exclusivo das mulheres brancas, as únicas supostas portadoras das virtudes femininas (FEIMSTER, 2009, p. 37). Nos relatos que prestavam à polícia e às autoridades judiciais, essas ex-escravas declaravam que a violência sofrida por elas era estupro, deixando implícito que também deveriam merecer proteção legal e colocando em xeque as antigas definições legais acerca desse ato. Segundo os depoimentos estudados, a reivindicação do direito de controlarem o próprio corpo constituía parte principal do discurso acerca da cidadania e da liberdade das mulheres negras.[14]

No que se refere à situação descrita pelo processo acima abordado, algo que chama a atenção é o fato do estuprador também ser negro. Como ressaltado anteriormente, esse pode ser um dos elementos que levaram o pai da menina a se sentir seguro e levar, com as próprias mãos, o violentador para a delegacia. Do mesmo modo, também pode servir de argumento em defesa de um não caráter racial dessa ação. No entanto, somente isso não é o suficiente para desvincular esse acontecimento de qualquer conteúdo racial. Estudando romances, pinturas e até mesmo a confecção de bonecas para crianças, Robin Bernstein (2011) afirma que, a partir da segunda metade do século XIX e durante boa parte do século XX, o processo de construção da associação entre "infância" e "inocência" esteve intrinsicamente ligado a certas políticas raciais

---

14 Feimster vai mais longe e identifica, nas reivindicações elaboradas por mulheres negras engajadas no combate ao estupro, muitas das problemáticas que formatarão o feminismo moderno.

do período. Em suas palavras, a ideia de inocência era pautada pelo pressuposto de que a criança era capaz de sentir dor, sendo que essa característica era claramente associada às crianças brancas. As crianças negras, ao contrário, eram vistas como seres humanos incapazes de sentir de dor. Tal ideia foi apropriada pelos favoráveis à escravidão e usada como justificativa para toda forma de violência contra crianças negras, desde o trabalho forçado até a violência sexual. Afinal, se uma pessoa é incapaz de sentir dor, tais atos poderiam ser caracterizados como violência? Segundo a autora, esse tipo de conexão tornou-se comum na vida cotidiana de muita gente durante a virada do século XIX para o século XX.

O estudo de Bernstein, é bom ressaltar, concentra-se no contexto norte-americano. No entanto, tudo leva a crer que as crianças negras também eram sexualizadas na conjuntura brasileira, possibilitando o assédio, inclusive por parte de homens negros. O processo envolvendo Bibiano e Sebastião demonstra que as mulheres negras eram assediadas não somente por fazendeiros, patrões e administradores, mas também por laços sociais do mesmo estatuto social. Quando a situação envolvia os primeiros, a assimetria era claramente maior. Todavia, mesmo quando as tensões envolviam outros trabalhadores negros, a racialização dos corpos das mulheres negras causava constrangimentos e conflitos.

A própria narrativa construída pelos processos criminais relega pouco espaço para as mulheres negras, colocando-as como passivas em situações nas quais participaram diretamente. Os "personagens" principais são quase sempre pais e maridos, os quais tiveram a "honra" ferida após o assedio/violência contra a filha ou a esposa. O papel específico das mulheres negras na formatação da realidade social do pós-abolição é algo subestimado, inclusive pelos próprios estudiosos do tema. Quase sempre tido como um dos principais "problemas da liberdade", especialmente para os estudos interessados em analisar a trajetória de libertos que estavam escravizados em áreas de grande lavoura, a importância do trabalho familiar é quase sempre encarada pela ótica masculina. Ao enfatizarem a propensão dos ex-escravos em evitar que as mulheres trabalhassem sob as ordens de terceiros, diversos estudos parecem focados apenas em uma percepção masculina de liberdade.[15] Será que as libertas gostariam, agora como livres, de ter o seu trabalho e sua mobilidade controlados pelos maridos/pais/irmãos? Como ressaltado anteriormente, a concepção de liberdade forjada por alguns ex-escravos fazia com que eles estivessem propensos a efetuar um rígido controle sobre suas parceiras.

Além disso, também seria interessante poder pensar no papel desempenhado pelas mulheres brancas em caso de assédio envolvendo mulheres negras. Em seu estudo sobre os linchamentos cometidos contra afro-americanos durante a virada do século XIX para o século XX, Feimster (2009) capta uma variedade de maneiras com as quais as mulheres brancas lidavam com a subalternização sexual-racial que as libertas sofriam. Várias delas se engajaram em movimentos políticos que criticavam os atos de violência cometidos pela supremacia branca, enquanto muitas outras participaram, ativamente ou como observadoras que legitimavam os eventos, dos linchamentos públicos que mataram milhares de negros e negras em regiões do sul dos Estados unidos. De acordo com Feimster (2009, p. 145), a presença delas nos linchamentos representava a tentativa de se instituir uma nova imagem das mulheres brancas, a qual articulava suas preocupações com a suposta violência sexual cometida por "negros estupradores" e suas reivindicações quanto

---

15 Um dos trabalhos mais influentes acerca da inclinação dos libertos para o controle do trabalho da própria família foi o de Thomas Holt (1992, p. 173-174). Conforme destacado ao longo deste trabalho, contudo, várias pesquisas realizadas no Brasil também empregam essa premissa.

ao direito de proteção, assim como servia como uma espécie de exercício do seu poder racial.

No Brasil, assim como demonstra a citação retirada de Slenes (1997, p. 253) mais acima, algumas esposas de senhores procuraram auxiliar as escravas quando viam que elas estavam sofrendo o assédio de seus maridos. Os processos criminais abordados mostram, no entanto, que esse tipo de situação era bastante frágil, devido sobretudo à posição subalterna em que elas se encontravam em relação aos seus parceiros. No conflito envolvendo Miguel Raphael e José Martins, por exemplo, os escritos policiais deixam a entender que a mulher desse último consentia – não sabemos, porém, se voluntariamente – com a relação extraconjugal de seu marido.

Acabamos de conhecer a reação de Bibiano quanto ao suposto estupro da sua filha. Conforme relatado no processo, os comentários acerca do ocorrido se espalharam, no mínimo, por toda a vila de Santa Eudóxia. No entanto, fora os boatos que circularam, não há relato de um envolvimento direto da população local com o caso. Com exceção da atitude do próprio pai, a violência cometida contra uma menina negra de 7 anos parece não ter causado nenhum tipo de comoção entre os habitantes que moravam nas proximidades. Situação diferente acontecia quando um negro era acusado de violentar uma mulher branca. Pelo menos é o que deixa a entender um linchamento ocorrido no município cerca de um mês e meio após a abolição. Na ocasião, o liberto João foi acusado de espancar, estuprar e roubar Palmira Faria de Sampaio, 17 anos de idade, recém-casada, em uma chácara perto da cidade. De acordo com informações contidas em uma correspondência policial, João teria, no dia 1 de julho de 1888 (ou seja, menos de dois meses após a abolição), invadido a casa de Antônio Morosino de Sampaio e "violentado" a esposa deste último. Após fazer isso, o liberto ainda teria furtado uma quantia em dinheiro e, logo em seguida, fugido da residência. Antônio chegou ao local depois do ocorrido. Tomou conhecimento do fato e, a fim de capturar de João, imediatamente reuniu alguns camaradas. Eles conseguiram abordar o ex-escravo e o entregaram às autoridades policiais locais, que trataram de prendê-lo.

O chefe da polícia, Ernesto Julio Bandeira de Mello, relatou com detalhes o ocorrido ao presidente da província de São Paulo.

> No dia 1 de julho, o liberto João, homem de maos costumes, penetrando na casa de residência; de Antonio Morosino de Sampaio, em uma chácara distante daquela cidade meia légua, encontrou a mulher do mesmo, Dona palmira de Faria Sampaio que na ocasião achava-se sozinha, e violentou-a, praticando-lhe varios ferimentos, que foram julgados graves. Em seguida exigiu o criminoso a chave de um pequeno armário, onde existia todo o dinheiro da casa, 530$000, roubou-o e fugiu. Chegando o marido da ofendida, achou-a estendida no chão e quasi morta, conseguindo, porem, saber das minucias do crime. Sem perda de tempo fez seguir alguns camaradas no encalço do criminoso, que foi preso mais tarde e entregue ao Delegado de Polícia (FPM, cx. 302, sem número, 1888).

No entanto, os boatos acerca do crime circularam rapidamente, sendo que um grupo de moradores da cidade resolveu se antecipar em relação ao julgamento judicial do acusado. Na tarde do dia 3 de julho, com direito a sinal de foguetes, um agregado de pessoas se reuniu em frente à cadeia da cidade com o intuito de retirar o acusado de lá e, posteriormente, matá-lo. O Juiz de Direito e o Promotor Público foram acionados e, discursando sobre a importância de se respeitar a lei e as instituições estabelecidas, conseguiram dispersar o povo. Na mesma noite, todavia, aproximadamente quatrocentas pessoas invadiram a cadeia, agarraram João e o mataram com pancadas e tiros.

> A população da cidade conspirou-se contra o réo, e na noite de 3 daquele mês ás dez e meia horas, mais ou menos, um grupo de cerca de quatro centos pessoas arrebatou o preso das grades da cadêa e assassinou-o, sendo o seu cadáver dependurado em uma arvore, no Largo da Matriz.
> Consummado o crime, retirou-se o grupo, sem haver desordem e continuando a cidade calma, como é o seu estado normal.
> No rigoroso inquérito iniciado pela respectiva autoridade, depuseram 22 testemunhas, sem que fosse possível descobrir-se qual o autor, ou autores, do assassinato, a despeito de todas as diligências empregadas para tal fim, quer pelo delegado de polícia, quer pelas autoridades judiciárias da comarca (FPM, cx. 302, sem número, 1888).

O jornal *A Província de São Paulo*, situado na capital da então província, chegou a publicar uma nota sobre esse linchamento dois dias após o acontecido, com destaque para a brutalidade do assassinato e para a suposta precariedade vivida pela polícia são-carlense.

> S. Carlos do Pinhal, 4.
>
> A noite passada, grupos numerosos de indivíduos assaltaram a cadeia, tiraram o preso João que amanheceu pendurado ao largo da Matriz, horrivelmente mutilado. João estava preso por haver espancado uma senhora para roubar. A força pública é insignificante e nada pôde fazer.
> É do urgente augmentar o destacamento, o que tem sido pedido por vezes, sem resultado.
>
> Do nosso colega do Oitavo Districto.

Examinando a correspondência e a notícia veiculada por um dos principais jornais da província, chega-se a conclusão de que não está totalmente evidente o fato da vítima ter sido estuprada. Em seu depoimento junto à polícia, Palmira não menciona ter sido violentada sexualmente, limitando-se a dizer que o agressor a espancou para forçá-la a revelar onde o dinheiro do casal estava guardado. Somente depois, durante uma acareação com o acusado, ela utiliza a palavra "violentada", a mesma empregada pelo chefe de polícia na correspondência. Também não há indicações de estupro descritas no auto de corpo de delito. Parece que o grau de violência sofrida pela jovem levou o delegado, assim como boa parte da população local, a presumirem que ela havia sido, de fato, violentada sexualmente.

Isso nos leva a crer que o estereotipo do "negro estuprador", tão presente no sul dos Estados Unidos após a Guerra de Secessão, também circulava no imaginário da população paulista no imediato pós-abolição. Conforme ressaltado, os últimos anos da escravidão foram marcados pelo alastramento dos conflitos violentos entre escravos e seus superiores – fazendeiros, administradores, feitores etc. Embora não haja evidências da existência de um número significativo de casos em que escravos ou libertos tentaram alguém espécie de abuso sexual sobre mulheres brancas, o receio em relação a supostos estupros cometidos por eles tornou-se um medo coletivo bastante difundido durante a época.

A ideia segundo a qual os negros(as) possuíam uma sexualidade descontrolada, somada ao temor de que os ex-escravos vingassem os anos de exploração sexual vivenciados no cativeiro, são os principais fatores explicativos para essa disseminação. Como mencionado na análise do processo anterior, vimos que os linchamentos consistiram em uma forma de violência coletiva muito utilizada nos Estados Unidos pós-abolição, a qual, para além do seu caráter intrínseco de punição/vingança de um ato transgressor, visava também afirmar o lugar social (subalterno) dos negros(as) na nova ordem política que emergia. Também merecem destaque os temores em relação ao contato racial entre negros e brancas, uma vez que grande parte dos linchamentos ocorria contra negros que haviam tentado algum tipo de relacionamento com mulheres brancas.

Não estamos falando aqui de estupro propriamente dito, embora a imagem do *black rapist* informasse a atuação dos linchadores, mas sim de qualquer forma de contato sexual – inclusive os consentidos. Isso porque os chamados *Black Codes*, legislações que passaram a vigorar em vários estados sulistas após o fim da guerra civil e objetivavam controlar a população negra recém-egressa da escravidão, proibiam qualquer tipo de união inter-racial. No Sul dos Estados Unidos, o "desrespeito" em relação a mulheres brancas era, em suas variáveis vertentes, uma justificativa proeminente para os linchamentos de negros. Além das representações de negros como feras incapazes de controlar seus instintos sexuais, o que suscitava temores reais entre brancos, qualquer aproximação sexual ou romântica entre homem negro e mulher branca era vista como desafio particularmente ultrajante à predominância do homem branco. Atingia a honra de toda a comunidade branca, pois tais atos acabavam por afirmar, mesmo que implicitamente, uma suposta igualdade entre brancos e negros.

No Brasil, esse tipo de atitude também era comum. Dependendo da situação, a vergonha e a decepção em ver uma filha se relacionando com um negro poderia levar os pais brancos a atitudes extremas. Um dos eventos mais comentados em São Carlos após o fim da escravidão foi o suicídio do fazendeiro Dr. Arthur da Costa Pires, ocorrido logo nos primeiros anos do século XX. Analisando a investigação acerca do ocorrido, Monsma (2005) disse que o fazendeiro se matou após saber que sua filha, de 16 anos de idade, fora deflorada e engravidada por um "antigo criado" da casa – muito possivelmente um ex-escravo doméstico. Philomeno da Conceição, preto de aproximadamente 50 anos, natural de Maranhão, estava servindo a família já há muitos anos.

Diversas testemunhas enfatizaram a total confiança que o fazendeiro depositava nele. Segundo Monsma, lendo o inquérito tem-se a impressão de que Philomeno e a menor tiveram relações sexuais várias vezes no decorrer de quatro ou cinco meses, até a moça contar sobre o relacionamento à sua avó.

Para Monsma, um dos aspectos mais interessantes deste caso é o fato do defloramento ter levado o fazendeiro ao suicídio. Em casos assim, geralmente os fazendeiros costumavam mandar matar o liberto. Como possuía recursos para tanto, também era possível compensar o defloramento e a gravidez indesejada. A moça podia ser mantida em casa até o parto e o recém-nascido entregue a outros para criar. Depois, a família podia pagar um bom dote a um homem da classe média que aceitasse se casar com a filha, resultando em uma união, senão ideal, pelo menos aceitável. Segundo Monsma, portanto, o defloramento e a gravidez, sem a concorrência de outros fatores, não explicam o suicídio.

Nesse caso, a ideia de desonra da família tampouco serve como motivo, porque a situação só ficou conhecida ao público em decorrência do suicídio. Sem este ato, teria sido muito mais fácil encobrir o defloramento. Monsma desconfia que o Dr. Pires entrou em profunda depressão por causa da traição de um empregado em que ele confiara tanto, combinada com a participação ativa da filha no próprio defloramento – ou seja, outra forma de traição. Esses fatores teriam criado a sensação de que a realidade estava completamente distinta do que ele havia imaginado, que até os mais íntimos conspiravam contra ele, não podendo confiar em ninguém. Para o público local, embora não houvesse tido, como no caso de João, interferências extralegais e tentativas de linchamento, o defloramento da moça e o suicídio do fazendeiro simplesmente confirmavam a natureza traiçoeira dos negros.

Os assassinatos coletivos presenciados nos Estados Unidos ocorreram em uma proporção muito maior do que aqueles mencionados na historiografia brasileira.[16] No entanto, se não podemos equipará-los quanto ao número de casos, as circunstâncias e a brutalidade dos linchamentos realizados contra negros eram, no Brasil pós-emancipação, muito parecidas com as características dos linchamentos norte-americanos. Monsma, pesquisando linchamentos contra negros ocorridos dentro dos limites do oeste paulista cafeeiro, encontrou, além deste linchamento sucedido em São Carlos, outros três casos semelhantes que se passaram em diferentes cidades da região durante a mesma época. De acordo com ele, mesmo sendo poucos, tais linchamentos tinham grandes repercussões locais e, sem dúvida, serviam também para intimidar outros negros e limitar a sua suposta ousadia.

Quatro das seis vítimas dos linchamentos estudados por ele, por exemplo, estavam sendo acusadas de algum tipo de violação sexual, seja ela real ou imaginada. Em um caso, o de Guilherme Manoel do Nascimento, em Araraquara, município vizinho a São Carlos, o único "crime" aparentemente cometido por liberto foi o de insistir em se casar com uma jovem branca contra a vontade do pai da mesma. Os outros três foram acusados de estupro, sendo as supostas vítimas dessa violência mulheres brancas. Mais uma vez, o que se percebe é, assim como ocorria no sul dos Estados Unidos, o fato do mero desejo de um negro sobre uma mulher branca ser encarado como um "atrevimento" merecedor de uma punição exemplar.

Portanto, mesmo que em números diminutos, os casos de linchamento contra negros ocorridos no oeste paulista possuíam motivações e seguiam rituais semelhantes aos assassinatos coletivos que afligiam a população afrodescendente norte-americana nos anos posteriores à Guerra de Secessão.

---

16 Estima-se que aproximadamente dois mil linchamentos aconteceram no sul dos Estados Unidos entre 1880 e 1930.

> Em ambos os países, linchamentos eram eventos públicos, com aspectos rituais, tais como a invasão das cadeias, o assassinato público, realizado coletivamente por grupos de brancos, a mutilação de corpos negros e a exposição pública dos corpos mutilados, tipicamente pendurados de árvores. Os linchadores brasileiros sem dúvida imitavam os linchamentos norte-americanos, ou as descrições desses eventos que leram com certa frequência nos jornais, mas imitavam porque esta forma de ação coletiva ressoava com seus sentimentos a respeito dos negros linchados e dos negros em geral. Em ambos os países, o assassinato público e a exposição dos corpos mutilados de negros eram maneiras eficazes de terrorizar e intimidar os outros negros, ajudando a coibir sua "impertinência" e mantê-los "no seu lugar", ao mesmo tempo que esses rituais sangrentos criavam certa identificação e unidade entre os brancos (MONSMA, 2005, p. 48).

O termo "linchamento" teria surgido no próprio contexto de conflitos raciais vivenciado no sul nos Estados Unidos. Ele seria, primeiramente, uma referência ao coronel Charles Lynch, da Virgínia, líder de uma organização privada que visava punir criminosos e legalistas durante a Revolução Americana. A "lei de Lynch", que era praticada por ele, teria dado origem à palavra em 1837, designando o desencadeamento do ódio racial contra os índios e negros perseguidos pelos "comitês de vigilância" que deram origem a organização Ku Klux Klan. No Brasil, o primeiro linchamento, embora ainda não se utilizasse essa nomenclatura, ocorreu já no século XVI; mais precisamente em 1585, na cidade de Salvador. Diversas situações hoje caracterizadas como linchamentos ocorreram ao longo de toda a história colonial e imperial brasileira. Conforme afirma o sociólogo José de Souza Martins (1995), "[...] diferentes de outros crimes, os linchamentos e tentativas são formas autodefensivas de vingança. São execuções comunitárias. É a sociedade que lincha". Eles não são, contudo, um mecanismo a-histórico de punição coletiva, mas sim um ritual específico de violência através do qual certas assimetrias sociais são reafirmadas ou contestadas. No que diz respeito às sociedades pós-emancipação, eles, conforme já ressaltado, estão inseridos em uma política racial que visava limitar as liberdades individuais e coletivas da população negra.

As ocorrências de linchamentos expressam um conflito entre a expectativa de certos grupos sociais e o funcionamento das instituições de justiça, configurando um conflito de legitimidade. Porém, enquanto forma não institucionalizada (porém pública) de violência, os linchamentos necessitam de determinada conivência das autoridades públicas para se efetivarem. Percebeu-se no caso aqui analisado que a polícia local, embora tivesse tentado impedir a invasão da cadeia em um primeiro momento, não colocou muitos empecilhos para que moradores entrassem durante o período da noite. Também é de se duvidar que, devido a tamanha repercussão que tal fato deve ter tido na localidade, não se conseguisse identificar nenhum dos envolvidos, conforme consta no inquérito instalado para a investigação. Na correspondência policial abordada anteriormente, é evidente a preocupação do delegado local em dizer que aquele foi um fato isolado, sobre o qual as autoridades nada puderem fazer, prevalecendo, após o ocorrido, "a cidade calma, como é o seu estado normal". Essa atuação seletiva dos agentes do Estado concretizava a precariedade da cidadania vivenciada por determinadas categorias sociais, especialmente os afro-brasileiros, durante o pós-emancipação.

Ao analisar o papel das autoridades locais nos linchamentos, não se deve deixar de levar em consideração o jogo de poder no qual elas próprias estavam imersas. Muitas vezes vistos como reprodutores mecânicos das políticas das chamadas "oligarquias locais" (as quais, por sua vez, são sempre vistas como os fazendeiros de café), delegados e policiais dos municípios do oeste paulista cafeeiro tinham de lidar com uma gama variada de interesses. É verdade que os delegados, por exemplo, eram escolhidos pelo partido político que governava a municipalidade. Eles estavam, portanto, vinculados às elites políticas locais por laços de dependência. Anteriormente ao ano de 1906, esses delegados sequer recebiam salários. Sua principal recompensa, além de certo prestígio local, era a oportunidade de promover os interesses de sua facção política e perseguir os inimigos, acumulando, dessa maneira, créditos nas trocas de favores com os integrantes de seu grupo.

No entanto, os delegados interioranos, se escolhidos pelo partido político governante do município, eram, por outro lado, nomeados pelos governadores da província – e do estado, após 1889. Dito em outras palavras, os governantes provinciais/estaduais aceitavam ou recusavam (ou então até mesmo destituíam do cargo) os delegados indicados pelas elites políticas locais. Essa subordinação quanto ao poder provincial/estadual fazia com que, não raras vezes, os delegados locais se encontrassem em meio a um jogo político travado entre as esferas regional e municipal.

> O fato de serem intermediários entre o governo e as elites locais significava que os delegados eram sujeitos a pressões de ambos os lados, o que complicava seu trabalho. Os delegados eram escolhidos pela elite do partido dominante na localidade, geralmente eram parte dessa elite ou fortemente relacionados com ela, e obviamente tentavam promover seus interesses. Porém, eram os presidentes e governadores que nomeavam as autoridades sugeridas pela elite local, e também podiam destituí-las se ficassem fora de seu controle. Em casos mais extremos, podiam enviar um delegado em comissão da capital, tipicamente um oficial da Força Pública, até que a situação voltasse à normalidade. Isso criava potencial para

> conflitos entre os delegados e as elites locais, quando esses se posicionavam contra o governo ou algumas das suas políticas. (MONSMA, 2005, p. 1-2).

Além disso, esses delegados também sofriam pressões da imprensa, de advogados e de juristas, bem como de Juízes de Direito e de Promotores Públicos. Esses últimos, por exemplo, eram funcionários públicos e podiam ser removidos, pelos governadores, para outra comarca, ou seja, dependiam mais do poder estadual do que dos fazendeiros locais. Em suma, os delegados estavam sujeitos a múltiplos interesses, sendo que tinham que lidar com um jogo de poder composto por diferentes grupos. Como se pode presumir a partir da análise da atuação das autoridades são-carlenses no caso do linchamento do liberto João, a repercussão do acontecido fez com que eles tivessem que se pronunciar oficialmente para as autoridades provinciais.

Ao ter a brutalidade do assassinato exposta nas manchetes de um dos principais jornais da província, com destaque para a suposta falta de um número suficiente de policiais, o chefe de polícia teve que reportar um relatório para os seus superiores no governo provincial. Nele, fez questão de ressaltar que foi conduzida toda uma investigação para apurar o ocorrido, por ele e pelas autoridades judiciais da localidade, assim como o fato de não mais haver, naquele momento, qualquer tipo de distúrbio na cidade. A afirmação de que a ordem estava mantida era essencial para informar os responsáveis provinciais pela segurança pública de que o linchamento não mais desencadeou nenhum tipo de distúrbio. Afinal, os linchamentos também traziam, em um momento onde a livre circulação de negros era vista com temor pela população branca, o receio do acirramento das rivalidades raciais nas cidades interioranas.

Mesmo com essas pressões, entretanto, a análise do caso deixa a entender que as autoridades locais não fizeram muita questão de evitar – ou até mesmo de investigar – o linchamento de João. Tudo isso leva a crer que eles poderiam ter interpretado tal atitude vingativa como moralmente legítima, haja vista que possuíam os mesmos esquemas cognitivos que a população branca em relação aos ex-escravos.

> Imediatamente depois da abolição, os delegados do interior paulista manifestavam grande preocupação em controlar os libertos, vistos como vadios e desordeiros, faltando respeito às autoridades e aos brancos em geral. As representações de libertos eram muito parecidas às dos escravos fugidos pouco tempo antes, e parece que a maior parte dos delegados instintivamente, sem parar para pensar, percebiam os libertos como escravos que haviam evadido o controle de seus senhores. A afirmação, por parte dos libertos, do direito de ir e vir e de controlar seu próprio tempo era vista como insubordinação. Em alguns casos específicos, os libertos eram percebidos como feras violentas e pervertidas, só controláveis pela violência e pela intimidação (MONSMA, 2005, p. 41-42).

Sendo assim, o exame dos dois últimos casos aqui apresentados apenas confirma o caráter racializado da sexualidade durante o pós-abolição. A violência sexual, nesse sentido, era vista como intolerável dependendo do grupo racial ao qual pertenciam a vítima e o acusado. Pudemos ver que o estupro da menina Maria Glória, uma negra de 7 anos de idade, não aguçou o desejo de vingança da população local assim como o fez o *suposto* estupro cometido por um liberto contra uma jovem branca casada. Isso tem a ver com a desqualificação moral pela qual passavam os negros. Mereciam proteção somente aqueles com atributos morais para tanto. E, nesse contexto, a moralidade tinha uma cor definida. "Em síntese, na época, a branquitude era sinônimo de moralidade, uma capacidade superior de resistir ou controlar o desejo, então compreendido como instintivo, natural e tão poderoso quanto perigoso para a sociedade" (MISKOLCI, 2012, p. 106).

Para os objetivos específicos do nosso trabalho, vale a apena destacar o poder de parcela da população branca em acionar determinadas redes sociais para fazer valer suas percepções de justiça. Enquanto o pai de Maria da Glória não teve outra opção a não ser levar o acusado até a polícia, pessoas ligadas a Palmira conseguiram mobilizar um grande contingente de pessoas para arrancar da cadeia e linchar um ex-escravo. Os negros tinham dificuldade em formar agrupamentos porque eles eram enxergados com desconfiança, e muitas vezes reprimidos, durante o pós-abolição. Para os delegados, e para a população de um modo geral, o pós-abolição era um momento de receio e, em muitos casos, de medo: a grande presença de ex-escravos, agora sem senhores e com liberdade para ir e vir aonde bem entendessem (pelo menos formalmente), constituía um perigo e uma ameaça constante de desordem (MONSMA, 2005, p. 22). Se qualquer agrupamento de negros já era visto como suspeito, como eles iriam se unir para reivindicar/contestar algo? Por isso as organizações negras do pós-abolição geralmente funcionavam na clandestinidade, na forma de sociedades secretas.

Os negros estavam, no pós-abolição, suscetíveis à violência coletiva cometida por outras categorias. No dia 15 de agosto de 1904, Avellino Bruno Sant'Anna, 26 anos de idade, casado, carroceiro na fazenda Santa Luiza e analfabeto, envolveu-se, juntamente com um amigo negro chamado José Francisco do Nascimento, em um confronto contra um grupo de italianos. Como consequência, José Francisco foi espancado até morte, sendo que Avellino conseguiu escapar somente com alguns ferimentos relativamente leves. Em depoimento prestado junto à polícia, Avellino disse que, a fim de beber, foi à venda da fazenda Floresta, de propriedade de Aureli Civatti, em companhia de José Francisco. Chegando ao local, percebeu que estava presente, além de diversos brasileiros, um número grande de italianos, os quais eram colonos e camaradas da propriedade onde se encontravam.

Passado algum tempo, Avellino teria saído da venda, sendo que, quando retornou para dentro do local, José Francisco estava travando uma discussão com um "italiano, gordo, calçado de botas, com calça de xadrez e palelot preto". Ao intervir na discussão em favor de seu amigo, José Francisco sacou uma faca e desafiou o mencionado italiano. A partir desse momento, conta Avellino, os demais italianos que se encontravam na venda, "em numero de cincoenta e tantos", juntaram-se e passaram a agredir os dois negros, os quais sequer conseguiram defender-se. O administrador da fazenda, o espanhol Francisco Augusto Mayêgo, de 28 anos de idade e alfabetizado, contou uma versão diferente daquela de Avellino.

> [...] hontem, às quatro horas e pouco da tarde, quando elle depoente juntamente com muitos amigos e conhecidos vinham da raia onde correram cavalos, para a fazenda onde administra, quando antes de chegarem a venda, encontraram-se com o preto Avelino Sant'Anna e um companheiro, também preto, e de passagem ouviram Avelino dizer que acabava com a "vida do administrador". Que a isto, Antonio dos Santos, colono da fazenda sob a administração do depoente, de nacionalidade portuguesa, disse "isso não! Acabar com o vida delle você não acaba". Que bastou Antonio dizer isto para Avelino aggredi-lo com uma cacetada que o prostou por terra e em seguida Avelino foi sobre Antonio que estava cahido e principiou a dar-lhe socos, em vista do que as pessoas presentes, cerca de sessenta pessoas, indigniram-se e espancaram Avelino Sant"Anna e o preto seu companheiro que mais tarde soube chamar-se José Francisco, o qual tinha uma faca desembainhada na mão e desafiava a todos. Que elle depoente não

> pode precisar os nomes nem as pessoas, porque no espancamento tomaram parte as pessoas que haviam estado na raia, isto é, todos do bairro (FPM, 1904).

Nicolau Francisco, italiano de 23 anos de idade e ajudante de administrador da fazenda Floresta, confirmou a versão de seu superior. Ettore Reali, italiano alfabetizado de 28 anos de idade, era o dono da venda onde o confronto teria ocorrido e também prestou depoimento.

> Que domingo próximo passado, pelas nove ou dez horas da manhã chegaram em casa do negocio delle depoente os pretos de nomes Avelino e José Francisco, que mandaram vir pinga e tomaram, juntamente com outros, três meias garrafas de pinga. Que Avelino e José Francisco jogaram capoeira dentro da venda, pelo que o depoente adverteuo-os, sendo por isso desafiado para sahir fora da venda. Que depois, às quatro horas da tarde, mas ou menos, por motivo que elle depoente ignora, José Francisco puxou de uma faca que trasia á cinta e tentou ferir as pessoas que estavam dentro da venda, pelo que ditas pessoas sahiram para fora e depois sahiram também os dois pretos aludidos. Que elle depoente, aproveitando o ensejo fechou as portas da venda e, devido ao estado interessante de sua mulher elle depoente não sahiu para fora a ver o que então se passava. Que só às oito horas da noite e que o depoente teve sciencia que os dois pretos haviam sido espancados e que tinham vindo em uma carroça para a cidade, e hontem soube o preto José Francisco, havia fallecido em consequência dos ferimentos recebidos (FPM 1904).

Os italianos recém-chegados ao Brasil logo perceberam a relevância das hierarquias raciais dentro do contexto brasileiro. Especialmente na economia cafeeira, onde os italianos passaram a exercer o trabalho antes executado por escravos, os primeiros estavam sujeitos a serem comparados com cativos – sobretudo pelos fazendeiros, os quais estavam acostumados com o tratamento que dispensavam aos seus trabalhadores durante a escravidão. Fazendo uma leitura da realidade brasileira, muitos imigrantes italianos notaram a importância de se identificarem como brancos a fim de se estabelecer fronteiras em relação aos negros recém-libertos, fixando, assim, práticas discriminatórias com o intuito de se exporem como superiores. Sem uma posição institucional que lhes assegurasse uma posição de superioridade, os italianos buscavam se diferenciar dos libertos por meio do estabelecimento de relações simbólicas assimétricas no cotidiano. Essa identidade racial seria fruto, primordialmente, das experiências construídas no Brasil.

> [...] os imigrantes internalizaram o racismo principalmente em função das suas experiências no Brasil, e não tanto como consequência das ideologias racistas que circulavam na Europa. Certamente um sentido geral de superioridade ao resto do mundo havia se infiltrado nas camadas populares europeias, mesmo nos camponeses analfabetos, mas esse senso de superioridade branca estava internalizado de forma relativamente superficial porque não correspondia a nada na vida cotidiana dos futuros emigrantes ao Brasil, a grande maioria dos quais nunca havia visto um negro. Os capítulos a seguir apresentam evidências de que muitos imigrantes internalizaram o racismo principalmente em consequência dos maus-tratos que sofreram dos fazendeiros e das autoridades, em combinação com a situação um pouco melhor dos imigrantes e as ideologias racistas da época, promovidas especialmente pela elite imigrante. Não querendo ser tratados como negros, os imigrantes tentavam se distinguir deles e reivindicavam maior respeito e dignidade, o que ocasionava bastante conflito entre imigrantes e aqueles negros que não

queriam aceitar essa pretensa superioridade dos europeus. No decorrer desses conflitos com elites e negros, os imigrantes incorporaram as divisões raciais brasileiras ao seu *habitus* e adotaram as mesmas representações negativas dos negros que circulavam entre as elites locais. [...] Imigrantes percebiam como brasileiros broncos tratavam os negros e logo aprenderam a importância de manter as distinções de cor. A ideologia racial predominante afirmava a superioridade dos europeus sobre os negros, mas ao mesmo tempo as humilhações e os maus-tratos que os imigrantes sofriam dos fazendeiros e da polícia suscitavam o medo que eles seriam reduzidos à mesma condição dos negros. Negros e imigrantes brigavam frequentemente porque ocupavam posições sociais semelhantes, e os imigrantes insistiam em se distinguir dos negros, reivindicando a superioridade. Na maior parte desses conflitos, europeus reivindicavam a precedência ou teimavam em mandar e negros se recusavam a acatar ou se humilhar. Imigrantes e negros lutavam principalmente pelo capital simbólico, o capital de respeito ou reconhecimento social. Ao se colocarem em um plano superior a todos os negros, os imigrantes (e os brasileiros brancos) tentavam lhes negar o direito ao capital simbólico, ou seja, o direito de competir pelo reconhecimento social. A afirmação da diferença e da superioridade racial virou uma estratégia da resistência dos imigrantes contra os fazendeiros e para a defesa de sua dignidade coletiva. Com o crescente racismo das comunidades imigrantes, a amizade e a convivência entre negros e imigrantes que se observavam nos primeiros anos depois da abolição ficavam mais limitadas, empregadores imigrantes começavam a discriminar os negros abertamente e se estabeleceu um regime de segregação racial de fato em várias partes do interior paulista (MONSMA, 2016, p. 24-28).

Embora outros imigrantes europeus também tenham operacionalizado as diferenças raciais, essas disputas simbólicas em torno da (re)construção de hierarquias raciais/sociais obtiveram uma dimensão primordial entre os italianos.

> Os italianos constituíam, de longe, o maior grupo imigrante no oeste paulista e foram os primeiros a chegar em grandes levas. Na época da abolição, já havia um número significativo de italianos em São Carlos, e muitos mais chegaram nos anos seguintes. Mais do que os outros grupos de imigrantes – notadamente espanhóis e portugueses, no caso de São Carlos, que chegariam em massa a partir da primeira década do século XX –, os italianos interagiam com negros nos primeiros anos após a abolição, o que acabou por estabelecer o tom das relações entre esses últimos e outros imigrantes europeus (MONSMA, 2004, p. 51).

Os italianos logo perceberam que os negros deveriam, aos olhos de praticamente todos, serem tratados como aqueles que deveriam obedecer. Eles tornaram-se extremamente sensíveis, dessa maneira, a qualquer forma de equiparação com os afro-brasileiros. O fato de Avelino e José Francisco terem, além de jogado capoeira dentro da venda, arranjado confusão com um patrício, possivelmente despertou a ira de todos os italianos presentes. Na visão deles, jamais um negro poderia tentar enfrentar um italiano. O enfrentamento pressupunha igualdade – ou até mesmo superioridade –, algo fora de cogitação nesse contexto. Os negros que não aceitassem seu *lugar*, tentando criar situações que simulassem uma simetria entre os grupos, deveriam, nem que através da violência física, ser realocados para o mesmo.

Para os italianos, parecia uma questão de honra não deixar que um negro agisse de maneira considerada atrevida. De acordo com Bourdieu, a noção de honra exerce um papel de mediação entre as normas sociais e o comportamento dos sujeitos. Os agentes sociais acionam, em proveito próprio, os elementos do código de honra de sua cultura.

Essa abordagem abre espaço para os contextos sociais em jogo, bem como para as maneiras através das quais os determinados círculos sociais manipulam a gramática moral associada à ideia de honra. Não se deve deixar de levar em consideração, nesse sentido, o fato de a honra fazer parte de um jogo complexo de relações de poder, pois, quando se fala dela, está a se indagar de que forma e quem, segundo quais padrões de conduta honrada, pode reconhecer e atribuir honra a alguém.

Segundo Bourdieu, o domínio da honra institui um mecanismo de aprovação e reprovação social, segundo o qual a pretensão dos indivíduos a um dado valor social é um direito em si – embora nem todos o possuam – e o reconhecimento (ou não) desse valor exige um tratamento determinado: prestígio do reconhecido e humilhação do excluído. Engendra, portanto, um tipo de valoração social singular, presente em espaços e tempos diferenciados, a qual configura arranjos singulares para o feixe de valores e relações sociais. Ao se falar de honra, está se colocando ênfase à busca dos indivíduos, ao mesmo tempo obrigatória e voluntária, de encarnarem os ideais sociais e adquirirem, por isso, reputação.

> Quando analisamos princípios e mecanismos de honra e desonra estamos, em verdade, observando como determinados grupos ou círculos sociais avaliam o grau de adequação do comportamento de seus membros aos valores e normas estabelecidos. Mais importante, trata-se de um complexo de noções e procedimentos que permite regular o acesso aos recursos morais e políticos, a princípio aberto a todos os pertencentes ao grupo de pares [...]. Ainda quando atuam elementos de precedência – tais

> como, família, idade, gênero e grupo de status ou classe social, é fundamental um dado desempenho individual que confirme a condição de honrado. Em consequência, o valor da pessoa de honra nunca é um valor absoluto, consiste em um tipo de bem que precisa ser renovado e reconhecido ao longo de toda sua existência, sendo que nem todos encontram-se em igual posição social para definir padrões de conduta e arbitrar a adequação ou não dos procedimentos pessoais a estes padrões (TEIXEIRA, 1999, p. 3-4).

Tudo indica que com certa frequência alguns italianos espancavam negros na São Carlos pós-abolição. Em alguns casos, além da superioridade demográfica em que se encontravam, um italiano poderia exercer algum cargo de autoridade, encontrando esse tipo de conflito um ambiente ainda mais propício para acontecer. Parece ser essa a situação encontrada na vila de Santa Eudóxia durante o ano de 1901, quando o italiano Crystovam Martinelli, 30 anos de idade, negociante, exercia o cargo de suplente do subdelegado desse distrito. No dia 14 de outubro daquele ano, ele, juntamente com seu irmão, Fernando Martinelli, e o brasileiro Agostinho da Cunha Caldeira, prenderam, através do uso de força física, Manoel Candido. Esse último foi até a casa de Crystovam para tentar reaver uma espingarda que o mesmo havia lhe tomado no domingo anterior, durante uma operação policial que visava apreender as armas daqueles que circulavam pela região. Após a recusa do italiano em lhe devolver a arma, Manoel teria ido embora, porém retornado instantes depois e desfechado um soco no nariz da irmã de Crystovam, Philomena Martinelli. A partir daí, os irmãos da mulher agredida e Agostinho intervieram, conseguindo, a muito custo, imobilizar Manoel.

Agostinho da Cunha Caldeira declarou, em depoimento prestado à polícia, ter 30 anos de idade e ser lavrador em uma fazenda localizada nas proximidades de Santa Eudoxia. Afirmou ter sido, há cerca de dez anos antes, ajudante de administrador na fazenda Figueira Branca, de propriedade de Elisario Penteado, quando conheceu Manoel. De acordo com Agostinho, ele trabalhou como seu camarada e, "por ter providenciado diversas desordens na referida fazenda", foi logo dispensado. Disse também que estava no negócio de Crystovam quando Manoel veio atrás da espingarda e, logo em seguida, agrediu a irmã do italiano. Ao tentar conter o agressor, teria levado uma cacetada no braço, mas mesmo assim conseguiu, ainda que com muita resistência por parte de Manoel, contê-lo. Crystovam Martinelli confirmou a versão da abordagem descrita por Agostinho e ainda afirmou que "conhece [Manoel] desde criança como turbulento, insubordinado, perverso enfim ruim [...]".

Manoel Candido, 22 anos de idade, natural de São Carlos, trabalhador, analfabeto, é descrito no auto de qualificação como pardo e com "cabelos encarapinhados". Além disso, em uma prática pouco usual nos processos e inquéritos estudados, ainda é descrita a filiação do réu: Candido de tal e Maria Magdalena. Parece que, com a menção ao cabelo e ao nome dos pais de Manoel, era intuito dos investigadores deixar em evidência a ascendência escrava do investigado. No seu depoimento, Manoel diz ter conseguido, junto ao subdelegado em exercício, um bilhete autorizando Crystovam a lhe devolver a arma. Todavia, o italiano, mesmo com a autorização em mãos, negou a devolução. Também afirmou que estava muito embriagado quando partiu pra cima de Crystovam, sendo que sequer se lembra de ter agredido a irmã dele. Apenas se recorda de ter dado uma cacetada em Agostinho. No encerramento do seu depoimento, Manoel, muito provavelmente defendendo-se das acusações proferidas por algumas testemunhas, se autodeclara "homem trabalhador e não desordeiro".

A história investigada começa a mudar de desfecho quando o delegado municipal recebe uma correspondência assinada por Leopoldo Guimarães, chefe da Estação de Santa Eudoxia, acusando Crystovam de agir em favor de seus conterrâneos.

> Estação de Santa Eudoxia. 18-10-90
>
> Hontem o Correio de São Carlos publicou que estava sendo inquerido pessoas de povo sobre a prisão efectuada aqui segunda feira passada.
> V. Excia. que tem desempenhado comissões tão importantes com dignidade e critério e sempre tem feito justiça, não deve desprezar os nossos patrícios as únicas victimas da prepotência do Sr. Martinelli que nos traz sobre-soldado
> Se VExcia. quiser conhecer quem é o desordeiro aqui chame para depor n'esta delegacia os irmãos João Pereira, José Pereira, Antonio Correa Lemos, Jose Guitá, Vicente Bevilaqua, Giacomo Valcada, Eugenio Mendonça e outras pessoas Giulio Bonetti e ele.
> Os italianos têm o direito de esbordoar de andar armado de darem tiros na povoação de esbofecterem e cobrar – suas contas com o Subdelegado.
> Nos Braszileiros tomão nossas armas apanhamos delles e seremos felizes si não nos remeter para São Carlos preso.
> Peço a V Excia. que nos de justiça e paz como Brazileiros e patriota. De VExcia. [incompreensível] Leopoldo H. Guimarães.
>
> A Excelentíssimo Tenente Alipio Ferreira
> Digno Delegado Militar de São Carlos

Chamado para prestar depoimento, Leopoldo Guimarães, 23 anos, casado, empregado da Estrada de Ferro paulista, natural de Lorena, afirmou que Manoel foi espancado pelos italianos e por

Agostinho no momento em que o prenderam. Esse último, de acordo com Leopoldo, seria na verdade um capanga de Crystovam. Ele disse ainda ter havido um entrevero entre Martinelli e Candido oito dias antes da prisão do mesmo, durante um espetáculo de touros, quando Manoel queria sair da sala de espetáculo, mas foi impedido por Martinelli. Candido teria desobedecido e saído da sala, porém, ao voltar, foi barrado por Martinelli. Sendo assim, de acordo com Leopoldo, a apreensão da garrucha de Manoel, ocorrida três dias depois desse episódio, foi pura vingança de Martinelli devido à desobediência daquele.

Leopoldo confirmou que foi ele quem telegrafou para o delegado denunciando o espancamento de Manoel. No entanto, o fez com o intuito de denunciar também os outros espancamentos de brasileiros cometidos por italianos calabreses na estação de Santa Eudóxia. De acordo com o depoente, a polícia de Santa Eudóxia não toma providência quanto a isso. Ao contrário, eles remetem, presos, os brasileiros espancados para a cidade. O promotor teria lhe perguntado se Agostinho não era, conforme declarou o mesmo em depoimento, um proprietário rural no município, o que ele respondeu:

> [...] que Agostinho da Cunha Caldeira não tem sitio, nem propriedade alguma em Santa Eudóxia ou perto, que reside no município de Descalvado, está constantemente em Santa Eudóxia e não passa de um vagabundo e instrumento de Christovam Martinelli e que ferio Manoel Candido sem motivo algum, intervindo repentinamente numa discussão travada entre aquelle e Martinelli (FPM, 1904).

O delegado chamou alguns dos nomes citados por Leopoldo na correspondência, mas não conseguiu arrancar nenhum tipo de confissão. Sendo assim, parece que não houve, pelo menos dentro desse processo, um avanço quanto às denúncias proferidas por Leopoldo. Sobre a prisão de Manoel em específico, o Juiz acabou indiciando tanto Manoel como Agostinho por crime inafiançável. O júri, porém, decidiu, por unanimidade, que Manoel não agrediu Agostinho "com instrumento contundente...". Agostinho também foi absolvido, mas devido a um empate de seis a seis nos votos do júri.

Exceção feita aos exageros "patriotas" de Leopoldo, acredita-se que a versão contada por ele faz sentido. Não é de se duvidar que a desobediência de Manoel tenha incentivado uma atitude de revanchismo em um subdelegado italiano. Muito menos no que se refere ao seu espancamento. Afinal, até a polícia municipal chegar à Santa Eudóxia para conduzir Manoel à delegacia, o negro foi mantido preso, como consta no depoimento de Agostinho, na própria casa de Crystovam. Além do mais, a decisão do juri, ao quase incriminar Agostinho, também revela muito sobre o caso em questão. O fato é que esses espancamentos cometidos contra negros no pós-abolição, sejam eles materializados em forma de linchamento, em um ato espontâneo de um grupo ou então na arbitrariedade de autoridades policiais e seus capangas, minavam o estatuto de cidadão que eles acabaram, pelo menos formalmente, de adquirir. A racialização de suas identidades fez com que, mesmo não portando mais o estatuto jurídico de escravos, os afro-brasileiros continuassem a ser vistos como aqueles que deveriam apenas obedecer. Qualquer atitude de enfrentamento a essa condição era logo interpretada como desobediência e/ou desacato.

Essa subalternização era perfeitamente perceptível no âmbito do poder local. Sem ocupar espaços estratégicos nas instituições municipais de poder, os negros, quando não eram espancados pelas autoridades locais, tinham a conivência delas para sofrer algum tipo de violência. Se, conforme pudemos perceber, alguns ex-escravos construíram relações de confiança com fazendeiros locais, também é verdade que muitos afro-brasileiros não tinham um lugar definido na teia de trocas e dependências pessoais das sociedades cafeeiras do oeste paulista. Sem poder articular algum tipo de rede de proteção, os afro-brasileiros estavam sujeitos à violência institucionalizada, a qual visava limitar a sua liberdade e, desse modo, manter atuantes as hierarquias sociorraciais do pré-abolição.

A racialização presente no pós-emancipação agia até mesmo quando alguns negros ocupavam cargos importantes no âmbito da economia cafeeira. O promotor público da comarca de São Carlos protocolou, em março de 1895, uma denúncia contra Alberto José de Castro, de 23 anos de idade, preto, natural de Minas Gerais, filho de Esmeria Conceição, administrador da fazenda Santa Emília, de propriedade do Coronel Gentil de Castro.

> Em 22 do mez cadente [março], por volta das 11 horas do dia, Alberto José de Castro e Eugenio Garcia Vieira, empregador do Coronel Gentil de Castro, agricultor neste município, n'uma discussão referente a concerto de caminho, em terras pertencentes ao mesmo coronel, encolerisaram-se e a tal ponto chegar a irritação que, entre ambos, travou-se uma verdadeira luta, da qual resultou desfechar Alberto diversos tiros de revolver contra Eugenio Garica Vieira, os quaes produziram-lhe os ferimentos mortaes (FPM, 1895).

Na sexta-feira antes do carnaval de 1895, Alberto José e Emydio Garcia Vieira, administrador da fazenda Gatervéa, também pertencente a Gentil de Castro, supervisionavam, no conserto de uma estrada que ligava ambas as propriedades, colonos das respectivas fazendas onde trabalhavam. Chegando à divisa entre elas, Alberto dispensou seus colonos, mas Emydio o mandou continuar adiante até chegar à sede da fazenda Gatervéa. Segundo sua declaração ao delegado, Alberto teria dito "que isso era impossível por que não podia mais fazer esse serviço visto que as duas colônias não tinhão feito o caminho da fronteira pertencente a fasenda onde o depoente administra, em diante." Posteriormente, Emydio teria ameaçado multar Alberto e os colonos da fazenda Santa Emília. Alberto não teria gostado dessa repreensão e, segundo a versão de uma testemunha italiana, "perguntou a Garcia o que queria com elle e que não podia multar". Essa desautorização deixou Emydio ainda mais furioso, sendo que, segundo um colono brasileiro, ele teria reagido de forma intempestiva.

> [Emydio gritou] vá puta que o pario, negro do diabo, filho da puta, e se approximou de Alberto em quem deo uns tapas sendo repelhido por Alberto com guarda-chuva e estava nisto quando Garcia puchou por um facão e deo-lhe um golpe que pegou no dedo de Alberto e continuara nessa lucta quando Alberto puchou pelo revolver e deo-lhe alguns tiros sahindo depois tendo deixado já no chão o mesmo Garcia que morreo alguns minutos depois (FPM).

Os colonos ficaram impressionados não somente com a morte em si, mas também com a violência da linguagem de Emydio. Quando interrogadas pelo Juiz, as testemunhas disseram que Alberto e Emydio eram amigos. Um colono italiano ainda ressaltou que "estes davam-se, andavam juntos e freqüentaram a casa um do outro"; outro disse que "sempre os viu andar juntos e até comer juntos". Apesar de ocuparem o mesmo cargo, o de administrador, Emydio, ao que tudo indica, supunha que podia mandar em Alberto simplesmente porque esse último era negro. A partir do momento que Alberto não aceitou essa hierarquização e contestou sua ordem, Emydio, sentindo-se indignado, tentou lembrá-lo de seu *lugar* fazendo referência ao estigma da escravidão através da palavra "negro".[17]

---

17 Na época, o termo "negro" era considerado bem mais ofensivo, exatamente por remeter à condição de escravo, do que a palavra "preto", que era utilizada pelas autoridades policiais e judiciais.

A semelhança entre o nome de Alberto José de Castro e o do fazendeiro Gentil José de Castro pode sugerir que o primeiro tenha sido filho de algum escravo do Coronel. No entanto, o mais provável é que ele fosse filho do próprio fazendeiro, uma vez que somente o nome da mãe é mencionado no processo quando da identificação da sua filiação. Isso ajudaria a explicar o fato de Alberto, embora sendo descendente de escravos, ocupar a posição de administrador de uma fazenda com apenas 23 anos de idade. O xingamento proferido por Emydio tinha intenção de demonstrar que, mesmo sendo filho do patrão e desfrutando de um cargo de autoridade na propriedade onde trabalhava, Alberto, pelo simples fato de ser negro, deveria obedecê-lo. Na visão de Emydio, uma pessoa de cor jamais poderia ser a fonte de autoridade predominante em um conflito como aquele.

A situação retratada aponta para os limites em se pensar as relações interpessoais como fonte essencial para obtenção material e simbólica de recursos e benefícios. Gozando, ao que tudo leva a crer, de uma proximidade até mesmo familiar com o fazendeiro para o qual trabalhava, Alberto conseguiu chegar ao cargo de administrador ainda muito jovem. Porém, a racialização das relações sociais levou o mesmo a não conseguir o respeito esperado para exercer uma posição de autoridade. O lugar social previamente delimitado para ele era o de quem obedecia, e não o de quem dava ordens. Alberto, por sua vez, não aceitava essa delimitação prévia do seu lugar no mundo social. Ele tentava revertê-la desafiando, nem que seja fisicamente, aqueles que tentavam impor a ele um estatuto social inferior. A ideia de raça, portanto, vai além de produzir corpos e o racismo; ela satura as instituições e configura subjetividades (CADENA, 2005, p. 282). No cotidiano do pós-abolição, os negros experimentaram diversas formas de subalternização, operacionalizadas por meio de violência física e simbólica, as quais contribuíram decisivamente para a precarização da sua cidadania e da efetivação de seus planos de liberdade.

CONSIDERAÇÕES FINAIS

> "Quem conhece Patrícia Moreira, investigada por praticar ato de injúria racial envolvendo o goleiro Aranha na partida entre Grêmio e Santos, na última quinta-feira, garante que ela não tem qualquer sinal que a aponte como uma pessoa 'racista'. É o que garantem amigos negros da menina de 23 anos e que residem próximos a ela, na zona norte de Porto Alegre. Lucas da Silva, de 20 anos, faz parte dos amigos que defendem Patrícia. Acha que ela se deixou levar pela 'emoção do momento'.
> — *Ela é gente boa, vai em roda de samba com preto, gosta de preto, fica com preto*. Foi na emoção do momento, *ela não é racista* – conta" (destaque nosso).[1]

Através da leitura dessa reportagem, publicada em 31 de agosto de 2014, é possível perceber que a existência de relações interpessoais entre brancos e negros ainda é interpretada, nos dias de hoje, como uma forma de negar a presença de hierarquias raciais. De acordo com esse raciocínio, o simples estabelecimento de algum tipo de vínculo social eliminaria as possibilidades de conflito, fazendo prevalecer a harmonia e a igualdade entre as partes. Esse

1 http://globoesporte.globo.com/rs/noticia/2014/08/amigos-negros-defendem-jovem-que-ofendeu-aranha-ela-nao-e-racista.html. Acesso em: 10 de outubro de 2014, às 14 horas.

pressuposto parece que norteou os argumentos de Freyre, o qual, mesmo relatando situações de humilhação e violência vividas pelos escravos, insistia em ver nos laços sociais mantidos com senhores uma forma de "democratização social" do país.[2] Residiria aí a especificidade das relações raciais brasileiras. Resumindo, Freyre não só negou a existência de um racismo estrutural, mas também sistematizou o argumento que justificaria essa visão.

Na realidade, já durante o pós-abolição, uma parcela diminuta da população negra projetava nas relações inter-raciais um caminho para a eliminação dos conflitos sociais, trazidos por séculos de escravidão, entre brancos e negros. Paulina Alberto (2011, p. 40-41), estudando a obra de intelectuais negros paulistas do início do século XIX, destaca o uso da metáfora da *fraternidade* no discurso de boa parcela desses autores. Essa metáfora seria, para a maioria dos intelectuais negros do pós-emancipação, a que melhor descreveria a relação ideal a ser mantida por negros e brancos. Fraternidade era a palavra usada por eles para idealizar a sociedade brasileira após o fim da escravidão, ou seja, uma sociedade em que os negros seriam tratados pelos brancos como irmãos. Ao contrário dos Estados Unidos, país onde prevaleciam as tensões causadas pelo rancor racial, o Brasil deveria, na visão desses intelectuais, caminhar para uma integração familística, personalística e orgânica dos ex-escravos, evitando qualquer tipo de racialização na esfera do Estado.

---

2 Atualmente, sabe-se que o termo "democracia racial" foi cunhado por Arthur Ramos. A ideia teria sido associada a Freyre através de uma tradução livre, realizada por Roger Bastide, das ideias apresentadas pelo sociólogo pernambucano em algumas de suas conferências proferidas nos Estados Unidos entre os anos de 1943 e 1944 (GUIMARÃES, 2002). Em *Casa-grande & Senzala*, conforme indica um trecho citado ao longo deste trabalho, Freyre utiliza o termo "democracia social" para se referir a uma suposta diminuição da distância social entre os diferentes grupos raciais.

Segundo Alberto, os discursos que evocavam uma suposta propensão brasileira para a intimidade inter-racial foram apropriados por muitos intelectuais negros no sentido de negar a questão racial como um elemento importante de distinção social. Alicerçados na possibilidade de uma familiaridade entre brancos e negros, eles procuravam argumentar a favor de que esses últimos fossem tratados apenas como brasileiros plenos, independente da sua cor.

> The open use of fraternity and sentiment to discredit openly racist policies helps explain the appeal of these concepts for writers seeking to defend the class of color. In a political system where equality had little meaning, but where arguments invoking sentiment might hold the line against racist legislation, the metaphor of fraternity, with its implied mutual obligations of familial love and respect, provided the men of the class of color with a strategic weapon in their battle against racial exclusion (ALBERTO, 2011, p. 44).

Ao escrever o prefácio do livro de Lia Vainer Schucman (2018) sobre as famílias inter-raciais, Almeida (2018) faz questão de ressaltar o caráter político presente nas relações afetivas, ressaltando que, no caso da sociedade brasileira, a raça também é um elemento organizador da economia dos afetos. O racismo estrutural, para além de seus condicionantes de nível macro, também constrói subjetividades.

> 'O amor é uma construção social', essa frase denuncia o modo como nossos afetos, gostos e desejos são condicionados pela totalidade social. O discurso de um amor 'romântico', 'puro' e que 'a tudo supera' encobre o fato de que mesmo os laços afetivos mais nobres se formam e se mantêm no interior de um mundo hierarquizado, violento e profundamente desigual (ALMEIDA, 2018, p. 13).

Conforme tentamos demonstrar ao longo deste trabalho, as relações interpessoais inter-raciais também traziam consigo conflitos e formas de controle social. No caso específico do pós-abolição, elas compunham uma dimensão social através do qual a política patriarcal de subordinação social, praticada durante os anos de escravismo, deveria necessariamente ser redefinida. Em um momento de afirmação da liberdade e da cidadania, os negros encontraram nas relações interpessoais uma série de tensões com as quais tiveram de lidar. Os jogos de poder envoltos nas relações entre negros e brancos podiam, como vimos, desestabilizar outras lógicas presentes no ideal de liberdade traçado pelos libertos. Durante a virada do século XIX para o século XX, as relações sociais inter-raciais também geraram formas de subordinação sociorracial para os libertos, limitando e precarizando o seu novo estatuto jurídico-social. Os conflitos em torno da liberdade dos ex-escravos não eram travados apenas na esfera pública; eles também se desdobravam na esfera da intimidade.

Ao analisar a reprodução do racismo no oeste paulista pós-emanecipação, Monsma (2016) afirma que a subalternização da população negra se deve, mais do que às heranças da escravidão, a um conjunto de vulnerabilidades que possibilitou a reprodução da sua posição social mesmo em uma sociedade considerada livre. Salientando as particularidades paulistas, ele dá ênfase a discriminação promovida pelos imigrantes e seus descendentes, os quais, como vimos anterioremente, internalizaram o "habitus racial" brasileiro e, concomitantemente, passaram a reproduzir atitudes racistas contra os negros. De fato, diversas pesquisas recentes têm comprovado que, ao longo prazo, os imigrantes que vieram a São Paulo participaram ativamente da construção da sua própria "branquitude", o que demonstra o poder das hierarquias raciais nesse contexto.[3] No que diz repeito à construção política dessa "branquitude",

3 "A branquitude significa pertença étnico-racial atribuída ao branco. Podemos entendê-la como o lugar mais elevado da hierarquia racial, um poder

Monsma confere destaque ao poder da atuação das redes sociais de imigrantes. Segundo o autor, elas foram fundamentais para as distinções de tratamento em relação à população negra.

> As elites também queriam que os imigrantes servissem como mão de obra barata e submissa. Entretanto, em longo prazo, a resistência dos imigrantes aos abusos dos fazendeiros e da polícia se provou mais eficaz que aquela dos negros. Este livro desenvolve o argumento de que esse sucesso relativo era consequência principalmente da natureza das redes sociais dos imigrantes, e contavam com a participação de uma elite imigrante. A resistência dos imigrantes também recebeu o apoio dessas elites e dos representantes de Estados europeus, vantagens inexistentes no caso de negros. Além do mais, os imigrantes pobres internalizavam as representações negativas dos negros e participaram ativamente nos esforços dos brancos para manter os negros no 'seu lugar', em parte para se distinguir dos negros e reivindicar tratamento melhor (MONSMA, 2016, p. 66).

Monsma levanta questões importantes para se pensar a subalternização da população negra, como a falta de proteção institu-

---

de classificar os outros como não brancos, dessa forma, ser menos do que ele. Ser branco se expressa na corporeidade, isto é, a brancura, e vai além do fenótipo. Ser branco consiste em ser proprietário de vantagens/privilégios raciais simbólicos e materiais." (CARDOSO & MULLER, 2018, s/p). "A branquitude é entendida como uma construção sócio-histórica produzida pela ideia falaciosa de superioridade racial branca, e que resulta, nas sociedades estruturadas pelo racismo, em uma posição em que os sujeitos identificados como brancos adquirem privilégios simbólicos e materiais em relação aos não brancos." (SCHUCMAN, 2012). Sobre os descaminhos da identidade italiana em São Paulo, consultar Truzzi (2016). Para a importância da branquitude nos processos de distinção social que ocorreram em São Paulo, ler Schucman (2012) e BarbaraWeinstein (2015).

cional em âmbito local e internacional. No entanto, quando aborda as redes sociais, o autor também encara os vínculos sociais como sinônimo, necessariamente, de relações horizontais.

> Este livro desenvolve o argumento de que os imigrantes internalizaram o habitus racial brasileiro de forma contraditória, às vezes solidarizando-se com os negros e às vezes adotando posturas abertamente racistas. Entretanto, em longo prazo, foi o racismo que predominou entre os imigrantes [...] (MONSMA, 2016, p. 65).

Será que o racismo se concretiza somente por meio da segregaçao e da exclusão? Manter vínculos pessoais e afetivos com negros e negras reflete, necessariamente, a ausência de hierarquias raciais entre eles? Ao longo deste livro, conforme já ressaltado, objetivamos demonstrar que a resposta deve ser negativa para ambas as questões colocadas. Edward Telles (2003a), em um dos principais livros acerca do racismo praticado no Brasil, é mais um a efetuar uma comparação com a sociedade norte-americana. Segundo ele, tanto o Brasil como os Estados Unidos reproduzem desigualdades raciais. Essas últimas se manifestam, todavia, de maneira distinta em cada nação. Enquanto a segregação é o modo pelo qual o racismo opera na primeira, a sociedade brasileira se caracterizou, historicamente, pela mestiçagem. Tal fenômeno, por sua vez, pode ser verificado na suposta facilidade encontrada, entre os brasileiros, de se estabelecer uma *socialização inter-racial*, o que Telles conceitua como *relações raciais horizontais* – ou seja, relações entre pessoas da mesma classe social. Amparado em dados estatísticos, o autor expõe o relativo alto índice de uniões inter-raciais – especialmente entre as camadas mais pobres – e a baixa segregação residencial encontrados no Brasil para justificar essa conclusão.

> Casamentos inter-raciais ocorrem com frequência no Brasil, o que indica que há uma distância social bem menor no plano horizontal entre os grupos raciais que nos Estados Unidos. Entretanto, isto não significa necessariamente que os brasileiros são menos racistas em termos gerais, mas somente que provavelmente são menos racistas com relação ao casamento (TELLES, 2003b, p. 147).

Porém, se não instituiu formas nítidas de segregação, o racismo brasileiro foi, de acordo com Telles, o responsável por criar e reproduzir agudas *relações verticais*, especialmente entre classes sociais com poder socioeconômico assimétrico. Esse seria o aspecto central do racismo brasileiro: ele criou barreiras invisíveis para impedir a mobilidade social da população negra, restringindo seu acesso a trabalho, educação, saúde, habitação e direitos sociais. Nesse ponto, barreiras raciais ainda maiores do que aquelas presentes no próprio Estados Unidos.

> Em suma, a mistura racial é um processo histórico-demográfico e um fator social que tem sido central para a identidade brasileira por mais de cem anos. A relativa alta incidência de miscigenação reflete a existência de fronteiras relativamente fracas entre as pessoas de cores diferentes. Isso é especialmente verdadeiro entre os pobres e entre as pessoas de cores semelhantes no Brasil. A miscigenação não deveria, portanto, ser atribuída somente à ideologia, mas aceita como uma variável explicatória-chave para o entendimento de outras dimensões dos sistemas raciais brasileiros (e talvez de outros países latino-americanos). A ideologia da miscigenação reflete a realidade até um nível significativo. A nação brasileira como imaginada pela elite em um período anterior reflete a experiência brasileira e, por sua vez, teve grandes implicações

> na forma como essa sociedade evoluiu. Mas a grande mistura racial e a fluidez das relações raciais não são um consolo para a maioria dos não brancos brasileiros que vivem na pobreza. O racismo e desigualdade racial persistem na exclusão de pessoas negras e de raça mista de gozar das oportunidades surgidas do desenvolvimento econômico brasileiro e a restituição dos direitos de cidadania. Esse é o paradoxo da miscigenação brasileira (TELLES, 2003a, p. 312).
> Neste artigo, buscou-se demonstrar como, no Brasil, a integração ou assimilação horizontal convive com um alto nível de racismo e de desigualdade racial. Mas como isso é possível? Se há tanta miscigenação, como pode haver discriminação? Segundo o modelo americano, relações horizontais tão inclusivas seriam um indicador de baixos níveis de racismo e desigualdade racial, ou, pelo menos, abririam caminho para que tais níveis diminuíssem no futuro. No entanto, a desigualdade racial no Brasil continua alta, há mais de cem anos, desde o fim da escravidão, e apesar da industrialização, continua a crescer em aspectos importantes. Portanto, o caso brasileiro apresenta um paradoxo visível para aqueles que buscam entender as relações raciais. Se o racismo é tão intenso a ponto de manter negros e mulatos nas camadas mais baixas do mercado de trabalho, mais até que nos Estados Unidos, como pode ser que o grau de sociabilidade entre as categorias raciais seja tão maior que nos Estados Unidos? Como podem fatores tão paradoxais coexistirem na prática? Pode uma pessoa racista o ser de modo seletivo? (TELLES, 2003b, p. 147).

Embora traga a vantagem de pensar o racismo para além da segregação, encarando-o também como um fenômeno político e econômico (enfatizando, inclusive, o papel do Estado na formatação das hierarquias raciais), Telles ainda percebe a *socialização inter-racial* como exemplo de *relação horizontal*. Para ele, o estabelecimento de uniões inter-raciais, assim como a proximidade geográfica, compõe um paradoxo em uma sociedade racialmente desigual.[4] Atualmente, sabemos que as relações inter-raciais de um modo geral, não somente as de cunho sexual, também podem constituir relações de desigualdade. Ao pesquisar famílias inter-raciais na São Paulo atual, Schucman "[...] compreende como essas relações, permeadas de tanto amor, afeto e consanguinidade, poderiam também ser tão violentas e repressoras do ponto de vista racial" (2018, p. 21).

> A pesquisa compreende, ainda, como os estereótipos e hierarquias de raça aparecem nas dinâmicas familiares, em suas estruturas e nas experiências emocionais que são mobilizadas nos intercâmbios familiares. [...] É possível observar ali [nas famílias inter-raciais] que parte de sujeitos brancos estabelece vínculos e afetos com pessoas negras e ainda assim legitima as hierarquais raciais da sociedade dentro da própria família (SCHUCMAN, 2018, p. 22-23).

De um modo geral, as histórias apresentadas neste livro sugerem uma pluralidade de maneiras com as quais os libertos tendiam a lidar com os seus laços sociais, bem como os potenciais limites oferecidos por eles. Nesse sentido, foi necessário recompor as trajetórias da escravidão à liberdade levando-se em conta o horizonte de possibilidades que esses sujeitos se depararam, por mais limitado que ele pudesse ser. Os múltiplos percursos traçados por

---

4 Mesmo fazendo questão de enfatizar que os casamentos inter-raciais não eliminam a possibilidade de discriminação, até mesmo destacando o desejo de branqueamento presente nessas uniões, Telles (2003ab) ainda enxerga nesses relacionamentos uma situação de horizontalidade, a qual, por sua vez, tenderia a expressar uma maior tolerância racial.

essa população não eram tão coerentes e racionais como deixam a entender alguns estudos. Tensões, conflitos e incertezas eram parte integrante dessas trajetórias.

Os laços sociais constituídos entre fazendeiros e trabalhadores negros, por exemplo, estavam sendo renegociados cotidianamente. A economia de favores estabelecida entre eles nos tempos de escravidão não poderia mais se estabelecer da mesma forma. A dependência, embora fosse evidente na maioria dos casos, não poderia mais representar uma submissão que colocasse os libertos na mesma condição de um cativo. Ao trazer a promessa de liberdade para o antigo escravo, a abolição lançou novas bases de negociação e, desse modo, potencializou determinados conflitos. Fazendeiros e libertos manipulavam os recursos sociais advindos de seus vínculos segundo as circunstâncias, sendo que, ao longo de suas interações cotidianas, poderiam frustrar as expectativas de liberdade e controle que sustentavam esses laços. Havia códigos morais que, ao definirem determinadas normas de sociabilidade, balizavam as relações interpessoais entre negros e seus compadres/amigos. A afirmação desses códigos passava, pela parte dos libertos, pela busca de um distanciamento cada vez maior das associações com um estatuto social semelhante ao de escravo, enquanto fazendeiros, e brancos de um modo geral, tentavam manter a assimetria dessa relação. As relações interpessoais tecidas por alguns negros durante o pós-abolição estavam, nesse sentido, constantemente sob tensão.

Portanto, se, por um lado, as relações inter-raciais constituíam uma das principais (dentre as poucas) bases de obtenção de recursos materiais e simbólicos para os negros, elas também faziam parte de um processo dinâmico e multifacetado de renegociação de identificações e hierarquias, podendo, não raras vezes, cravar novas formas de submissão. O regime segregacionista que vigorou no sul dos Estados Unidos durante a primeira metade do século XX foi sempre o modelo comparativo utilizado para demonstrar o caráter ameno das hierarquias raciais da sociedade brasileira. Porém, conforme abordado, mesmo que de modo diferente, o racismo se reestruturou, no Brasil pós-abolição, também a partir de instituições republicanas e modernas.

Outro ponto: a subordinação racial não se manifesta, necessariamente, em segregação formal. O processo de racialização que acompanha o desmantelamento do escravismo criou, no Brasil, formas muitas vezes veladas (mas jamais sutis) de distinção e hierarquização social. As relações de poder não estão cristalizadas somente nas normas institucionais, mas também circulavam nas relações interpessoais. Nas microrrelações do cotidiano é que conseguimos perceber como é operacionalizada, por exemplo, a normalização estrutural e institucional do racismo. Estruturando as narrativas que construíram a nossa identidade nacional desde o século XIX, a noção de mestiçagem, de mistura racial, sempre funcionou para negar a presença do racismo no Brasil, criando a imagem de uma sociedade integradora. Ao longo deste livro, tentamos demonstrar como um processo de ruptura macroinstitucional (o fim da escravidão e o consequente processo de construção da cidadania negra) teve impacto nas relações interpessoais. Através dessas últimas, fazendeiros brancos, por exemplo, conseguiram restabelecer formas de dependência e controle, mantendo a desigualdade como princípio orientador das interações tecidas com negros e negras. Afinal, a intimidade, longe de mitigar a sujeição, pode, ao contrário, reconstruí-la em outros níveis.

REFERÊNCIAS

Fontes primárias

Recenseamento geral da população de São Carlos do Pinhal realizado no ano de 1907. Fundação Pró-Memória, São Carlos.

Processos Criminais. Fundação Pró-Memória, São Carlos. *Registros paroquiais de casamento.* Cúria Diocesana de São Carlos. *Registros paroquiais de batismo.* Cúria Diocesana de São Carlos.

Escrituras de compra e venda. Fundação Pró-Memória, São Carlos.

Referências bibliográficas

ALBERTO, Paulina. *Terms of inclusion. Black Intellectuals in Twentieth-Century Brazil.* Chapel Hill: University of North Caroline Press, 2011.

ALBUQUERQUE, Wlamyra. *O jogo da dissimulação. Abolição e cidadania negra no Brasil.* São Paulo: Companhia das Letras, 2009.

ALMEIDA, Silvio Luiz de. Prefácio. In: SCHUCMAN, Lia Vainer. *Famílias inter-raciais. Tensões entre cor e amor.* Salvador: EDUFBA, 2018.

______. *Racismo estrutural.* São Paulo: Sueli Carneiro; Pólen, 2019.

ALVIM, Zuleika. *Brava gente! Os italianos em São Paulo.* São Paulo: Brasiliense, 1986.

______. "O Brasil italiano (1880-1920)". In: FAUSTO, Boris (org.). *Fazer a América. A imigração em massa para a América latina.* São Paulo: Edusp, 2000, p. 386-417.

ANDREWS, George R. *Negros e Brancos em São Paulo.* Bauru: Edusc, 1998.

______. *América Afro-latina, 1800-2000.* São Carlos: Edufscar, 2007.

ARIÈS, Philippe. *História Social da criança e da família.* Rio de Janeiro: Guanabara Koogan, 1981.

AZEVEDO, Célia Maria Marinho. "O abolicionismo transatlântico e a memória do paraíso racial brasileiro". *Estudos Afro-Asiáticos,* vol. 30, p. 151-162, dezembro de 1996.

______. *Onda negra, medo branco: o negro no imaginário das elites, século XIX.* São Paulo: Annablume, 2004.

AZEVEDO, Elciene. *O direito dos escravos. Lutas jurídicas e abolicionismo na província de São Paulo.* Campinas: Editora da Unicamp, 2010.

BACELLAR, Carlos de Almeida Prado. *Os compadres e as comadres de escravos: um balanço da produção historiográfica brasileira.* Anais do XXVI Simpósio Nacional de História, São Paulo, julho de 2011.

BERNSTEIN, Robin. *Racial Innocence. Performing American Childhood from Slavery to Civil Rights.* New York: New York University Press, 2011.

BOTELHO, Antonio Carlos de Arruda. *Naninha: aceitai as minhas saudades. Cartas do Conde do Pinhal para Anna Carolina, sua esposa.* São Carlos: Edufscar, 2000.

BOURDIEU, Pierre. "Esboço de uma Teoria da Prática". In: ORTIZ, Renato (org.). *A sociologia de Pierre Bourdieu.* São Paulo: Editora Ática, 1994. Coleção Grandes Cientistas Sociais. n. 39, p. 46-86.

______. "A ilusão biográfica". In: FERREIRA, Marieta; AMADO, Janaína (orgs.). *Usos & abusos da história oral.* Rio de Janeiro: Fundação Getúlio Vargas, 1996, p. 183-192.

______. *As estruturas sociais da economia.* Lisboa: Instituto Piaget, 2001.

BRANDÃO, Marco Antonio Leite. *Casa-Grande & Senzala de São Carlos do Pinhal.* 2012, no prelo.

CADENA, Marisol de la. "Are Mestizos Hybrids? The Conceptual Politics of Andean Identities". Journal of Latin American Studies, n. 37, p. 259-284, 2005.

CARDOSO, Lourenço; MULLER, Tania Maria Pedroso. *Branquitude: estudos sobre a identidade branca no Brasil.* Curitiba: Appris, 2018.

CARNEIRO, Sueli. *A miscigenação racial no Brasil.* Disponível em: https://<www.geledes.org.br/miscigenacao-racial-brasil/>. Postado em: 18 de agosto de 2009. Acessado por último em: 20 de junho de 2020.

CASTRO, Hebe Mattos. *Das Cores do Silêncio: os significados da liberdade no Sudeste escravista – Brasil, Século XIX.* Rio de Janeiro: Arquivo Nacional, 1995.

______. "Laços de Família e Direitos no Final da Escravidão". In: CAULFIELD, Sueann. *Em defesa da honra. Moralidade, modernidade e nação no Rio de Janeiro (1918-1940).* Campinas: Editora da Unicamp, 2000.

______; RIOS, Ana Maria. *Memórias do Cativeiro: Família, trabalho e cidadania no pós-abolição.* Rio de Janeiro: Civilização Brasileira, 2005.

CHALHOUB, Sidney. *Visões da liberdade. Uma história das últimas décadas da escravidão da corte.* São Paulo: Companhia das Letras, 1990.

______. *Trabalho, lar e botequim. O cotidiano dos trabalhadores no Rio de Janeiro da Belle Époque.* Campinas: Editora da Unicamp, 2001.

______. *Machado de Assis, historiador.* São Paulo; Companhia das Letras, 2003.

______. "Precariedade estrutural: o problema da liberdade no Brasil escravista". *História Social*, n. 19, p. 33-62, 2010.

______. *A força da escravidão. Ilegalidade e costume no Brasil oitocentista.* São Paulo: Companhia das Letras, 2012.

CHARTIER, Roger. "A História hoje: dúvidas, desafios e propostas". *Estudos Históricos*, Rio de Janeiro, n. 13, v. 7, p. 97-113, 1994.

COOPER, Frederick; HOLT, Thomas; SCOTT, Rebecca. *Além da escravidão: investigação sobre raça, trabalho e cidadania.* Rio de Janeiro: Civilização Brasileira, 2005.

COSTA, Emília Viotti da. *Da Senzala à Colônia.* São Paulo: Brasiliense, 1989.

COSTA, Rosely Gomes. "Mestiçagem, racialização e gênero". *Sociologias*, Porto Alegre, ano 11, n. 21, p. 94-120, jan./jun. 2009.

COTTIAS, Myrian. *Le partage du nom. Logiques administratives et usages chez le nouveaux Affranchis des Antilles après 1848.* Cahiers du Brésil Contemporain, n. 53/54, p. 163-174, 2003.

COUCEIRO, Luiz Alberto. "A disparada do burro e a cartilha do feitor: lógicas morais na construção de redes de sociabilidade entre escravos e livres nas fazendas do Sudeste, 1860-1888". *Revista de Antropologia*, São Paulo, USP, vol. 46, n. 1, p. 41-83, 2003.

CUNHA, Olívia Maria Gomes; GOMES, Flávio Gomes. "Introdução – Que cidadão? Retóricas da igualdade, cotidiano da diferença". In: *Quase-cidadão. Histórias e antropologias da pós-emancipação no Brasil.* Rio de Janeiro: Editora da FGV, 2007.

______. "Criadas para servir: domesticidade, intimidade e retribuição". In: CUNHA, Olívia Maria Gomes; GOMES, Flávio Gomes (orgs.). *Quase- cidadão. Histórias e antropologias da pós-emancipação no Brasil.* Rio de Janeiro: Editora da FGV, 2007, p. 377-418.

DAVATZ, Thomas. *Memórias de um colono no Brasil.* Sérgio Buarque de Holanda (Tradução e Prefácio). São Paulo: Martins, [s.d].

DEAN, Warren. *Rio Claro: um sistema brasileiro de grande lavoura, 1820-1920.* Rio de Janeiro: Paz e Terra, 1977.

DIMAGGIO, Paul. "Aspectos culturais da acção e da organização econômica". In: PEIXOTO, João; MARQUES, Rafael (eds). *A Nova Sociologia Econômica.* Oeiras: Celta, 2003, p.167-194.

ELIAS, Norbert. "Conceitos sociológicos fundamentais". In: NEIBURG, Frederico; WAIZBORT, Leopoldo (orgs.). *Ensaios e escritos.* Rio de Janeiro: Jorge Zahar Editora, 2006.

ESTEVES, Martha de Abreu. *Meninas perdidas. Os populares e o cotidiano do amor no Rio de Janeiro da Belle Époque.* Rio de Janeiro: Paz e Terra, 1989.

FARINATTI, Luís Augusto. "Os escravos do marechal e seus compadres: hierarquia social, família e compadrio no sul do Brasil (C. 1820 – C. 1855)". In: XAVIER, Regina Célia Lima. *Escravidão e Liberdade. Temas, problemas e perspectivas de análise.* São Paulo: Alameda, 2021, p. 143-175.

FAUSTO, Boris. *Crime e cotidiano. A criminalidade em São Paulo (1880-1924).* São Paulo: Edusp, 2001.

FEIMSTER, Crystal N. *Southern Horrors. Women and the Politics of Rape and Lynching.* Cambridge, Massachusetts: Harvard University Press, 2009.

FERNANDES, Florestan. *A integração do negro na sociedade de classes.* São Paulo: Ática, 1978.

FERREIRA, Roquinaldo. "Biografia, mobilidade e cultura atlântica: a micro-escala do tráfico de escravos em Benguela, séculos XVIII-XIX". *Revista Tempo*, Niterói, UFF, n. 20, p. 33- 59, 2006.

FOLLETT, Richard; FONER, Eric; JOHNSON, Walter. *Slavery's Ghost. The problem of freedom in the age of emancipation.* Baltimore: The Johns Hopkins University Press, 2011.

______. "Legacies of enslavement. Plantation Identities and the Problem of Freedom". In: FOLLETT, Richard; FONER, Eric; JOHNSON, Walter (orgs.). *Slavery's Ghost. The problem of freedom in the age of emancipation.* Baltimore: The Johns Hopkins University Press, 2011, p. 50-84.

FRAGA FILHO, Walter. *Encruzilhadas da liberdade. História de escravos e libertos na Bahia (1870-1910). Campinas:* Editora da Unicamp, 2006.

FREIRE, Regina Célia Xavier. *Histórias e vidas de libertos em Campinas na segunda metade do século XIX.* Dissertação (Mestrado)- São Paulo, UNICAMP, Programa de Pós-Graduação em História, 1993.

FREYRE, Gilberto. *Casa-grande & Senzala. Formação da família brasileira sob o regime da economia patriarcal.* São Paulo: Global, 2006.

FURTADO, Júnia Ferreira. "Testamentos e Inventários. A morte como testemunho de vida". In: PINSKY, Carla Bassanezi; LUCA, Tania Regina (orgs.). *O historiador e suas fontes.* São Paulo: Contexto, 2009, p. 93-118.

GARCIA, Afrânio. "A Sociologia Rural no Brasil: entre escravos do passado e parceiros do futuro". *Sociologias*, Porto Alegre, ano 5, n. 10, p. 154-189, jul./dez. 2003.

______. Libertos e sujeitos: sobre a transição para trabalhadores livres do Nordeste. *Revista Brasileira de Ciências Sociais*, 3 (7), 1988, p. 6-41.

GIDDENS, Anthony; SUTTON, Philip W. *Conceitos essenciais da Sociologia.* São Paulo: Editora Unesp, 2016.

______. *A constituição da sociedade.* 2. ed. São Paulo: Martins Fonte, 2003.

GILROY, Paul. *O Atlântico negro.* Modernidade e dupla consciência. São Paulo: Editora 34; Rio de Janeiro: UCAM, Centro de Estudos Afro-Asiáticos, 2001.

GUIMARÃES, Antonio Sergio. "Como trabalhar com raça em Sociologia". *Educação & Pesquisa,* São Paulo, v. 29, n. 1, p. 93-107, jan./jun. 2003.

GORDON-REED, Annete. *The Hemingses of Monticello: an American family.* New York/London: W. W. Norton & Company, 2008.

GRADEN, Dale T. "Slave resistance and the abolition of the trans-Atlantic slave trade to Brazil in 1850". *Revista História Unisinos,* 14(3), p. 282-293, set./dez. 2010.

GRAHAM, Richard. "Nos tumbeiros mais uma vez? O comércio interprovincial de escravos no Brasil". *Revista Afro-Ásia*, Salvador, vol. 27, p. 121-160, 2002.

______. "Another Middle Passage? The Internal Slave Trade in Brazil". In: JOHNSON, Walter. *The Chattel Principle. Internal Slave Trades in the Americas.* New Haven: Yale University Press, 2004, p. 291-324.

GREENWOOD, Janette Thomas. *First fruits of freedom. The migration of former slaves and their search for equality in Worcester, Massachusetts, 1862-1900*. Chapel Hill: University of North Carolina Press, 2009.

GUIMARÃES, Antonio Sérgio Alfredo. *Classes, Raças e Democracia*. São Paulo: Editora 34, 2002.

HALL, Stuart. "Raça, o Significante Flutuante". *Z Cultural*, Revista do Programa Avançado de Cultura Contemporânea, ano VIII, n. 2, 2015.

HÉBRARD, Jean; MATTOS, Hebe; SCOTT, Rebecca. "Introducion". *Cahiers du Brésil Contemporain*, n. 53/54, p. 5-10, 2003.

______. "Esclave et dénomination: imposition et appropriation d'un nom chez les esclaves de la Bahia au XIX siecle". *Cahiers du Brésil Contemporain*, n. 53/54, p. 31-92, 2003.

HOFBAUER, Andreas. "O conceito de 'raça' e o ideário do 'branqueamento' no século XIX – Bases ideológicas do racismo brasileiro". *Revista Teoria & Pesquisa*, n. 42-43, jan./jul. 2003.

HOLLOWAY, Thomas. *Imigrantes para o café: café e sociedade em São Paulo, 1886- 1934*. Rio de Janeiro: Paz e Terra, 1984.

HOLT, Thomas. *The Problem of Freedom. Race, Labor, and Politics in Jamaica and Britain, 1832-1938*. Baltimore: Johns Hopkins University Press, 1992.

JACOBS, Harriet. *Incidents in the Life of a Slave Girl*. Cambridge: Harvard University Press, 1987.

JOHNSON, Walter. *Soul by Soul. Life Inside the Antebellum Slave Market*. Cambridge, Massachusetts: Harvard University Press,1999.

______. "Agency: A Ghost Story". In: FOLLETT, Richard; FONER, Eric; JOHNSON, Walter. *Slavery's Ghost. The problem of freedom in the age of emancipation*. Baltimore: The Johns Hopkins University Press, 2011, p. 8-30.

LACHMANN, Richard. *What is Historical Sociology?* Cambridge: Polity Press, 2013.

LARA, Silvia Hunold. "Prefácio". In: *O direito dos escravos. Lutas jurídicas e abolicionismo na província de São Paulo*. Campinas: Editora da Unicamp, 2010, p. 15- 19.

LÉVI, Giovanni. "Usos da biografia". In: FERREIRA, Marieta; AMADO, Janaína (orgs.). *Usos & abusos da história oral*. Rio de Janeiro: Fundação Getúlio Vargas, 1996.

LIMA, Emanuel Fonseca. "Racismo no plural: ensaio sobre o conceito de racismos". In: LIMA, Emanuel Fonseca; SANTOS, Fernanda Fernandes dos; NAKASHIMA, Henry Albert Yukio; TEDESCHI, Losandro Antonio. *Ensaios sobre racismos*. São Paulo: Balão Editorial, 2019.

LOPES, Ademil. *Memórias de uma travessia: experiência e desencanto como referência na luta pela sobrevivência*. São Paulo: Cultura Acadêmica, 2009.

LOVEMAN, Mara. "The Race to progress. Census taking and nation making in Brazil (1870-1920)". *Hispanic American Historical Review*, Duke University Press, n. 89 (3), p. 435-470, 2009.

MACHADO, Cacilda. "As muitas faces do compadrio escravo: o caso da freguesia de São José do Pinhais (PR), na passagem do século XVIII para o XIX". *Revista Brasileira de História*, São Paulo, v. 26, n. 52, p. 49-77, 2006a.

______. "O patriarcalismo possível: relações de poder em uma região do Brasil escravista em que o trabalho familiar era norma". *Revista Brasileira de Estudos Populacionais*, vol. 23, n. 1, p. 167-186, jan./jun. 2006b.

MACHADO, Maria Helena. *Crime e Escravidão. Trabalho, luta e resistência nas lavouras paulistas (1830-1888)*. São Paulo: Brasiliense, 1987.

MAIA, Moacir Rodrigo de Castro. *Tecer redes, proteger relações: portugueses e africanos na vivência do compadrio (Minas Gerais, 1720-1750)*. *Topoi*, v. 11, n. 20, jan./jul., p. 36-54, 2010.

MARSDEN, Peter. "Egocentric and sociocentric measures of network centrality". *Social Network*, n. 24, p. 407-422, 2002.

MARTINS, José de Souza. *A imigração e a crise do Brasil agrário.* São Paulo: Pioneira, 1973.

MARX, Anthony W. *Race and Nation. A comparison of the United States, South America, and Brazil.* Cambridge: Cambridge University Press, 1998.

MEDEIROS, Simone. *Resistência e rebeldia nas fazendas de café de São Carlos.* Dissertação (mestrado)-Ciências Sócias, São Carlos, Universidade Federal de São Carlos, 2005.

MISKOLCI, Richard. *O desejo da nação. Masculinidades e branquitude no Brasil de fins do XIX.* São Paulo: Annablume, 2012.

MIZRUCHI, Mark. "Análise de redes sociais: avanços recentes e controvérsias atuais". In: MARTES, Ana Cristina Braga (org.). *Redes e sociologia econômica.* São Carlos: EdUFSCar, 2009, p. 131-159.

MONSMA, Karl. Desrespeito e violência: fazendeiros de café e trabalhadores negros no Oeste paulista, 1887-1914. *Revista anos 90*, Porto Alegre, vol. 12, n. 21/22, p. 103- 149, jan./dez. 2005.

______. "Histórias de violência: inquéritos policiais e processos criminais como fontes para o estudo de relações interétnicas". In: TRUZZI, Oswaldo; DEMARTINI, Zeila de Brito Fabri (orgs.). *Estudos Migratórios: perspectivas metodológicas.* São Carlos: EdUFSCar, 2006.

______. *A reprodução do racismo. Fazendeiros, negros e imigrantes no oeste paulista (1880-1914).* São Carlos: EdUFScar, 2016.

______; SALLA, Fernando Afonso; TEIXEIRA, Alessandra. "A Sociologia Histórica: rumos e diálogos atuais". *Revista Brasileira de Sociologia*, vol. 6, n. 12, p. 65-87, jan./abr., 2018.

MOTTA, José Flávio. "Escravos daqui, dali e mais além: o tráfico interno de cativos em Constituição (Piracicaba), 1861-1880". *Revista Brasileira de História*, São Paulo, n. 52, p. 15-47, 2006.

______. "Derradeiras transações. O comércio de escravos nos 1880 (Areias, Piracicaba e Casa Branca, Província de São Paulo)". *Almanack Brasiliense*, São Paulo, n. 10, p. 147-163, nov. 2009.

MUNANGA, Kabengele. Uma abordagem conceitual das noções de raça, racismo, identidade e etnia. In: *Programa de educação sobre o negro na sociedade brasileira*, [s.l. s.n.], 2004.

NADALIN, Sérgio Odilon. *História e Demografia: elementos para um diálogo*. Campinas: ABEP, 2004.

ORTIZ, Renato. "Memória coletiva e sincretismo científico: as teorias raciais do século XIX". *Cadernos CERU*, n. 17, 1982.

PALMA, Rogério da. *O perfil étnico-racial do mercado de trabalho nos latifúndios cafeeiros de São Carlos*. Trabalho de conclusão de curso (Monografia) - Ciências Sociais, São Carlos, Universidade Federal de São Carlos, 2007.

______. *A família no processo de construção social de mercados: uma análise da constituição moral do trabalho livre na economia cafeeira de São Carlos*. Dissertação (Mestrado) - Sociologia, São Carlos, Universidade Federal de São Carlos, 2010.

PINTO, Natália Garcia. *Parentes, aliados, inimigos: o parentesco simbólico entre os escravos na cidade de Pelotas, 1830/1850, Século XX*. Anais do XXVI Simpósio Nacional de História – ANPUH, São Paulo, Julho, 2001.

PIROLA, Ricardo. *Senzala Insurgente. Malungos, parentes e rebeldes nas fazendas de Campinas, 1832*. Campinas: Editora da Unicamp, 2011.

PORTES, Alejandro. "Economic Sociology and the Sociology of Immigration: a conceptual overview". In: *The Economic Sociology of Immigration. Essays on networks, Ethnicity and Entrepreneurship*. New York: Russel Sage Foundation, 1995.

______. "Social Capital: its origins and applications in Modern Sociology". *Rev. Sociol.*, 24:1-24, 1998.

POWELL, Walter; SMITH-DOERR, Laurel. "Networks and Economic Life". In: SMELSER, Neil; SWEDBERG, Richard. *The Handbook of Economic Sociology*, New York: Russel Sage Fundation, 1994, p. 368-402.

RAGO, Margareth. *Do cabaré ao lar: a utopia da cidade disciplinar, Brasil, 1890- 1930*. Rio de Janeiro: Paz e Terra, 1985.

RAUDI-MATTEDI, Cécile. "Análise crítica da sociologia econômica de Mark Granovetter: os limites de uma leitura do mercado em termos de redes e imbricação". *Revista Política & Sociedade*, n. 6, p. 59-82, abr./2005.

REDIKER, Marcus. *O Navio Negreiro. Uma história humana.* São Paulo: Companhia das letras, 2011.

REIS, João José. *Domingos Sodré: um sacerdote africano. Escravidão, liberdade e candomblé na Bahia do século XIX.* São Paulo: Companhia das Letras, 2008.

RIBEIRO, Maria Alice Rosa. *História sem fim... Inventário da saúde pública.* São Paulo: Ed. UNESP, 1993.

ROCHA, Cristiany Miranda. *Histórias de famílias escravas. Campinas, Século XIX.* Campinas: Editora da Unicamp, 2004.

______. "A morte do senhor e o destino das famílias escravas nas partilhas. Campinas, século XIX". *Revista Brasileira de História*, vol. 26, n. 52, dez. 2006.

______. *Escravidão e crimes passionais no contexto do tráfico interno, Campinas (SP), 1850-1888.* Disponível em: http://<www.tjse.jus.br/revistahmj//images/stories/file/Escravidao_CrimesPassionais_CristianyMiranda.pdf>. Acesso em: 14/08/2011, às 15:24 hs.

ROSEN, Hannah. *Terror in the heart of freedom: citizenship, sexual violence, and the meaning of race in the postemancipation south.* Cambridge/London: Harvard University Press, 2009.

SALLUM Jr., Brasilio. *Capitalismo e Cafeicultura.* São Paulo: Duas Cidades, 1982.

SANTOS, Félix Requena. *Redes sociales y mercado de trabajo. Elementos para una teoría del capital relacional.* Madrid: CIS-Siglo veintiuno, 1991.

SASSEN, Saskia. "Immigration and Local Labor Markets". In: PORTES, Alejandro (org.). *The Economic Sociology of Immigration. Essays on networks, Ethnicity and Entrepreneurship.* New York: Russel Sage Foundation, 1995, p. 87-127.

SCHUCMAN, Lia Vainer. *Famílias inter-raciais. Tensões entre cor e amor*. Salvador: EDUFBA, 2018.

______. *Entre o "encardido", o "branco" e o "branquíssimo": raça, hierarquia e poder na construção da branquitude paulistana*. Tese (Doutorado em Psicologia) - São Paulo, Universidade de São Paulo, 2012.

SCHWARCZ, Lilia K. Moritz. *O espetáculo das raças: cientistas, instituições e questão racial no Brasil, 1870-1930*. São Paulo: Companhia das Letras, 1995.

______. *Sobre o autoritarismo brasileiro*. São Paulo: Companhia das Letras, 2019.

SCOTT, Rebecca; HÉBRARD, Jean. "Les papiers de la liberté. Une mère africaine et ses enfants à l'époque de la revolution haïtienne". *Genèsis*, n. 66, p. 4-29, mar. 2007.

SEYFERTH, Giralda. "Construindo a nação: hierarquias raciais e o papel do racismo na política de imigração e colonização". In: MAIO, Marcos Chor; VENTURA, Ricardo (orgs.). *Raça, Ciência e Sociedade*. Rio de Janeiro: Fio Cruz e Centro Cultural do Banco do Brasil, 1996.

SKIDMORE, Thomas. *Preto no Branco. Raça e nacionalidade no pensamento brasileiro*. São Paulo: Companhia das Letras, 2012.

SLENES, Robert W. "Malungu, Ngoma Vem!: África Coberta e Descoberta No Brasil". *Revista USP*, São Paulo, v. 12, p. 48-67, 1992.

______. "Senhores e subalternos no Oeste paulista". In: ALENCASTRO, Luiz Felipe. *História da vida privada no Brasil 2. Império: a corte e a modernidade nacional*. São Paulo: Companhia das letras, 1997, p. 233-290.

______. *Na senzala, uma flor. Esperanças e recordações na formação da família escrava – Brasil, Sudeste, Século XIX*. Rio de Janeiro: Nova Fronteira, 1999.

______. "The Brazilian Internal Slave Trade, 1850-1888: Regional Economies, Slave Experience, and the Politics of a Peculiar

Market". In: JOHNSON, Walter. *The Chattel Principle. Internal Slave Trades in the Americas.* New Haven: Yale University Press, 2004, p.325-370.

______. "A 'Great Arch' Descending: Manumission Rates, Subaltern Social Mobility and Slave and Free(d) Black Identities in Southeastern Brazil, 1791- 1888". No prelo, 2010.

SOUZA, Eloísio Moulin. "PROCESSOS DE RACIALIZAÇÃO: Inteligibilidade, Hibridade e Identidade Racial em Evidência". *E&G Economia e Gestão*, Belo Horizonte, v. 17, n. 48, p. 23-42, set./dez. 2017.

STEINER, Philippe. *A Sociologia Econômica.* São Paulo: Atlas, 2006.

STOLCKE, Verena. "A família que não é sagrada. Sistema de trabalho e estrutura familiar: o caso das fazendas de café em São Paulo". In: CORRÊA, Mariza. *Colcha de retalhos: estudos sobre a família no Brasil.* São Paulo: Brasiliense, 1982.

SWEDBERG, Richard. "Sociologia econômica: hoje e amanhã". *Revista Tempo Social*, USP, v. 16, n. 2, p. 7-34, nov. 2004.

TELLES, Edward. *Racismo à Brasileira: uma nova perspectiva sociológica.* Rio de Janeiro: Relume Dumará/Fundação Ford, 2003a.

______. "Repensando as relações de raça no Brasil". *Revista Teoria & Pesquisa*, São Carlos, n. 42-43, p. 131-159, jan./jul. 2003b.

TILLY, Chris; TILLY, Charles. "Capitalist Work and Labor Markets". In: SMELSER, Neil; SWEDBERG, Richard. *The Handbook of Economic Sociology.* New York: Russel Sage Fundation, 1994, p. 283-312.

TRENTO, Angelo. *Do outro lado do atlântico: um século de imigração italiana no Brasil.* São Paulo: Nobel,1988.

TRUZZI, Oswaldo. *São Carlos: Café e indústria, 1850-1950.* São Carlos: Edufscar, 2000.

______. (org.). *Fontes estatístico-nominativas da propriedade rural em São Carlos [1873-1940].* São Carlos: Edufscar, 2004.

______. "Redes em processos migratórios". *Tempo Social*, vol. 20, n. 1, p. 199-218, São Paulo, 2008.

______; SCOTT, Ana Silvia Volpi. "Redes de conterrâneos: a imigração de lousanenses ao Brasil imperial". *Portugueses Studies Review*, v. 14, p. 39-61, 2009.

______. *Italianidade no interior paulista. Percursos e descaminhos de uma identidade étnica (1880-1950)*. São Paulo: Editora da UNESP, 2016.

VANGELISTA, Chiara. *Os braços da lavoura: Imigrantes e "caipiras" na formação do mercado de trabalho paulista (1850-1930)*. São Paulo: Hucitec, 1991.

WEINSTEIN, Barbara. *The color of modernity. São Paulo and the making of race and nation in Brazil*. Durham: Duke University Press, 2015.

WEISENBURGER, Steven. *Modern Medea. A Family Story and Child-Murder from the Old South*. New York: Hill and Wang, 1998.

WHITE, Hayden. *The content of the form. Narrative Discourse and Historical Representation*. Baltimore: John Hopkins University Press, 1987. YELLIN, Jean Fagan. *Harriet Jacobs: A life*. London: Civitas Books, 2004.

ZELIZER, Viviana. "Beyond the polemics on the market: establishing a theoretical and empirical agenda". *Sociological Forum*, vol. 3, p. 614-634, n. 4, 1988.

ZEUSKE, Michael. "Hidden markers, open secrets: on naming, race--marking, and race-making in Cuba". *New West Indian Guide*, Leiden, 76, n. 3-4, p. 211-241, 2002.

______; MARTÍNEZ, Orlando García. *Estado, notarios y esclavos en Cuba. Aspectos de uma genealogía legal de la ciudadania en sociedades esclavistas*. Nuevo Mundo Mundos Nuevos [on-line]. Debates, 2008. Disponível em: <http://nuevomundo.revues.org/15842>.

AGRADECIMENTOS

Escrever os agradecimentos de um livro é voltar no tempo e tentar resgatar, através da memória, as pessoas que foram importantes em uma trajetória que durou anos. Tarefa gratificante, sem dúvida. Extremamente sensível, porém. O risco de cometer alguma injustiça, deixando de fora, por um descuido, alguém que merecia ser citado, atormenta aqueles que se comprometem a realizar tal empreendimento. Desde já, portanto, peço desculpas por alguma eventual omissão.

Como este livro é uma versão atualizada da minha tese de doutorado, defendida em dezembro de 2014 junto ao Programa de Pós-Graduação em Sociologia da UFSCar, resolvi não alterar substancialmente esta parte do manuscrito.

A FAPESP financiou a minha pesquisa por 40 meses, ou seja, durante a maior parte do meu doutoramento. A CAPES, além de fornecer bolsa durante os dois primeiros meses de curso, também disponibilizou uma bolsa sanduíche para a minha estadia de seis meses junto à Universidade de Michigan no ano de 2013.

Com o professor Oswaldo Truzzi, meu orientador desde os tempos de graduação, pude cultivar conhecimento e também uma sincera relação de amizade. Aprendi muito com os professores do Programa de Pós-Graduação em Sociologia da UFSCar, vários dos quais tenho contato desde a graduação. A professora Sueann Caulfield me recebeu em Michigan e me orientou durante o período que lá estive. Ainda sobre a minha experiência nos Estados

Unidos, não posso deixar de dedicar um agradecimento especial à professora Paulina Alberto, com quem tive a oportunidade de discutir alguns dos pontos que se encontram neste trabalho. A banca examinadora, composta pelos professores Rodrigo Constante Martins, Maria Inês Mancuso, Maria Izilda Santos de Matos e Graziella Moraes Silva, contribuiu com diversas ideias expostas ao longo do texto.

Os funcionários da Fundação Pró-Memórias de São Carlos sempre foram extremamente prestativos ao longo destes anos de pesquisa, tornando ainda mais prazeroso o trabalho junto aos arquivos. O professor Ademil Lopes, por sua vez, me recebeu em sua casa e, sempre através de conversas muito agradáveis, contou-me um pouco sobre a sua história familiar.

Minha mãe, a Filó, vem suportando minhas ausências devido aos estudos já faz dez anos. Não bastassem as horas que passei dentro do quarto, também não tem sido fácil para ela todas as vezes que me despedi e me ausentei de casa. Mesmo de coração partido, Filó me apoiou em todas as minhas decisões e em todos os desafios que enfrentei ao longo desse tempo. Quem também sofre com essas ausências é a minha companheira de longa data. Ilda esteve comigo durante toda a minha trajetória em São Carlos. Não tenho como agradecê-la por todo o suporte proporcionado. Ambos sabemos o quanto foi difícil romper a distância física para permanecermos juntos. Do meu irmão Reginaldo, sinto advir uma felicidade muito grande toda vez que ele me pergunta sobre os meus estudos. Esses pequenos gestos somente me incentivaram ainda mais.

No meu caso específico, agradecer não é somente relembrar dos ganhos, mas também falar das perdas. Em 2014, perdi a pessoa que mais queria estar presente na finalização deste ciclo. Mesmo agora fazendo parte da ancestralidade, não tenho como deixar de dizer obrigado ao meu pai por todo o incentivo e pelas aprazíveis histórias que construímos juntos.

Por fim, gostaria ainda de agradecer aos inúmeros "personagens" que o leitor conheceu ao longo deste livro. Afinal, se eles não construíssem uma existência suscetível de ser transformada em história, este livro não existiria. Pelo menos não da maneira que ele agora se apresenta.

Alameda nas redes sociais:
Site: www.alamedaeditorial.com.br
Facebook.com/alamedaeditorial/
Twitter.com/editoraalameda
Instagram.com/editora_alameda/

Esta obra foi impressa em São Paulo no verão de 2021. No texto foi utilizada a fonte Minion Pro em corpo 10,3 e entrelinha de 15 pontos.